新时代区域协调发展机制研究书系

教育部人文社会科学重点研究基地重庆工商大学长江上游经济研究中心
"三峡库区百万移民安稳致富国家战略"服务国家特殊需求博士人才培养项目

城乡统筹金融资源 配置效率、互动机制 与风险管理研究

CHENGXIANG TONGCHOU
JINRONG ZIYUAN
PEIZHI XIAOLÜ、HUDONG JIZHI
YU FENGXIAN GUANLI YANJIU

吴玉梅　陈　利　著

西南财经大学出版社
SOUTHWESTERN UNIVERSITY OF FINANCE & ECONOMICS PRESS

中国·成都

图书在版编目(CIP)数据

城乡统筹金融资源配置效率、互动机制与风险管理研究/吴玉梅,陈利著. —成都:西南财经大学出版社,2021.12
ISBN 978-7-5504-5130-8

Ⅰ.①城…　Ⅱ.①吴…②陈…　Ⅲ.①城乡金融—资源配置—研究—中国　Ⅳ.①F832.35

中国版本图书馆 CIP 数据核字(2021)第 220919 号

城乡统筹金融资源配置效率、互动机制与风险管理研究

吴玉梅　陈利　著

策划编辑:何春梅
责任编辑:肖翀
责任校对:周晓琬
封面设计:穆志坚　墨创文化
责任印制:朱曼丽

出版发行	西南财经大学出版社(四川省成都市光华村街55号)
网　　址	http://cbs.swufe.edu.cn
电子邮件	bookcj@swufe.edu.cn
邮政编码	610074
电　　话	028-87353785
照　　排	四川胜翔数码印务设计有限公司
印　　刷	四川五洲彩印有限责任公司
成品尺寸	170mm×240mm
印　　张	12.5
字　　数	222 千字
版　　次	2021 年 12 月第 1 版
印　　次	2021 年 12 月第 1 次印刷
书　　号	ISBN 978-7-5504-5130-8
定　　价	78.00 元

前言

随着经济与社会的发展，地区经济发展水平不断提高，城乡区域金融差异不断缩小，城乡统筹成为经济社会发展到一定阶段的必然结果。党的十六届三中全会把城乡统筹作为重要战略，列为"五个统筹"之首，提出要解决"三农"问题必须统筹城乡经济社会发展。党的十七届三中全会也提出要建立现代农村金融制度和促进城乡经济社会发展一体化制度，旨在从根本上破除城乡二元结构的制度基础。党的十九大作出重大决策部署，要求建立健全城乡融合发展的体制机制和政策体系。

金融在经济中具有杠杆效应，金融资源配置效率的优化提升可促进经济持续快速增长。城乡统筹中，金融具有战略支撑作用。统筹城乡发展是一项涉及经济、政治、文化和社会各个方面的系统工程，统筹城乡发展离不开金融的支持与服务。2008 年全球金融危机爆发以来，各行业遭到不同程度的重创，直到现在，金融危机的影响仍未得以有效消除，隐患依然存在。经济发展的不确定性导致我国统筹城乡金融面临的风险问题众多。我国在统筹城乡发展的历史过程中，已经取得了显著的成绩，但城乡要素流动不顺畅、资源配置不合理等问题依然突出，影响城乡金融协调发展的障碍尚未根本消除。要实现城乡统筹发展的战略目标，统筹城乡金融是核心，因此，必须建立现代城乡统筹互动协调发展的金融机制，加强城乡统筹金融发展的风险识别与防控管理。

本书从理论和实证的角度出发，分析城乡统筹发展与金融资源配置存在的问题，进一步剖析了制约城乡金融资源配置的障碍与成因。提高全要素资源的配置效率，是新常态下深化经济改革、优化产业结构的现实要求，而找准影响资源配置效率的因素和方向，是实现资源配置效率提升的关键。因此，本书运用 Deap 数据包络法对我国 31 个省（区、市）的全要素资源配置效率进行测度，并实证分析了影响我国全要素资源配置效率的因素。2007 年 6 月，国家批准重庆和成都设立全国统筹城乡综合配套改革试验区，本书选取双重差分法对成渝地区的城乡统筹实施效果进行验证分析。在我国统筹城乡金融发展与资源配置中，存在一系列内生性和外生性风险，需要重点关注和防范。本书进一步借鉴国内外城乡统筹模式与金融支持途径，研究设计了统筹城乡金融互动协调发展的资源配置机制，主张在城乡金融统筹的运作中，既要通过政府主体实现城乡二元经济的统筹互动，又要突破各类限制城乡要素高效流动的效率壁垒。

本书具有以下特点和创新：①基于国家城乡统筹的发展背景，

重点研究城乡统筹的金融支持与协调发展。在对城乡金融资源配置的问题研究中，重点分析城乡金融发展的历史问题、城乡金融体系的建设问题和城乡金融资源的配置问题。②应用区域经济学、发展经济学、金融学及制度经济学等相关学科理论，揭示制约城乡统筹发展的缺陷，通过深度剖析城乡金融资源配置问题背后的根源，打开制约城乡金融发展与资源配置障碍的"黑箱"。从历史、资金、制度、政策和区域等角度出发，探寻发现城乡统筹的经济发展中，二元经济结构、农村金融资源流失、金融抑制、"三农"自身制约、长期历史原因、城乡经济差异、政策倾向抑制等成为制约城乡金融协调发展和资源配置的原因。③对城乡统筹全要素资源配置的效率进行测度与评价。运用 Deap 数据包络法和 DID 双重差分法对我国 31 个省（区、市）的全要素资源配置效率进行测度，并实证分析影响我国全要素资源配置效率的推动或抑制因素。进一步验证成渝城乡统筹综合配套改革政策的效果，并深度分析成渝试验区的区域差异，揭示历史、政策、制度、资源积累和地区活力等影响资源配置效率的深层次因素。④研究识别城乡统筹金融协调发展与资源配置的内生性风险和外生性风险。统筹城乡协调发展中存在一系列金融风险，既有农业生产经营、农村信息劣势、产业贡献不足等内生性风险，又有市场机制、政策体制、金融创新、信贷规模和流动不足等外生性风险。另外，还有农村金融市场的信用贷款、风险保障缺失和正规金融缺位等系统风险。⑤构建统筹城乡金融互动协调发展的资源配置机制，提出加强城乡统筹金融风险管理的系列举措。针对城乡金融发展失衡，创新性提出建立政府主导的统筹推动机制、城乡二元主体互动机制、政策法规公平保障机制、金融资源自由流动和高效配置机制，以及统筹城乡金融的多层协调机制、动力机制和管理机制。在城乡统筹金融发展的风险管理中，主张提高城乡金融风险的防范和监管水平，注重统筹发展与金融风险管控的平衡，预警防范系统性风险，外部要提高风险监管，内部要加强风险控制，同时监控规范民间金融与游资的冲击。

本书由重庆财经学院吴玉梅老师和重庆工商大学陈利博士共同写作。写作分工为：第一、二、三、四、八、九章由吴玉梅执笔；第五、六、七、十、十一章由陈利执笔。吴玉梅对全书进行审阅及定稿。

吴玉梅　陈利

2021 年 8 月

目　录

第一章　导论

城乡统筹是经济社会发展到一定阶段的必然结果，同时又是经济社会可持续发展的条件和基础。金融在城乡统筹中具有战略支撑作用，为满足城乡统筹进程中多层次、多元化的金融需求，需要市场引导、政府适度干预的金融创新。而金融在经济中具有杠杆效应，金融资源配置效率的优化提升可促进经济持续快速增长。金融创新与金融风险相伴而生，必须合理处理二者关系，建立完善统筹城乡金融的互动协调机制和风险监管机制，促进城乡金融稳定、健康、协调发展。随着时间的推移，地区经济发展水平将不断提高，城乡区域金融的差异将不断缩小，城乡二元金融的特性会逐渐趋同或收敛。

第一节　研究背景与研究意义

一、研究背景

城乡统筹发展问题由来已久，城乡统筹与金融的发展历来受到政府和国内外学者的关注。从经济发展轨迹来看，城乡统筹是世界大多数国家发展到一定阶段普遍遵循的规律，对我国这种具有特殊历史性的发展中国家尤为重要。许多当代学者都提出在发达国家中，城与乡同等重要、城与乡应当有机结合在一起的理论观点。在我国，政府和理论界都非常重视城乡统筹与金融发展。

当前中国正处于城乡二元结构发展转型时期，由于历史原因以及农村和城市自身的资源差异、经济结构差异等，城乡金融发展严重不平衡。我国城乡金融发展呈现出典型的"二元结构"特征，表现在城乡金融发展水平不协调、基础性金融资源配置不均衡、实体性金融资源配置不合理等方面。其根源在于城乡经济发展差异、政策对农村金融的抑制，以及市场机制中资源逐利性的内在作用。当前中国经济发展正处于从工业化中期向后期过渡的关键时期，经济发展迅速且总量较大；但总数不能掩盖平均数，城乡二元结构矛盾突出，而二元结构的背后隐藏着城乡金融资源的错配。因此，统筹协调城乡二元金融发展，特别是完善农村金融体系已迫在眉睫。而近年来，金融体系中的民间金融不断暴雷，因此，城乡金融的统筹与风险监管显得尤为重要。

中国城乡经济与社会发展长期以来形成了较为严重的二元结构，城乡分割突出，城乡差距不断扩大。城乡统筹是党的经济发展战略和落实科学发展观的客观要求。2006 年中国人均 GDP 为 2 042 美元，首次超过 2 000 美元，根据罗斯托（Walt Whitman Rostow）和钱纳里（Holis B. Chenery）的经济增长阶段理论，中国处在工农业协调发展的工业化中期阶段及向工业支持农业发展的工业化过渡阶段，该阶段是具有决定意义的拐点。2018 年中国人均 GDP 达到 9 780 美元，比 2017 年增长 11%，仍未突破 1 万美元。党的十六届三中全会把城乡统筹作为重要战略，并列为"五个统筹"之首，提出要解决"三农"问题必须统筹城乡经济社会发展。党的十七届三中全会指出，要建立现代农村金融制度和促进城乡经济社会发展一体化制度，从根本上破除城乡二元结构的制度基础。党的十八大指出要建立新型城镇化，突出"新"型，即要求通过实行城乡统筹、城乡一体和城乡互动，实现新型农村社区与新型小城镇的协调发展。采取互促共进的城镇化措施，是缩小城乡二元鸿沟的新途径，此已成为拉动中国经济发展的新引擎。党的十九大提出实施乡村振兴战略的城乡统筹，通过坚持农业农村优先发展，按照产业兴旺、乡风文明、治理有效、生态宜居等总要求，建立健全城乡融合发展的体制机制和政策体系。2019 年全国政府工作报告指出，中国需要持续统筹城乡区域发展，加快形成良性互动的格局。

面对城乡二元现状，国家早已出台政策着力于城乡统筹发展，既要注重农村的发展，又要让城市反哺农村、支持农村的金融发展，最终要求实现城乡金融平衡发展。2007 年 6 月 7 日，《国家发展改革委关于批准重庆市和成都市设立全国统筹城乡综合配套改革试验区的通知》正式批准重庆市和成都市设立全国统筹城乡综合配套改革试验区，成都和重庆成为国家首次批准在西部地区设立的改革试验区。根据国家要求，成渝试验区要根据统筹城乡综合配套改革实验的要求，全面推进各个领域的体制改革，并在重点领域和关键环节率先突破，形成强化经济发展动力、缩小城乡区域差距、实现社会公平正义以及建设社会主义新农村的政策设计和体制改革，逐步建立较为成熟的社会主义市场经济体制与和谐社会的综合模式。

二、研究意义

金融作为现代经济的核心，在现代货币条件下，对经济发挥着特有的作用。经济效率的实现和提高，必须借助金融资源的分配和配置。城乡统筹推动经济发展，需要金融引擎先行发展。城乡在统筹之下实现共同发展，缩小差距，依赖于金融资源配置效率的控制和发挥。要合理有效地配置金融资源，就要立足城乡统筹，建立适合的城乡互动发展的机制，实现城乡二元金融一体化。统筹城乡发展是一项涉及经济、政治、文化和社会各个方面的系统工程，离不开金融的支持与服务。要实现城乡统筹发展的战略目标，统筹城乡金融是核心，必须建立现代城乡统筹协调发展的互动金融机制。

随着城乡统筹的深入推进及后金融危机影响，在城乡间高效配置有限金融资源成为推动城乡统筹发展的关键。在这样的经济和社会背景下，积极开展城乡统筹改革中金融协调互动发展研究，为推动金融成为城乡统筹经济发展中最具牵引力和最有效资源配置的要素、充分发挥先行作用、激发聚散和辐射功能有非常重要的意义，也可为政府实现城乡统筹发展战略提供理论依据和决策参考。研究金融杠杆效应在城乡统筹中的战略作用，构建市场引导资源配置的城乡金融良性互动对接机制和差异化的风险监管制度，促进城乡金融协调发展以抵御风险冲击有重要的现实意义。

第二节 研究可行性与必要性

一、城乡统筹发展的可行性

过去，我国的城乡经济发展反差巨大，因此，推进城乡统筹发展和新型城镇化，缩小城乡差距成为必然趋势。二元经济结构理论和经济增长阶段理论表明，城乡虽然存在一定差距和二元分割问题，但城乡失衡状态会逐步得到转换和修复。亚当·斯密（Adam Smith）认为农业与城市工商业之间关系密切，但城乡分割依然不可避免。恩格斯认为城乡分离是社会发展不协调的表现，会成为社会进一步发展的障碍，要在新的基础上实现平衡和协调，才能实现城乡融合。舒尔兹强调资本投资平衡城乡经济发展。刘易斯模型（Lewis Model）及拉尼斯-费景汉（Ranis-Fei）的二元经济结构理论认为，二元经济结构必然向现代一元经济结构转换。新古典增长理论中的"趋同假说"（Jense，1956；Robinson，1957）指出，落后地区和发达地区的差距仅源于历史起点不同，随着时间的推移，区域间的经济都向同一稳态收敛，区域间的差距逐渐消失从而趋同。Williamson（1965）提出了倒"U"形理论，在要素具有完全流动性的假设下，指出区域经济的发展最终可以趋同。中国的城乡经济和社会发展具有典型的二元结构特征，城乡之间具有协调发展的内在要求（周叔莲，1996），通过统筹城乡发展可推进城市与农村共同进步，打破城乡分割，缩小城乡差距，实现城乡经济社会一体化发展（张红宇，2003；李茂生，2004；黄祖辉，2005）。为了民族进步和社会发展，必须解决城乡发展问题，推进统筹城乡发展和形成城乡经济发展一体化（陈锡文，2005；于建嵘 等，2008）。城乡统筹发展的可选路径很多，但其核心思想是实现城乡均等化。实行基本公共服务标准化的管理是我国城乡统筹发展的一种可行性选择，各级政府可在一定时期对义务教育、公共卫生、社会保障、环境保护和就业服务等基本城乡公共服务进行标准化分析和设计（王国华 等，2008）。准确把握当地城乡统筹发展的基础现状，加快推进城乡统筹发展，是贯彻落实中央"三农"决策部署和实施乡村振兴战略、制定可行性目标和方向、进行城乡协调发展的空间布局的重要抓手（魏广龙 等，2020）。2019 年，《中共中央国务院关于建立健全城乡融合发展体制机制和政策体系的意见》要求重塑新型城乡关系，走城乡融合发展之路，以促进乡村振兴和农业农村现代化。城乡一体化发展是实现乡村振兴、城镇化进程、城乡交流与融合，以及构建和谐社会的必然要求（徐学庆，2020）。

二、金融支持城乡发展的必要性

（一）二元经济与二元金融

经济决定金融，我国二元经济结构决定城乡二元金融结构的特征与构成，因此解决二元经济问题最核心的是解决城乡二元金融问题。完善城乡二元金融结构和体系，可为解决二元经济找到突破口。二元金融是城乡金融最典型的特征，城乡二元金融的客观存在导致城乡金融非均衡发展，而金融非均衡发展又对农民收入增长起到了抑制作用，直接导致城乡收入差距的拉大与二元经济结构的强化（温涛，2005；张立军 等，2006）。通过分析城乡二元金融市场发展与经济发展的关系不难发现，只有加快金融体制改革才能加快实现二元经济和城乡二元金融的均衡发展（张晓强，2005）。当前，我国最不平衡的发展是城乡发展，最不充分的发展是农村发展。针对该问题，不仅需要将减贫战略统筹纳入乡村振兴战略，同时还要发挥金融作为市场要素的功能，推进金融扶贫和金融服务乡村振兴（赵健兵，2020）。由于二元经济结构的存在，在完善城乡二元金融体系时，要充分兼顾不同地区城乡融合发展的阶段性和乡村的差异性。

（二）城乡统筹与金融支持

农村金融的管制是城乡二元金融资源配置形成的原因，我国金融发展呈现二元性特征，城乡二元金融结构和金融抑制具有内在的相关性和双重性。在推进城乡统筹发展中，要高度重视金融作用的发挥，城乡统筹发展应与金融深化相互促进（李明昌，2007）；通过实施城乡良性互动战略以统筹城乡的经济社会发展（贺雪峰，2006）。考察农村资金与城市资金互动的社会经济实质发现，政策性金融能较好地支持农村金融发展（曾康霖，2006）。政策设计和制度安排在城乡统筹中至关重要，金融制度安排失衡是城乡差距扩大的最核心问题（林毅夫，2007），因此，基于国家利益推进金融资源的城乡有效配置必要且紧迫（温铁军，2008）。统筹城乡经济发展离不开金融支持，而健全城乡统筹建设中金融制度的关键是农村金融，因此应将"农村金融"与"城市金融"放在城乡统筹的统一框架内综合考虑（刘锡良 等，2009）。而农村金融制度变革的核心在于部门内部金融组织体系的发育（何广文，2005），尤其是小额贷款机构和非正规金融组织的发展（李扬，2006）。要建立现代农村金融体系和组织，发挥政策性金融和商业性金融的作用，就要建立健全农村信贷投入稳定增长的机制（吴晓灵，2006）。陈元（2004）等学者从金融制度属性角度出发，指出城乡统筹的金融制度安排既不能完全依托政策性金融，更不能完全依托于商业性金融，而应发挥开发性金融作用。城乡统筹发展对提高国民经济发展水平意义重大，我国高度重视区域经济的协调发展，在城乡统筹发展中要发挥金融业作用，充分借助金融手段促进城乡经济繁荣与和谐发展（王瑞桁，2019）。

（三）城乡资金配置效率研究

金融要素作为实体经济最重要的要素，具有经济发展引擎的功能。资金的数量积累效应与配置效率是统筹城乡经济增长的重要内容。回溯增长理论的演进轨迹，自哈罗德-多马模型（Harrod-Domar Model）到新古典增长模型，再到以 AK 模型、外部性模型、R&D 模型等为代表的内生增长理论，都显示出提高资本配置效率是转变增长方式、刺激现代经济增长的需要。稀缺的资本是经济增长的"瓶颈"，资本配置效率对经济增长影响最大，而我国经济的快速增长与金融体系的低效率并存（林毅夫，2008）。金融深化理论进一步演化出资本配置效率问题，市场对资金配置发挥重要作用，是金融增长效应的机制和渠道（Goldsmith，1969；McKinnon et al.，1973；Greenwood et al.，1990；Levine，1996；Beck et al.，1999）。造成我国金融发展迅速但资本配置效率低下的因素很多，如信贷资本配置结构扭曲等（王少国，2006）。李季刚、陈彤（2006）以金融资源论为基础，从金融资源配置效率的角度出发，对新疆近 20 年农村经济发展的金融支持进行了实证分析，结果显示新疆农村金融资源配置效率弱化，未能有效推动农村经济的发展。因此，提高城乡资金配置效率是统筹城乡经济发展的关键。长期来看，基于区域经济协调发展的考虑，促进资本在区域间的帕累托配置是政府乐意看见并愿意尽力促成的事情。谢家智（2003）主张采取协调配置模式在区域间优化组合资金配置，促使区域经济协调发展。国家应设计好投融资政策，最大限度动员金融剩余并满足边际等式原则，以实现资本区域的帕累托配置（米运生 等，2006）。中国各地区金融发展水平的差异导致各地区资金配置效率存在差异（李敬 等，2007），"十五"期间我国西部地区农村资金配置效率显著低于东部地区和中部地区，西部地区农村发展面临资金投入不足与配置效率低下的双重约束（温涛 等，2008）。

城乡二元经济结构是影响国家农村信贷资金配置效率的核心要素（张杰，2007）。虽然城乡二元结构制约了城乡资本配置效率，但随着城镇化建设进程的加快，城乡二元结构转换促进了城乡资本配置效率的提升。因此，要推动城乡协调发展，必须引导城乡资源的合理流动和有效配置，提高城乡资源的配置效率。城乡资本的流动和配置是城乡资源流动与配置中最重要的问题（城乡二元结构下经济社会协调发展课题组 等，1996）。我国城乡二元经济结构强度在1981—2012年呈现弱化趋势，城乡资本边际生产率呈波动变化；1981—2003年，资本由边际生产率高的农村地区流向边际生产率低的城市地区；而在2003年后，二元经济结构转换则促进了城乡资本配置效率的提升，城乡资本边际生产率距离差异收窄（周月书 等，2015）。改革开放40多年来，我国城乡二元资本配置效率呈现出"U"形特征，要缩小城乡资本配置效率差距，必须促进新型城镇化和乡村振兴协同发展，同时还要扭转城市优先发展的有偏政策（贾晋 等，2019）。

三、后金融危机时代的金融风险管理

后金融危机时代，各国新政频出，金融风险监管改革趋严，而国内金融创新改革加快和城乡金融资金错配带来的金融风险随之增加。为有效应对国际金融危机传导效应对我国实体经济带来的巨大冲击，我国出台了系列刺激经济的宏观调控政策，金融机构的新一轮信贷规模迅速扩张，大额信贷集中于政府融资平台，在促进经济复苏的同时带来了一定的信贷风险（陈伟 等，2009；邓益民，2010）。金融发展总量与效率提升有利于经济长期增长，而现阶段我国金融发展使产出构成具有明显的二元结构特征，存在区域不均衡和"歧视"的问题，导致经济增长后劲不足，进而又造成资金配置效率下降，其带来的金融风险不利于经济快速持续增长（黄波，2010）。后金融危机时代加快了金融创新改革的步伐，而金融创新在为转移和分散金融风险做出巨大贡献的同时也带来新风险，要正确处理好金融创新与风险监管的关系。可在加强立法、完善金融监管协调机制、约束金融机构道德风险、推进复杂金融衍生产品创新、建立金融创新风险预警机制等方面实施有效的金融监管以防范和化解市场风险（陈伟国 等，2010）。设计科学的金融衍生品风险管理程序，有利于在后金融危机时代的金融创新中，有效进行金融衍生品设计的风险控制，特别是金融衍生品交易风险的财务控制（张梅，2010）。2008年，全球金融危机爆发导致各行业遭到不同程度的重创（王英，2019），虽然各国努力发展，金融危机得到一定缓解和改善，但金融危机的影响并未得以有效消除，隐患依然存在，经济发展面临的不确定性较大。金融危机也使我国金融行业面临很多风险和问题，尤其是商业银行，将受到信贷风险的冲击，这使得信贷风险管理尤为重要（张林，2017）。

第三节 研究思路与研究设计

一、研究思路

本书的研究思路如下：①认清我国城乡统筹与金融资源配置的内涵、历史和城乡金融发展的现状，了解我国城乡统筹背景下城乡金融体系、城乡金融产业和金融资源配置。②分析制约我国城乡金融发展与资源配置的障碍，并探寻制约和影响中国城乡金融协调发展的因素。③进一步对城乡统筹的全要素资源配置效率进行测度与分析，并以城乡统筹综合改革试验区——成渝地区为政策实践地，验证分析城乡统筹政策的改革效果。④在城乡统筹的综合改革发展中，城乡金融支持并促进了经济增长，降低城乡金融统筹协调发展的风险，成为避免城乡金融资源错配、提高城乡金融资源配置协调性的重要方向。因此，本书进一步探索分析城乡统筹金融资源配置与协调的内生性风险和外生性风险。⑤在借鉴国内外城乡统筹的模式和金融支持的经验基础上，结合我国城乡二元经济的特性和现状，探索设计统筹城乡金融互动协调发展与资源配置机制；同时探索适合我国国情，既能发挥政府作用和市场效能，又注重城乡统筹发展与金融风险管控的风险管理策略。

二、研究设计

根据本书的研究思路，本书将按照以下逻辑对城乡统筹与金融资源配置的管理展开研究。基于城乡统筹与金融支持的现状考察，探寻分析其制约障碍与影响因素，同时在对城乡统筹资源配置效率进行测度与评价的基础上，对城乡统筹金融资源配置与协调性的风险状况进行剖析，并立足于我国实际国情，探索统筹城乡金融互动协调发展与资源配置的机制和风险管理策略。根据此研究逻辑，本书设计并构建了以下研究框架和技术路线（见图1-1）。

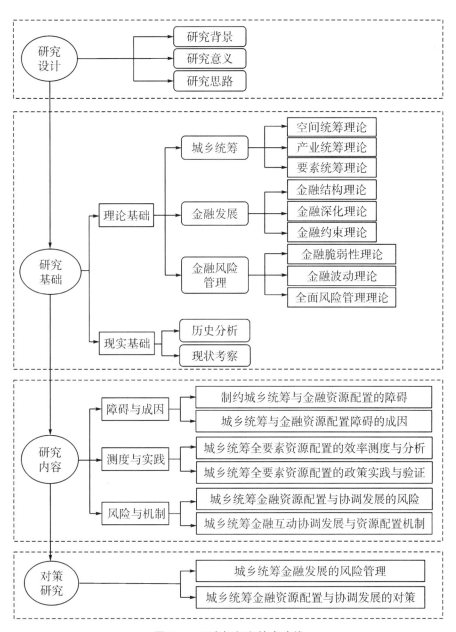

图 1-1　研究框架和技术路线

第四节　研究内容与研究创新

一、研究内容

城乡金融是城乡统筹二元经济发展的重要条件，也是城乡统筹发展过程中的客观现象和普遍现象。城乡统筹理论重点研究城乡各种资源的运行与配置规律，而区域金融主要研究区域金融资源的运行与安排，对城乡资源配置的效率和城乡金融支持城乡统筹等问题没有进行必要的研究，对城乡金融与城乡统筹的协调互动，以及城乡金融资源配置与协调的风险管理也没有进行探索。本书对城乡统筹与金融协调发展的研究共分为十一个部分。

（一）城乡统筹与金融发展的研究背景

城乡统筹既是经济社会发展到一定阶段的必然结果，同时又是经济社会可持续发展的条件和基础。金融在城乡统筹的发展中具有战略支撑作用。城乡统筹的进程中金融需求具有多层次、多元化的特征，需要政府与市场密切合作，统筹规划城乡金融的创新与支持。金融在经济发展中具有杠杆效应，金融资源配置效率的优化提升可促进经济持续快速增长。国际金融危机表明，金融创新与金融风险相伴而生，必须合理处理二者关系，建立完善统筹城乡金融的互动协调机制和风险监管机制，促进城乡金融稳定、健康、协调发展。随着时间的推移，地区经济发展水平将不断提高，城乡区域金融的差距不断缩小，城乡二元金融的特性会逐渐趋同或收敛。城乡金融的协调发展、良好互动，数字普惠的创新与惠及都为城乡统筹的可持续发展赋能，而城乡金融风险的监管和资源配置的机制创新为城乡融合发展提供重要保障。

（二）城乡统筹与金融发展的理论基础

这一部分对城乡统筹的理论基础进行回顾与总结。国内外城乡统筹的相关研究形成了空间统筹理论、产业统筹理论和要素统筹理论，城乡统筹的相关理论和大量研究成为本研究展开的基础。进一步对城乡统筹与金融发展的相关问题进行梳理，梳理后的理论分析和研究表明：一方面经济会决定金融，另一方面金融又将反作用于经济的发展。马克思的分工交换论、经济决定金融的商品经济发展程度论、经济决定金融的经济主体收支决定论等理论表明，经济的发展程度决定了金融的需求和水平。而索洛的新古典增长理论、罗斯托的"起飞"理论、纳克斯（Ragnar Nurkse）的贫困恶性循环理论，以及金融结构论、金融深化论和金融约束论等金融发展理论表明，金融的发展状况与质量会显著影响经济的发展速度和形式。金融作为现代经济的核心，是城乡统筹经济发展中最具牵引力的要素和最有效的资源配置。城乡统筹的二元金融存在结构、制度等深层次原因，导致农村金融存在金融抑制等现象，因此在城乡统筹的一体化和互动发展中，大力推动城乡金融的重要一极——农村金融的深化发展，成为统筹城乡二元经济结构转换的关键环节和重要途径。

（三）城乡统筹与金融资源配置的问题探索

这一部分对城乡统筹与金融资源配置的内涵进行了界定与分析。城乡统筹采用二元思维方式，将城市和农村的发展紧密结合、统筹规划，逐步缩小城乡发展差距，最终实现城乡经济和社会的全面可持续发展。金融资源配置界定为金融要素在社会各领域的分配，即将金融领域中金融服务主体与客体的结构、数量、规模、形式和分布等在不同的时间和空间进行安排。同时，这一部分还对城乡二元金融的历史进行分析研究，从农村金融资源的流入与流出、财政资源的投入与配置、城乡金融的结构与规模等方面进行回顾剖析，并分别对城乡金融体系、城乡金融产业和城乡金融资源配置的现状进行考察与研判。一是考察研判城乡金融体系的现状，包括县域和农村金融功能体系的健全程度、县域金融信贷的投入结构是否合理、政策性金融的扶持实施情况、民间等非正规金融的规范与发展、城乡金融的工具与种类分布；二是考察城乡金融产业的现状，包括城乡金融市场主体、城乡金融的产品和服务、城乡金融的市场融资机制、城乡金融生态环境、城乡金融产业结构的布局特征等；三是考察城乡金融资源配置的现状，包括城乡金融机构体系、农村金融机构改制上市数量、农村金融机构网点布局和城乡金融的资金配置等。

（四）制约城乡金融发展与资源配置的障碍研究

城乡统筹作为一项综合系统工程，其中金融的制度设计安排、政策支持程度、资金服务范围等是城乡统筹重要的金融调节工具。这一部分将通过引入区域经济学、金融协调理论以及制度经济学等相关理论，进一步揭示制约城乡统筹发展的缺陷，分析缺陷形成的原因。城乡统筹发展的缺陷主要表现在城乡金融不协调、农村金融落后、农村金融资源缺失等症结，而制约城乡金融发展与资源配置的障碍主要包括历史障碍、资金障碍、制度障碍、政策障碍与区域障碍等。二元经济结构、农村金融资源流失、金融抑制、"三农"自身制约、长期历史原因、城乡经济差异、政策倾向抑制等成为制约城乡金融资源配置的发展因素。

（五）城乡统筹全要素资源配置的效率测度与分析

金融资本、劳动力和技术等要素资源是经济社会发展的核心要素，而提升资源的配置效率是提高经济发展质量的优选路径。城乡统筹中金融资本、劳动力和技术等要素资源的优化配置，不仅有助于提高全要素的生产效率，而且也是新常态下深化经济改革、优化产业结构升级的现实要求。尽管影响经济结构调整和资源配置效率的因素非常多，但找到推动或抑制全要素资源配置效率的主要因素，是实现资源配置效率提升的关键。同时，选取有效的方法对全要素资源配置的效率进行测度和评价，将有利于增强资源配置效率的客观认识，为提高资源要素的利用率提供可靠的依据和基础。通过全要素资源配置效率的评价和剖析，进而找出影响全要素资源配置效率的因素，进一步为本书关于城乡资源配置的实践研究和城乡金融的风险管理奠定基础，这也是城乡统筹与金融发展支撑的前提。

（六）城乡统筹资源配置的政策实践——以成渝地区为例

这一部分采用全国 31 个省（区、市）的面板数据，运用 Deap 数据包络分析法对成渝地区和全国其他 29 个省（区、市）地区的资源配置效率进行测度比较，得出成渝地区资源配置与全国其他地区资源配置效率的差异。同时，进一步运用 DID 双重差分法考察研究成渝地区城乡统筹综合配套改革政策的效果，分析成渝地区资源配置效率受城乡统筹综合配套改革政策影响而产生的效应及作用机理，分析城乡统筹政策对要素资源配置的效率、政府干预程度和城镇化水平等方面的影响，进而比较成渝试验区由于历史、政策、制度、资源积累以及地区活力等因素导致的区域差异。

（七）城乡统筹金融资源配置与协调发展的风险

城乡统筹是一项系统工程，而统筹城乡金融协调发展的机制体制和管理制度是城乡统筹协调发展的重要工具。中国城乡金融在二元经济发展中存在内生性和外生性的制约因素，因此在统筹城乡金融发展中，要特别注意城乡非协调发展带来的相关金融风险，包括在城乡统筹金融协调发展中形成的业务风险、管理风险、运营风险、市场风险和系统风险等。

（八）国内外城乡统筹模式与金融支持的借鉴

这一部分寻求国内外统筹城乡协调发展的模式，在模式借鉴的基础上寻找城乡统筹中金融支持和互动协调的政策理论和实践经验。采用比较法、文献法和案例法相结合的综合分析法，进一步对如美国、日本等发达国家城乡统筹模式，以及城乡金融支持与协调发展进行考察、比较，总结其共性与差异、经验与教训。而对于国内城乡统筹发展的代表性地区，侧重借鉴其城乡统筹与金融发展的典型做法，总结其城乡统筹与金融支持的经验，特别是在城乡统筹的金融发展中对农村金融的支持。这一部分重点比较各种经验模式的实现路径、制度设计、统筹运行和协调配合的机制等内容，并对实现中国城乡统筹的可持续发展和城乡金融的风险防控机制等进行思考。

（九）城乡统筹金融互动协调发展与资源配置机制

城乡统筹与金融发展的研究结果揭示出城乡统筹金融协调发展的实现，需要相关的制度和机制做保障。国外对城乡统筹机制的研究源于对"二元经济"的探讨。正是城乡二元结构导致城乡资源错配，特别是农村金融的抑制和失衡，造成资源的巨大配置损失，促使理论界和实务界对城乡统筹金融协调发展具有强烈需求。金融作为经济发展的引擎，如何优先统筹城乡金融是关键。为实现城乡统筹的可持续发展，在城乡金融统筹运作中，既要通过政府主体去实现城乡二元经济的统筹互动，又要通过市场、体制、机制等的创新，打破各类限制城乡要素高效流动的壁垒。

（十）城乡统筹金融发展的风险管理

金融不仅是城乡统筹经济发展中最具牵引力的要素和最有效的资源配置，还是城乡统筹经济波动中最为敏感的因素。城乡金融在促进城乡一体化经济发展中具有战略支撑作用，需要推进金融创新并发挥金融在产业经济推进中的杠杆效应。金融创新带来投融资方式的变化，金融需求刺激信贷规模扩张，金融风险随之增加。金融的杠杆效应是一把双刃剑，现代风险管理理论和全球金融危机的后果表明，城乡金融创新和衍生工具的发展使得现代金融伴生前所未有的风险，如果叠加潜在的风险，金融风险管理将是极大挑战。这一部分在探讨如何正确处理城乡金融创新与金融风险管理关系的基础上，根据前文对城乡金融风险的识别与分析，加快探索新型金融风险管理的诊断技术和方法，加强城乡统筹金融风险的识别与预警，提高金融风险的防范和监管水平，促进城乡金融持续、健康发展。

（十一）研究结论和政策建议

随着市场经济体制改革的不断深入，城乡统筹发展对金融业提出了更高的要求，特别是经济环境的快速变化，给城乡统筹的金融协调发展带来更大的不确定性和更艰巨的挑战。城乡统筹的金融协调发展需要各级政府和各类市场金融主体，从政策体制、金融环境、资源配置、机制体系等方面，加快金融改革创新与风险监管并行的步伐，积极拓宽融资渠道、加大产品服务布局，切实提高城乡统筹发展中金融业的经营管理水平、市场竞争能力和服务水平，拓展城乡金融发展空间。在政策建议的探索中，这一部分还结合中国国情与实际状况，寻找城乡金融发展的切入点和结合点，以支持地方经济可持续发展为方向，最终实现城乡金融与地区经济的"双赢"。

二、研究创新

（一）以城乡统筹为发展背景，重点研究城乡统筹的金融支持与协调发展

城乡金融作为促进城乡二元经济发展的重要条件，不仅是城乡统筹发展过程中的客观现象，还是推进城乡统筹发展进程中的关键环节。本书对城乡统筹发展与金融资源配置的历史进行了梳理，采用二元思维将城市和农村的发展结合进行统筹规划。通过对城乡二元金融的历史进行回顾分析，研究揭示了农村金融资源的流入与流出、财政资源的投入与配置、城乡金融的结构与规模等方面的历史概况，并分别对城乡金融体系、城乡金融产业和城乡金融资源配置的现状进行考察与研判。在对城乡金融体系的现状研究中，对县域和农村金融功能体系的健全程度、县域金融信贷的投入结构、政策性金融的扶持实施情况、民间等非正规金融的发展、城乡金融的工具与种类分布等方面进行了研究；在对城乡金融产业的现状研究中，对城乡金融的市场主体、产品服务、融资机制、生态环境和产业结构的布局等进行了研究；在对城乡金融资源配置的现状研究中，对城乡金融机构体系、农村金融机构改制、农村金融机构网点布局和城乡金融的资金配置等方面进行了研究。

（二）打开制约城乡金融发展与资源配置障碍的"黑箱"

城乡统筹作为一项综合系统工程，其目标是要解决城乡失衡的问题。作为该工程实施引擎的金融问题是需要处理的首要问题。金融的制度设计、政策支持程度、资金服务等是城乡统筹实施中重要的调节工具。本书将通过引入区域经济学、发展经济学、金融学以及制度经济学等相关理论，揭示制约城乡统筹发展的缺陷，打开制约城乡金融发展与资源配置障碍的"黑箱"，并进一步揭示城乡统筹金融失衡缺陷形成的原因。根据城乡金融不协调、农村金融落后、农村金融资源缺失等缺陷与症结，从历史、资金、制度、政策和区域等方面探寻制约城乡金融缺陷障碍与失衡的成因。研究发现：在城乡经济发展中，二元经济结构、农村金融资源流失、金融抑制、"三农"自身制约、长期历史原因、城乡经济差异、政策倾向抑制等成为城乡金融资源配置受到制约的原因。

（三）对城乡统筹全要素资源配置的效率进行测度与评价分析

根据发展经济学的要素理论，金融资本、劳动力和技术等要素资源是经济社会发展的核心要素，提升资源的配置效率是提高经济发展质量的优选路径。本书采用 Deap 数据包络分析法对中国 31 个省（区、市）的全要素资源配置效率进行有效测度和分析评价，增强人们对要素资源配置效率的客观认识，为提高资源要素的利用率提供可靠的依据和基础。同时，通过影响全要素资源配置效率的指标展开深入分析，通过因子剖析找出影响全要素资源配置效率的因素。进一步运用 DID 双重差分法验证研究成渝地区城乡统筹综合配套改革政策的效果，通过分析成渝地区资源配置效率受城乡统筹综合配套改革政策影响而产生的效应及作用机理，分析城乡统筹政策对要素资源配置的效率、政府干预程度和城镇化水平等方面的影响，比较成渝试验区的区域差异，揭示出历史、政策、制度、资源积累和地区活力等影响资源配置效率的深层次因素。

（四）城乡统筹金融资源配置与协调发展的风险识别和监督管理

我国城乡统筹金融发展中存在内生性和外生性的制约因素，本书研究了城乡统筹发展中金融支持与创新伴生的金融风险，重点研究城乡统筹金融协调发展中形成的显性风险和隐性风险。城乡金融在促进城乡一体化经济发展中具有战略支撑作用，大力推进城乡金融创新具有杠杆效应，并能够发挥金融在城乡统筹经济发展中的牵引作用。但金融作为城乡统筹资源配置中最有效的要素，同时也是城乡统筹经济波动中最为敏感的因素之一，其创新带来投融资方式变化，其需求刺激信贷规模扩张，因此风险必然随之增加。既有研究表明，金融的杠杆效应是一把双刃剑，城乡金融创新和衍生工具的发展使得现代金融伴生前所未有的风险。本书既探索分析城乡统筹的金融资源配置，又提出要正确处理城乡金融创新与金融风险管理的关系，更强调要创新城乡金融风险的诊断技术和管理方法，加强城乡统筹金融风险的识别与预警，提高城乡金融风险的防范和监管水平。

第二章　理论基础与文献综述

关于城乡统筹与金融发展问题的研究，不仅受到了世界各国政府的高度重视，也得到了国内外学者的广泛关注。对于城乡统筹的发展，国内外学者在学术界形成了空间统筹理论、产业统筹理论和要素统筹理论等。同时，近年来在城乡统筹与金融发展的相关领域积累了大量的文献研究。本书对具有代表性的文献进行梳理，大致可以分为三个方面：一是城乡统筹的相关研究；二是经济与金融发展的相关研究；三是金融与城乡统筹发展的相关研究。

第一节　城乡统筹的相关理论与文献

一、城乡统筹的相关理论

城乡统筹发展是一个世界性的课题，各国政府都高度重视城乡统筹的协调发展。国内外对城乡统筹的发展形成了三种代表性的理论，包括空间统筹理论、产业统筹理论和要素统筹理论。

（一）空间统筹理论

空间统筹理论由鲍泰罗（Giovanni Botero）的农业生产城市结合理论、以英国霍华德（E. Howard）等的研究为代表的田园城市理论、德国勒普克等的城市分散配置理论、城乡结合理论、直接补偿理论及欧盟的空间整备政策构成。鲍泰罗等研究了农业生产与城市发展的关系，认为农产品剩余是城市存在的基础（Rinert，2016）。霍华德解决了"城市病"问题，把田园城市作为城乡的结合体，提出了田园城市理论（马万利 等，2003）。斯密（2002）认为农业与城市工商业之间关系密切，但城乡分割依然不可避免。马克思、恩格斯认为城乡分离是社会发展不协调的表现和社会发展障碍，要在新的基础上实现平衡和协调，从而实现城乡融合。田洁等（2006）认为城乡统筹发展涉及经济、社会和环境等多个方面，城乡统筹规划的实质是在城乡空间布局领域进行探索，建设农业经济区域布局框架，因此要有机结合现代农业生产力布局和城市总体规划，重点布局与城市绿色空间最为密切的都市农业，统筹协调并有机契合城市绿色空间与都市农业，赋予有限的土地资源尽可能多的功能，兼顾城市与农业发展的双重需求。王红扬（2012）认为，城乡空间统筹是寻找城乡功能互补、整体功能协调、布局支撑配套的城乡空间协同系统和路径。刘荣增和王淑华（2013）指出，城乡空间统筹是把城市与农村的空间发展作为整体，进行统筹思考和统一规划，综合研究、统筹解决城市和农村的空间问题及相互关系问题，从而促进城乡互动发展、共同繁荣。

（二）产业统筹理论

产业统筹理论以刘易斯的二元经济结构理论经济增长阶段为依据，指出二元经济发展的核心问题是剩余劳动力由传统劳动部门向现代工业部门转移问题。Booke（1933）首次提出"二元"的概念。刘易斯（1989）认为，二元经济结构是发展中国家的最基本特征。Ranis 和 Fei（1961）发展了刘易斯的理论，认为二元经济结构必然向现代一元经济结构转换。Jorgenson（1967）探讨了工业部门的增长依赖农业部门。Harris 和 Todaro（1970）认为人口流动取决于城市的失业状况，应消除一切人为扩大城乡实际收入差异的措施，大力发展农村经济，解决城市失业等问题。Myrdal（1957）指出，城乡的诸多差异会引起"累积性因果循环"，导致城市区域发展更快，乡村区域发展更慢（乡村发展陷入纳克斯描述的"贫困的恶性循环"），使城乡差异在逐步增大中出现"马太效应"。周庆翔（2016）提出产业发展是经济发展的基础和关键，必须不断做强做优产业体系，构建完善的现代产业体系，不断促进产业跨越发展。石军伟（2020）认为，产业基础的厚度决定国家或地区产业体系的高度，而产业基础的素质会影响产业体系的综合竞争力。他认为产业链现代化的前提与条件是产业基础的高级化，而产业链现代化是产业基础高级化的最终体现与成果。因此，应加快统筹发展现代产业体系，通过促进经济体系优化升级，延伸与细化产业链，从价值链、企业链、供需链和空间链四种维度实现不同产业部门之间的分工合作、互补互动和协调运行。

（三）要素统筹理论

1. 国外要素统筹理论

（1）国外要素统筹理论的内容

国外要素统筹理论的代表人物是赫尔希曼（Albert Hirschman），他于1958年在《经济发展战略》中提出要素配置的非均衡增长理论。后期的汉斯·辛格（Hans W. Singer）、罗斯托、查尔斯·P. 金德尔伯格（Charles P. Kindleberger）等经济学家都主张非均衡增长理论（张明龙，2001）。该理论认为不平衡发展遵循经济非均衡发展的规律，突出强调重点地区和重点产业，进而强调地区和产业之间的关联效应、资源优化配置等效应。其特别主张发展中国家有选择性地在某些重点地区、部门或产业进行投资，通过重点投资的外部经济带动其他地区、部门或产业的逐步发展，有利于提高资源配置的效率。要素统筹理论针对城乡统筹的要素资源配置指出，要以城市地区为中心进行资源要素配置，要素资源通过从城市地区到乡村地区的流动来带动乡村发展。

（2）国外要素统筹理论的战略路径

以赫尔希曼的研究为代表的要素统筹理论基于稀缺要素资源应该得以充分利用的观点，提出要素配置的不平衡增长理论。要素统筹理论认为，发展中国家主要的稀缺要素资源是资本，如果实行一揽子的全范围投资，必然无法突破资本要素稀缺的瓶颈，进而也无法实现经济的平衡增长。要素资源配置的紧张和比例失衡，使发展不均衡的经济保持活力，推进一种失衡走向新的不均衡。为使欠发达经济获得增长，最有效的途径是精心设计不平衡的资源配置。优先选择重点地区、部门或产业进行投资，当重点地区、部门或产业有所发展后，就会创造出新的投资机会，就能通过重点要素配置的先发优势，发挥外部经济效应，从而带动经济发展。

（3）国外要素统筹理论的发展效应

赫尔希曼不仅提倡要素失衡配置的先发效应和外部经济效应，还考察比较各种失衡发展的效率，据此提出"关联效应"。"关联效应"分为"前向关联"与"后向关联"，在地区、部门或产业的投入与产出之间发挥关联作用。以产业的关联效应为例，产业的前向关联效应会刺激下游生产阶段的投资，而后向关联效应则会刺激上游生产阶段的投资。

2. 国内要素统筹理论

国内要素统筹理论以姜作培、孙津、陈景仓、刘春芳、张克俊等学者的研究为代表。姜作培和徐宏（2003）提出，统筹城乡社会经济发展的战略思想具有丰富的内涵，总体包含城乡地位平等、城乡经济发展融合、城乡关系协调和城乡制度统一四大要素。要围绕四大要素深化改革，推进制度创新和政策调整，实现城市和乡村、工业和农业的良性互动与协调发展。孙津（2008）提出，城乡统筹是一种综合性的城乡要素统筹创制，而要素统筹的创制应包括城乡二元结构中，城市和农村居民身份与权利的主体统筹、经济活动主导的发展统筹、空间形态作为载体的区域统筹、城乡职能的管理统筹等。陈景仓（2014）提出，城乡统筹的要素不仅包括人力、土地和城镇，城乡统筹应是人力、产业、资金、土地和住房五大要素的统筹，如何统筹五大要素是城乡统筹改革的关键。刘春芳、张志英（2018）指出，新时代城乡统筹建设需要改变过去以城市为中心的传统城乡关系，推进城乡平等和城乡融合的发展新格局；并基于要素流动的城乡融合框架，提出城乡融合的本质是城乡要素自由流动、公平共享基础上的城乡协调发展。张克俊和唐新（2019）提出构建城乡要素的双向自由流动机制。为实现城乡融合的发展目标，要改变农村要素向城市单向流动的格局，破除阻碍城乡要素自由流动、平等交换的体制机制壁垒，发挥市场在资源配置中的决定作用，通过市场引导土地、资金、劳动力、技术等生产要素在城乡之间自由、有序地双向流动，以实现各种生产要素在城乡之间的合理配置，形成要素资源的优化组合。

党的十九大召开后，我国将建立健全城乡融合的发展机制作为国家的重要决策。为解决城乡统筹发展中要素流动不理想、公共资源配置效率低等问题，《中共中央 国务院关于建立健全城乡融合发展体制机制和政策体系的意见》指出，新时代要加强推动农村金融发展，明确城乡统筹发展的方向，即建立健全城乡要素合理配置的有利体制机制，破除城乡要素自由流动和平等交换的障碍壁垒，促进各类要素从城市地区向乡村地区流动和扩散，通过乡村地区形成人才、土地、资金和产业等要素汇集的良性循环，形成新时代乡村振兴的新动能。

二、城乡统筹的相关研究

国内有关统筹城乡发展的研究主要归类为两大类：一类是人们对城乡统筹的认识，包括城乡统筹的内涵和城乡统筹中各地区发展的综合评价；另一类是分析制约城乡统筹发展的原因和发展模式。该类研究分析了阻碍城乡统筹发展的各种原因，进一步探索了城乡统筹发展的相关路径和模式。

（一）城乡统筹发展的内涵与评价

关于城乡统筹的内涵和发展侧重点，胡鞍钢（2004）认为统筹区域发展的核心理念应是"以人为本";胡乃武和叶裕民（2004）、刘健和程瑞（2005）等指出城乡统筹的关键是区域协调发展;王春光（2008）指出,现行城乡制度违背社会公平原则,使城乡差距扩大,不仅不利于城乡均衡与和谐发展,还阻碍"以工补农、以城带乡"的贯彻。总体而言,学者关注的问题和角度不同,其对内涵的思考也各有侧重。随着研究的深入,李岳云等（2004）设计了城乡统筹的指标评价体系;陈利昌和罗必良（2006）、刘奇中和王勇（2007）分别对黑龙江、广东和安徽的城乡统筹水平进行了评价;而朱允卫和黄祖辉（2006）在研究经济发展与城乡统筹的相互关系时,发现二者并不存在正相关,相反地,经济发展从长期来看还会进一步扩大城乡差距。刘业进（2013）提出,在城乡统筹的发展上要避免几大观念误区,即城乡二元分割的计划思维误区、政府包揽生老病死各项事务的结果导向和民生论迷信误区、"农村糟糕、城市文明"的观念误区、"土地换社保""土地换户籍"误区。

总体而言,在社会经济的发展过程中,要改革和摒弃过去"重城市、轻农村"的城乡分治做法,整体通盘规划和统一筹划城市和农村经济的发展,协调处理好城市和乡村之间的关系。为加快实现城市与农村的平衡发展和协调发展,需要尽快通过体制改革和政策调整,建立城乡统筹发展和良性互动的优化模式。根据城乡二元主体的特点,逐步削弱并清除城乡之间的壁垒和樊篱,消除城乡身份歧视和权利差别,加快缩小农村与城市之间的差距,深度改革城乡二元结构,解决城乡发展的不平衡问题。通过科学制定并出台相应的城乡协调发展政策,促进城乡二元主体和工农关系的协调发展。建立城市经济带动农村经济发展、农村经济辅助城市经济发展、城乡良性互动与融合发展的经济模式,最终实现城乡双赢的发展格局。

（二）城乡统筹发展的原因及途径

1. 城乡统筹发展的层次

"重城市、轻农村"、城乡分治的做法会扩大城乡差距,而城乡差距导致的城乡二元结构是制约城乡统筹发展的障碍。城乡一体化和互动协调的良性发展是城乡统筹发展的两个层次。

第一个层次:城乡一体化发展。该层次的研究认为,城乡统筹发展在于二元结构的存在,城乡统筹就是城乡一体化的共同发展。张红宇（2003）认为,统筹城乡发展使市与农村、工业和农业共同进步。李茂生和陈昌盛（2004）认为,统筹城乡发展是打破城乡分割,缩小城乡差距。黄祖辉等（2005）认为,统筹城乡发展是实现城乡经济社会一体化发展的关键。陈锡文（2005）指出，为了民族进步和社会发展，必须解决城乡发展问题，尽快将中央提出的统筹城乡发展任务转变为政策制度，形成社会的共识。于建嵘（2008）指出，目前提出统筹城乡发展和形成城乡经济发展一体化的新格局有很深的寓意。

第二个层次：城乡互动发展。该层次的研究深化到统筹城乡互动发展。国内不少学者主张统筹城乡应互动发展，实现城乡发展的趋同协调。该层次的学者认识到城乡统筹的更高级阶段是城乡互动的良性循环，是城乡融合的协调发展。魏清泉（1998）认为，城乡融合体现出城乡功能互补、城乡差距缩小、城乡生活方式趋同等特性。赵勇（2004）认为，实施城乡良性互动战略能够统筹城乡经济社会发展。贺雪峰（2006）和苏明华提出城乡统筹良性互动。杜青林（2007）提出坚持统筹城乡发展，促进城乡互动协调。

2. 城乡统筹发展的模式与路径

针对城乡互动发展的方式与对策建议，我国学者从不同角度对城乡融合与互动发展提出了相应的发展模式、改善途径和优化格局。

一是突出乡村的村庄发展模式。陈艳清（2015）提出，城乡统筹是实现城乡融合的基本路径，城乡统筹需要辩证处理好城市和乡村的矛盾，兼顾城市和乡村。城乡统筹的发展模式需要改变过去"重城市、轻农村"的思想，在政府主导下统筹兼顾城乡关系。其还提出打破城乡壁垒的社会融合、统一生产力布局的经济融合、城乡景观协调的生态融合、区域合理分工的空间融合、城乡均等发展的文化融合五个推进城乡统筹融合的基本方法。同时，其认为城乡融合的关键在于乡村的发展，提出了主导产业强村、二三产业富村、实用人才兴村、生态家园立村、支部组织带村五种村庄发展模式。

二是城乡一体化和融合发展的路径。刘春芳和张志英（2018）分析提出，城乡一体化到城乡融合，是一种新型的城乡关系。而城乡融合不仅是新型城乡关系实现的路径，也成为城乡协调发展的阶段性目标。城乡融合的实现依赖于市场机制的健全和政府调控机制的完善，通过充分发挥政府和市场的作用，充分调动公众参与的积极性，形成工农互促、城乡互补、全面融合、共同繁荣的新型工农城乡关系，实现城乡之间在要素、基础设施和公共服务、生态与空间等诸多方面的融合发展。张克俊和杜婵（2019）提出，从城乡统筹到城乡一体化，再到城乡融合发展，不仅是重塑新型城乡关系的现实需要，也是破解社会主要矛盾转化的重要选择，更是推进乡村振兴的首要路径。要通过政府与市场的互动耦合、城市和乡村的互动共生、要素流动由单向转为双向、实现工农城乡关系的根本转变等七个维度着力推进城乡融合发展，实现城乡统筹和城乡发展一体化的升华。

三是城乡互动空间格局的优化举措。赵康杰和景普秋（2019）根据我国城乡经济发展的历史，对城乡二元结构形成的原因进行了梳理，提出城乡一体化的发展格局。具体原因包括：早期在国际封锁禁运的背景下，我国在结构安排上重工业优先、城市优先，形成城乡隔离制度。互动管制与计划经济的实施，导致资源要素单向流动，拉大了城乡差距。改革开放以后，资源要素单向城市集聚的特征愈加突出，城市发展加快，城乡差距拉大，形成典型的城乡二元结构。21世纪以来，我国在扩大内需的驱动下加强了城乡统筹和新农村建设，连续出台支持农村建设发展的文件和政策，引导资源要素、产品和服务向乡村倾斜，使城乡资源配置趋于协调，城乡双向互动的格局显现，城乡差距达到最大值后呈收敛缩小的态势。新时代背景下，要通过加大全方位开放的力度，实施乡村振兴战略，化解城乡失衡的矛盾，加快城乡互动融合发展、城乡经济一体化，加快统一城乡公共保障体系等，促进城乡互动空间格局的形成。

第二节　城乡统筹的经济与金融研究

国内外理论界有关城乡统筹的经济与金融发展问题，来源于经济增长与金融发展的理论探讨。城乡统筹发展离不开金融，城乡统筹发展需要金融支持。在统筹城乡经济发展中，金融的主导作用正日益显现。

一、国外研究文献综述

国外关于城乡统筹与金融发展问题的研究，主要体现在对经济增长发展与金融关系的理论分析。从金融与经济关系的发展演变可以看出，经济决定金融，金融又反作用于经济。

（一）经济决定金融理论

1. 马克思的分工交换论

分工交换论指出金融的起源是由经济决定。亚当·斯密（1776）的《国富论》提出劳动分工有利于促进全社会的普遍富裕，原因在于金融促进了分工，非物物交换的货币交易会降低交易成本，进而出现更专业和更高水平的劳动分工。马歇尔（Alfred Marshall）也分析了劳动分工会促进经济增长，认为不管是外部经济还是内部经济，劳动分工增加了资本在生产上的规模报酬递增倾向，有利于提高经济发展的水平。

2. 商品经济发展程度论

商品经济发展程度论阐明了金融的发展状况及发展程度仍然由经济决定，经济的发展水平不同，金融的发展程度及普及度也不同。罗斯托在《经济成长的阶段》中提出成长阶段理论，指出在商品经济快速发展的不同阶段中，商品交易对金融的需求不同，而经济发展的层次与深度决定了金融发展的结构、阶段。

3. 经济主体收支决定论

经济主体收支决定论认为，金融的发达程度取决于经济主体——政府、企业、居民家庭金融活动空间的大小。金融主体对信用、理财的需求越大、金融意识越强、参与度越高，金融活跃度就高，金融产品就越丰富，金融市场也越发达。休·T. 帕特里克（Hugh T. Patrick）提出，经济增长必然会产生对金融产品与金融服务的需求，即金融发展对经济增长具有"跟随效应"。如果一个国家或地区的总体经济不断发展，不同行业或部门的经济增速差异越大，对金融中介的需求就会越大。

（二）金融反作用于经济理论

金融作为经济的枢纽与核心，会反作用于经济，这主要源于金融的功能。资本形成是金融活动最终的结果。理论研究从资本形成对经济增长的积极作用去论证金融对于经济增长和发展的重要性和必要性，因为多数经济在运行时，金融的发展状况和质量会显著影响经济的发展速度和质量。过程中形成四大理论：新古典增长理论、"起飞"理论、贫困恶性循环理论、金融发展理论。

1. 新古典增长理论

新古典增长理论以索洛、哈罗德（R. F. Harrod）和多马（E. D. Domar）等的研究为代表。索洛模型（Solow growth model）充分而准确地描述了资本之于经济的关系，而哈罗德—多马模型则突出发展援助对经济增长的影响，提出通过发展援助的资本转移促进经济增长。从索洛模型和哈罗德—多马模型（Harrod-Domar model）中我们知道，经济增长的重要源泉之一是生产要素的增长，主要是劳动或资本的增长，或者是二者一起增长。资本要素始终是一个重要而不可或缺的生产要素（赵静君 等，2004）。

2. "起飞"理论

"起飞"理论以罗斯托的研究为代表。该理论主要研究不发达国家如何实现经济发展并向发达国家过渡，分析资本积累对于不发达国家"起飞"的重要性，阐明金融活动对经济发展的重要性。同时，探讨实现"起飞"的先决条件，认为首要条件就是要将投资率提高到10%以上（缪国亮，1993）。

3. 贫困恶性循环理论

贫困恶性循环理论以纳克斯的研究为代表。该理论指出，资本积累不仅是克服贫困瓶颈约束，也是打破恶性循环和摆脱贫困的唯一途径。同时，纳克斯从资本的供给和需求两方面来分析，认为不发达国家陷入贫困境地的根本原因在于资本形成不足（何爱平，2011）。

4. 金融发展理论

金融发展理论包括金融结构理论、金融深化理论和金融约束理论。研究金融发展理论的学者们主要以发展中国家为对象，研究经济增长与金融发展，其中代表性的人物有雷蒙德·W.戈德史密斯（Raymond W. Goldsmith）、爱德华·S.肖（Edward S. Shaw）和罗纳德.I·麦金农（Ronald I. Mckinnon）。学者们对于金融作用于经济方面的理论贡献主要是金融结构理论、金融深化理论和金融约束理论。

（1）金融结构理论

戈德史密斯认为，金融结构对经济增长具有巨大的促进作用，金融结构改善了经济的运行，为资本转移提供了方便。金融结构会随着时间的推移不断发生变化，以推进金融发展。其研究表明，经济越发达，非银行金融机构越重要。有效、科学的金融制度安排可以监督企业深化改革，包括优化公司治理、改善经营业绩、规划公司发展战略等。同时，发达的经济更容易形成发达的证券市场，完善的金融体系更有利于平衡经营者与管理者的利益关系，保障投资人的利益。因此，发达的经济体系会推进金融结构的完善，对公司管理形成有效的监督与约束机制，有利于以市场原则有效配置资本，进而促进经济的长期增长（王修华 等，2008）。

（2）金融深化理论

金融深化论是由发展金融学家肖和麦金农针对20世纪70年代发展中国家普遍存在的金融市场不完全、资本市场严重扭曲和政府对金融机构过度干预等金融抑制现象影响经济发展的状况而提出来的（刘逖，1997）。他们认为：要打破金融抑制所造成的恶性循环，必须进行金融深化。金融体制改革使金融深化有显著成效，能大大提高储蓄率、投资率和收入增长率，而收入增长后会对储蓄产生进一步推动，从而刺激金融业的发展，达到金融深化的良性循环效果。Boyd 和 Prescott（1986）认为银行等金融机构具有天然优势，与实际投资者相比，其获取信息花费的成本要少很多，能有效减少信息不对称引发的问题。Eaker 等（1995）提出，金融部门在促进经济的发展中具有两个效应：一是通过降低存款与投资的交易费用，降低金融筹集和使用的资金成本；二是金融市场和金融机构能够帮助企业提高控制风险的能力，在商业环境中降低签订合同逆向选择的风险和合同履行的道德风险。即金融系统能够提高资源分配的有效性，提高金融资源的投资和使用效率，从而促进经济的增长。Acemoglu（2003）指出，良好的金融系统能及时获得并处置信息，金融中介通过比较投资项目的成本收益、企业经营业绩和趋势等信息，使投资主体做出更好的决策，提高了金融资源配置效率，促进了资本的合理流动，有利于促进经济增长。

（3）金融约束理论

赫尔希曼、斯蒂格利茨（Joseph Stiglitz）等经济学家普遍认为，金融约束是一种比金融抑制和金融深化更有吸引力的模式（杨胜刚 等，1999）。金融约束理论认为，金融制度设计与安排对于发展中地区的经济相当重要，如果由政府出面制定并实施一种特定的、有差别的金融政策制度安排，就比竞争性的政策制度安排更有利于支持经济增长。因此，通过政策性金融制度安排弥补地区发展不平衡及市场本身的缺陷，可促进地区快速发展。同时，戴蒙德（Douglas Diamond）和迪布维格（Philip Dybvig）认为，金融的良性发展能分散经济运行的风险，建成良好的金融体系和金融市场，有效降低和规避资产的流动风险，并通过采取不同风险的资产组合和产品结构安排，实现风险的分散或降低（Lemmen，2009）。

二、国内研究文献综述

国内理论研究起步较晚。通过借鉴学习国外既有相关理论研究成果，国内学者进行了一定的定性研究和大量定量研究。这些研究，大都基于国外既有理论成果并考虑了我国现实经济状况，运用国外成熟的实证分析方法得出符合我国具体情况的具有价值的结论。

（一）金融发展促进经济增长

研究金融发展促进经济增长问题的文献比较丰富。学者们在研究了我国的金融与经济关系后，几乎都得出中国的金融发展促进了经济增长的结论。谈儒勇（1999）较早对我国金融发展与经济增长之间的关系进行了实证研究，发现我国金融中介发展和经济增长、金融中介发展和股票市场发展均呈显著正相关。但由于其只选取了1993—1998年的季度数据，时间周期较短，说服力不够强。米建国和李建伟（2002）对我国经济发展中的金融深化与金融抑制进行了检验。实证分析表明，金融适度发展是经济实现最优增长的必要条件，金融抑制或金融过度均会损害经济增长。丁晓松（2005）通过单位根检验探讨了1986—2002年我国金融发展和经济增长之间的关系。研究表明，金融发展对我国的经济增长存在积极作用，而经济增长对金融发展的促进作用则不明显。赵振全和薛丰慧（2004）采用产出增长率模型，实证检验我国金融发展对经济增长的作用。研究结果表明，相较于股票市场，我国信贷市场对经济增长的作用比较显著。

学者们对金融促进经济增长的原因和途径进行了剖析，发现金融能够通过利率工具、金融资产数量、金融中介等促进经济增长。宾国强（1999）采用OLS方法和Granger因果关系检验方法分析了我国实际利率、金融深化和经济增长之间的关系，回归结果验证了麦金农的理论——实际利率、金融深化确实与经济增长呈正相关，经济增长对金融深化有促进作用；并得出我国的金融发展是经济增长的原因的结论。曹啸和吴军（2002）选取了1994—1999年的季度数据，利用Granger因果关系检验方法对我国金融发展与经济增长进行了实证研究。结论表明，我国的金融发展是经济增长的Granger原因。但是金融发展对经济增长的促进作用主要通过扩张金融资产数量，而不是通过提高金融资源的配置效率，这也是我国粗放型经济模式形成的一大原因。孟猛（2003）利用含有误差修正模型项的Granger因果关系函数，以我国为例进行了实证分析。他的实证结果表明：金融深化程度的提高会促进经济增长速度的加快。战明华等（2003）利用我国的样本数据实证检验斯蒂格利茨等人关于金融中介和金融市场的发展对经济增长的作用。Granger因果关系检验的结果表明，金融中介和金融市场都是经济增长的Granger原因；非嵌套假设检验（non-nested test）的结果则显示，相较于金融市场的发展，我国金融中介的发展对经济增长的影响作用更为重要。实证结果都证明了斯蒂格利茨等人理论假设的正确性。

（二）金融发展和经济增长互相促进

多数学者认为金融发展和经济增长存在双向因果关系，两者互相促进。刘金全和于惠春（2002）认为，经济增长能够显著促进固定投资的增长，进而促进资本市场的完善和发展。陈军和王亚杰（2002）从供给推动和需求拉动两个角度分析了金融发展和经济增长之间的互动关系，对两者之间的运行机理进行了深入研究，并通过Granger因果关系检验方法，发现现阶段我国金融发展与经济增长之间存在双向的因果关系。史永东等

（2003）运用 Granger 因果关系检验方法，证明我国金融发展与经济增长之间存在一种双向的因果关系。王志强和孙刚（2003）采用向量误差修正模型（VECM）和 Granger 因果关系检验方法检验了我国金融总体发展的规模扩张、结构调整和效率变化三个方面与经济增长之间的关系。他们研究认为，20 世纪 90 年代以来，我国金融发展与经济增长之间存在显著的双向因果关系。战明华（2003）提出了多重均衡下的金融增长与经济增长之间的关系。研究结果表明，在三部门中一般均衡的条件下，从理论上讲内生增长条件下的多重均衡是存在的。他还利用我国的样本数据检验金融发展与经济增长之间多重均衡关系的存在性并给出了临界区域。

（三）金融发展和经济增长无显著因果关系

在理论研究中，也有部分学者研究认为金融发展和经济增长无明显的因果关系。谈儒勇（2004）认为，我国股票市场和经济增长存在不显著的负相关。孟猛（2003）也认为短期内金融深化不会促进经济的增长，虽然经济增长会促进货币化程度的提高，但对非金融机构获取的贷款量没有影响。相似的还有庞晓波和赵玉龙（2003）的研究。他们考察了 1980—2000 年的动态数据，发现我国金融发展与经济增长的因果性较弱，这意味着我国金融发展未能跟上经济发展的需要，因此改善金融服务、提高金融效率将会促进我国的经济增长。

20 世纪 90 年代以来，部分学者将内生增长、内生金融中介和内生金融市场等纳入金融发展模型之中，既通过数学模型对金融中介和金融市场的形成，以及金融发展和经济增长的相互关系做出了逻辑严密的解释，又进行了详细的实证检验，发展形成"内生金融发展理论"（Pagano，1993；江春 等，2007；Levine，1997）。根据国外的理论，沈坤荣和张成（2004）将金融发展纳入内生增长模型，并对我国各省各年的数据进行实证分析，认为内生金融发展转化为经济增长动力的机制尚存在障碍，金融机构的低效率成为金融发展促进经济增长的绊脚石。

韩延春（2001）采用金融发展与经济增长关联机制的计量模型，运用我国经济发展过程中的有关数据进行了实证分析，认为技术进步与制度创新是经济增长最为关键的因素，而金融发展对经济增长的作用极其有限。史永东（2003）利用 Granger 因果关系检验和基于柯布—道格拉斯生产函数（Cobb-Douglas production function）框架下的计量分析，对我国金融发展与经济增长间的关系进行了实证研究，得出结论"我国经济增长与金融发展在 Granger 意义上存在双向因果关系"，并同时得出金融发展对经济增长贡献的具体数值。袁云峰和曹旭华（2007）利用随机边界模型，以及我国1978—2004年的跨省份面板数据，研究我国金融发展与经济增长效率之间的关系，间接度量我国金融发展的资源配置效率。研究发现，我国金融发展与经济增长效率的关系具有明显的时空特征；金融发展通过资本积累促进了经济增长，但是并未促进技术效率的全面提升。

第三节　金融支持城乡统筹发展的研究

城乡统筹发展与金融支持问题近年来已逐渐成为研究热点，引起学术界的重视。国内外对我国城乡统筹与金融发展的研究集中在农村金融与城乡统筹的问题分析方面。

一、国外研究文献综述

国外对金融与城乡统筹发展的研究侧重于对金融发展与区域经济关系的研究。关于金融发展与区域经济关系方面，学者们主要从二元金融结构的深度原因——金融抑制展开研究，并进一步对二元经济结构转换途径，即金融重要一极——农村金融深化发展进行研究。

（一）金融抑制造成资源配置失效，形成二元经济结构

二元经济结构的形成源于金融抑制造成的资源配置失效。Myint（1992）提出落后国家存在金融二元性问题，原因在于政府为了实现工业化、城市化，将稀缺的资本等资源优先配给现代部门，使传统部门承担了额外的成本，进而导致部门发展相对失衡。金融发展理论创始人之一的麦金农是最早明确研究金融发展与二元经济结构关系的经济学家，他认为金融抑制可以导致二元经济结构的出现。在此基础上，Galbis（1977）建立了一个更加符合实际的两部门金融发展模型，通过展示金融部门如何在现代部门和落后部门之间发挥中介作用，解释了金融抑制对经济增长失衡的影响。金融抑制损害了金融体系在配置资源中的集聚功能，应取消并实现金融深化。Levine等（2000）实证研究发现，以市场为中心的金融体系能够有效促进经济增长。

（二）二元经济结构转换依赖于农村金融制度深化发展

二元经济结构转换有多种途径，但最根本的是依赖农村金融制度深化

发展。肖和麦金农在金融深化论中提出，在欠发达地区要制定相应的、有区别的区域金融政策，在区域内努力推行金融创新，促进金融深化，以从金融政策、金融组织、金融工具等各方面入手的金融创新来促进金融市场一体化，推动欠发达地区的市场竞争。日本经济学家石川滋通过考察日本、印度、中国和中国台湾地区的情况发现，这些地区要在较短的时间内完成二元经济结构转换，必须注重农村金融制度的完善和农村金融市场的发展，其基本做法应是设立以中央银行为顶点的特殊银行、民间信贷银行体系，以小农为对象的农村信用组合网等现代金融制度（周学，1982）。Kellees 对印度以及中国的农村非正规金融和农村微型金融组织的进一步研究发现，由于农村经济主体特殊、正规信贷供给短缺、农村金融市场区域分割等原因，农村地区正规微型金融组织并不能完全替代非正规金融。因此，学者们普遍认为，基于农村金融需求的制度创新，以及构建区域金融协调发展机制是经济均衡发展的重要条件（Conning，1996；Kochar，1997；Foltz，2004；等等）。

二、国内研究文献综述

国内的金融与城乡统筹研究，集中在我国城乡二元金融市场发展与转换，以及农村金融深化与服务支持的研究中。

（一）基于金融市场特征研究城乡二元金融与城乡统筹

1. 城乡二元金融发展的相关研究

经济决定金融，我国二元经济结构决定了必然存在二元金融。无论如何，都始终要认识到金融要素是实体经济最重要的要素，发挥着经济发展引擎的作用。张晓强（2005）通过分析二元金融市场发展与经济发展的关系，认为加快金融体制改革才能加快实现经济和二元金融均衡发展。姚耀军（2004）提出金融发展呈现城乡二元性，即金融非均衡发展。城市金融发展水平高于农村金融发展水平，需要城乡经济发展以较快的速度趋同，以打破我国金融发展长期存在的城乡二元性。徐小怡和卢洪鹏（2007）对城乡二元金融结构及原因进行分析，认为农村金融的管制造成了我国金融发展呈现二元性特征。杜伟（2007）认为农村二元金融结构和金融抑制具有内在的相关性和双重性。李晶（2008）指出我国长期实行城市和工业化优先发展战略，加上受政府主导的农村金融体制改革的不彻底、不到位，使得城乡"二元金融"特征明显，农村金融处于我国金融发展的弱势地位。张瑜（2007）指出，在我国经济转型过程中，在城乡差距比较大、二元经济结构仍然存在的现实情况下，历史局限性和现实发展水平的制约使农村金融依然处于我国金融发展的弱势地位，农村金融生态存在着许多问题。

张迎春（2004）、郑晓燕（2005）、陶黎（2006）指出，统筹城乡发展亟待完善我国农村金融多元资本支持体系，调整二元金融均衡发展。二元的金融结构和经济结构相互影响，二者相互强化，严重制约和阻碍城乡一体化进程。索洛认为经济发展必然存在某种稳态，其发展过程是沿着某路径趋于存在的稳态，被称为经济发展呈现出收敛性（胡宗义，2012）。江源和谢家智（2015）认为，在二元经济条件下，城市部门和农村部门存在制度供给差异、生产率差异和产出结构差异等外生因素，他们结合宏微观机制、长短期效应、需求和供给方面综合分析了二元经济结构，并深度分析了二元经济结构转型决定了二元金融结构的分化。"聚集—扩散"效应会促进城乡金融互动发展，并促进城乡金融趋向收敛。

2. 区域金融发展和区域经济增长的关系研究

城乡二元经济结构和二元金融结构与区域金融发展和区域经济增长相关。国内学者对区域金融发展和经济增长关系的相关研究主要分为全国和地区两类。殷德生（2000）研究认为，市场经济运行规律、区域经济发展层次结构等决定了不同地区的金融市场、金融规模与结构等方面的空间配置差异。市场的非均衡型区域金融制度是现代市场经济发展的必然趋势和结果。周立（2004）实证研究我国各地区 1978—2000 年金融发展与经济增长情况，发现我国各地区的金融发展与经济增长密切相关，表现为金融发展有利于长期经济增长，金融发展的差距是导致经济增长差距的主要原因之一；进一步研究发现中国金融发展的不平衡，表现在金融机构的地区差异和金融资源配置的非效率。艾洪德（2004）实证研究我国区域性金融发展与区域经济增长的关系，发现我国东部地区的金融发展与经济增长之间存在正相关，而与中西部地区之间不仅呈负相关，而且明显滞后。

江源和谢家智（2015）从时间、空间的双重角度分析了二元金融结构影响因素及区域差异，提出在城乡二元金融整体趋向收敛的情景下，我国二元金融结构的水平总体较高，城乡金融差距整体逐渐减小，但区域二元金融结构差异仍比较明显，中西部地区高于东部地区。其进一步分析认为，城乡金融存在典型的二元结构是二元的制度供给歧视、经济结构、机制体制等因素综合影响的结果，不同因素的作用强度和影响效果存在显著差异。在金融发展水平较低的地区和阶段，决定二元金融结构变迁的主要因素是金融干预和生产率差异等；而在金融发展水平较高的地区和阶段，金融法制水平、收入差距等成为驱动的主要因素。

3. 农村金融市场存在金融抑制

（1）有研究表明，我国农村金融市场上存在着严重的金融抑制，可进一步分为供给型金融抑制和需求型金融抑制。如何广文（1999）就研究了基于农村金融市场出现的金融抑制问题。多数文献认为，解决该问题的关键是进行金融深化。姚耀军（2004）认为，对农村金融的管制，使得中国金融发展表现出明显的城乡二元性特征。殷本杰（2006）通过规范的理论分析，论证了金融约束可以有效修正金融抑制的许多缺陷。周杰（2007）认为，农村金融抑制造成农村金融资源稀缺。农村资金必须回流农村，农村金融资源必须优先运用于"三农"。肖奥华（2018）农村金融的发展面临诸如资金瓶颈约束、产业发展的金融抑制等系列障碍。

（2）城乡二元金融的农村金融必然随城市金融发展而收敛。江源和谢家智（2015）认为，城乡二元金融结构形成和收敛的内在机制是两个效应相互作用的结果。一是极化效应，即农村金融通过自身发展为城市金融提供支撑，进而助推城市金融的发展；二是扩散效应，即城市金融通过自身的超前发展，反过来带动和辐射农村金融的发展。同时，他们分析认为城镇化和市场化的进程在经济发展和转型变革中，对城乡二元金融结构的收敛具有门槛效应：当城镇化和市场化水平超过一定门槛值后，就会加速城乡二元金融结构的收敛。

（3）农村金融市场的发展存在监管法律问题与资金障碍。张璇（2018）认为，监管法律问题会对农村金融市场的健康发展造成严重影响。农村金融市场监管法律问题主要体现为：农村金融市场参与者的法律意识淡薄、监管法律体系不完善、监管主体法律问题较突出、监管机构再监管问题不明确、农村的非正规金融准入与退出机制不完善。其中，参与主体的法律意识淡薄是主要障碍。其还针对存在的问题提出明确的监管原则、监管制度，并对与农村金融市场特质相适应的金融方式进行创新。麻晓园（2019）基于城乡统筹视角，认为新时代农村金融发展的问题主要是：城乡金融机构分布失衡，农村经济发展形成的资金缺口显著增加，而农村金融结构不完善、农村金融市场缺乏竞争机制等因素，导致农村的中小企业和广大农户难以从正规金融机构获得足够的贷款融资支持，一定程度刺激农村非正规金融机构填补融资空隙，掠夺原属正规金融机构所占市场。其还提出要科学规划引导农村金融发展，在城乡统筹中健全财政投入保障机制，以财政带动社会资金投入，鼓励建设财政支持的城乡融合发展平台，构建多层次全覆盖的农村金融体系。同时通过法律引导农村金融市场发展，构建城乡一体化的工商资本入乡机制和流通机制。建立健全城乡公共服务普惠共享的体制机制，完善农村金融风险的防范处置机制，建设农村资金互动等服务型平台和金融机构。

（二）城乡统筹与农村金融支持研究

1. 引导金融资源配置以化解城乡二元金融矛盾

优化和引导金融资源配置，可有效化解城乡二元金融对立矛盾。黄小祥（2007）指出，金融要在城乡统筹综合配套改革试验中发挥先行作用。在各种要素中，金融不但是独立的要素，而且是最能够促进其他要素有效配置的重要因素。进行城乡统筹综合配套改革，建立统一开放的城乡市场体系，必须做到金融先行，充分发挥市场在资源配置中的基础作用。基于国家利益角度实现金融资源的城乡有效配置显得必要而且紧迫（温铁军，2008）。周杰（2007）提出，要优化城乡统筹综合配套改革试验区的金融资源配置，但城乡金融二元对立是建设试验区面临的难题。城乡统筹综合配套改革试验区的建设离不开和谐的城乡金融体系的支持。要通过宏观调控，协调金融资源在城乡的合理配置，增加金融资源对"三农"的投入。

江源和谢家智（2015）为化解城乡二元金融的矛盾，提出要注重城乡二元金融的长期效应，综合权衡二元金融结构收敛的阶段、条件和区域特征，重点创造经济、制度和体制等相关条件，缩小城乡金融差距形成的各种条件和内在规律，此外还要关注各区域金融的差异性，针对性地调控城乡区域金融发展的阶段、模式和条件。丁晓宁等（2016）认为在城乡统筹的新型城镇化建设中，对农村的金融机构进行优化和对金融服务进行改善是重点。金融机构的优化具体包含增加供给正规金融机构、完善新型金融机构和规范民间金融机构。田涛（2016）从金融创新的角度对城乡统筹发展中金融支持新型城镇化建设进行分析，认为金融支持城乡统筹的城镇化建设存在多重矛盾，包括金融机构的营利性与城镇化建设的公益性矛盾、金融机构的市场定位与城镇化的发展战略矛盾、金融产品同质化与新型城镇建设的需求多样化矛盾等。为此，其提出扩大财政资金投入，建立财政风险投资机制；完善现有金融体系和市场结构；引导金融机构服务实体经济；创新金融监管方式等建议。

2. 统筹城乡经济发展的农村金融支持与体系构建

一是完善农村金融制度和支撑体系。统筹城乡经济发展离不开农村金融支持，更离不开支撑体系的构建和完善。张迎春（2006）认为统筹城乡发展的侧重点在"乡"，统筹城乡发展中的金融支持，也应侧重于对"乡"的金融支持。郑晓燕等（2005）认为统筹城乡经济发展需要金融支持，且农村经济越发达，资金的需求量越大。农业产业的特殊性和资金的趋利性不但没有使资金大量注入农业和农村，反而通过各种渠道大举流出，市场经济的发展使这一现象更加突出。因此，其建议改革现行金融政策体制，建立适应统筹城乡经济发展的农村金融支持体系。胡卫东（2003）指出，由于农村金融体系成为农业经济剩余输出的主渠道，因此需要加快发展农村金融来解决农村失血问题，可以通过健全农村金融体系和完善农村金融服务，实现城乡统筹经济发展。陶黎和曹建华（2006）分析我国农村资本的供给状况，发现看似完善的金融体系却没有提供农村经济发展所需的资金，未有效发挥金融机构的职能。其还提出在城乡统筹发展中，亟须完善农村金融支持体系，让农村信用社（以下简称农信社）成为农村金融支持体系的主体，使农业发展银行（以下简称农发行）成为有力支柱，引导商业银行提供商业性金融服务，允许民间资本进入农村等建议。刘锡良和齐稚平（2009）认为，城乡统筹建设中，金融制度的关键是农村金融。而农村金融制度变革的核心在于内部金融组织体系的发展，尤其是小额贷款机构和非正规金融组织的发展（张军 等，1997；张杰，2003；何广文，2005；李扬 等，2006）。

二是根据农村金融的发展内容实施精准扶贫。王富君（2015）指出，在政策性金融支持农村发展的实践中，要将信贷资金重点投向粮食安全、水利建设、城乡统筹、城镇化建设以及扶贫开发等重要领域，同时提升支农资金服务国家战略的效率和效果。充分发挥政策性金融的融资优势与政府的组织优势，实施融资与组织协调融合的运作模式。在具体的政策性金融服务中，坚持金融服务创新，提高政策性金融的资源配置效率。肖奥华（2018）认为，农村金融不仅存在资金瓶颈和金融抑制等障碍，还存在制度体系建设不健全、缺乏与农业产业扶贫紧密结合等问题。因此，农村金融精准扶贫不仅需要城乡统筹作为重要手段，也是城乡统筹的必然选择。要不断完善农村金融的制度体系，构建多元化的资金供给机制，加强农村金融精准扶贫信息平台的建设，推进农村金融服务的创新、监管和产业化水平，促进农村金融的有序推进。

三是推进农村金融的创新，促进城乡统筹发展。陈艳（2015）分析认为，农村金融发展中存在供给严重缺乏和总量失衡的问题。政策性银行功能严重缺失，建设新型农村金融机构的力度不足、金融布局与结构不合理，以及金融业务流程和金融产品非农化突出等问题导致金融资源配置错位。农村金融是影响现代农村经济发展的主要因素，因此城乡统筹发展需要加快健全农村金融体系。其进一步提出创新农业金融市场和农户融资制度，重构农业保险、农村合作金融等制度，推进利率市场化改革。应韵（2015）分析指出金融支农存在供求矛盾，具体表现在金融制度不完善，金融支农的担保难实现，信用管理、风险管理、融资市场单一化和服务功能缺失等方面。其提出重构金融支农的定价与补偿机制、金融支农的产品与服务开发、金融支农主体与制度等金融支农体系。李停（2020）基于新古典经济理论和城市偏向发展战略，提出消除人地依附关系的农地金融创新，是破解我国二元经济和城乡非均衡发展的突破口。其认为人地依附是我国城乡统筹发展的最大障碍，改革现行农地金融和农地制度以化解人地依附关系，将盘活农地资产作为城乡统筹发展的重要抓手。通过盘活农地的金融创新使土地流动起来，带动城乡劳动力、土地和资本等要素资源的合理流动，实现城乡劳动力的永久性迁移和城乡统筹发展为核心的城镇化建设，促进城乡二元经济向一元经济转变。

3. 城乡协调发展与金融深化的协同联动

城乡经济的协调发展离不开金融深化的协同支持，要通过金融深化，调整和协调城乡二元经济统筹发展。

一是提高农村金融支农的专业化和产业化。陈春生（2006）认为，保持农村与城市对接的良性和协调性，构成城乡一体化的主要内容。农村金融发展要提高农业的产业化和专业化水平，以实现农业金融的持续发展为主导，最大限度满足维持性的金融需求。采取安排设计政策性金融、完善城乡金融的连接渠道与形式，以支持城乡金融合作、鼓励城市金融向农村延伸、改善农村金融投融资的生态环境、规划合理的农村金融区域布局框架等途径，推进城乡金融协调发展。田霖（2007）从农村金融排斥的角度提出在城乡金融协同发展过程中，要充分考虑地理溢出效应，通过加快农村信用合作社（以下简称农信社）改革和提高农民的金融教育水平，确立民间金融的合法地位，实现城乡金融和经济的有效联动与和谐发展。李明昌（2007）指出，城乡协调发展与金融深化是相互促进的。城乡统筹发展将引起城乡金融需求结构的变化，进而推动金融创新和制度变迁，为我国城乡金融服务水平的提高、金融结构的完善以及金融业的深化提供条件；金融深化必将降低城乡资源要素的配置成本，提高微观经济主体的交易效率，实现在更大范围内配置金融资源，促进金融交易的潜在收益向现实收益转化。

二是提高农村普惠金融与城乡经济统筹的协同度。孙承志和徐璐（2016）认为，农村普惠金融与城乡经济统筹互相影响、互相推动，二者共同演化于互动协同的统筹系统中。其以吉林省为例，测算出农村普惠金融与城乡经济统筹的协同发展程度。实证统计表明，普惠金融各子系统的有序度明显上升，但复合系统的协同度较小，并且呈现明显的波动特征。针对农村普惠金融与城乡经济统筹协同度不高的问题，其提出要健全城乡经济统筹发展的机制体制，并构建复合型、多层次的农村普惠金融体系。

三是从机制上破解农村金融的"两张皮"现象。曹汝华认为，为使分散的农户能在市场经济得到发展，必须以机制为着力点进行破局，将银行从为股东利益服务的商业金融改革为以农户为主的合作金融。其认为中国农村金融出现"两张皮"现象，即金融是金融、农村是农村（罗燕，2020）。在市场化和城市化的发展趋势下，农村金融机构全面向商业化方向发展，商业化必然以盈利为目标，难以支持收入低而风险高的农业。农村的第一产业不仅得不到金融的支持，这使得农村不断衰落。曹汝华还提出利用现有土地承包经营权，采取土地确权、估值、数字化等手段壮大村集体经济，并以集体经济为基础发展合作金融。

4. 优化金融制度安排，深化金融结构调整

深化金融结构调整，优化金融制度安排，能够实现城乡金融统筹对城乡统筹发展的支持服务。陈元（2004）等学者从金融制度属性角度出发，指出城乡统筹的金融制度安排，不能完全依托政策性金融，更不能完全依托于商业性金融，而应发挥开发性金融功能。开发性金融能有效综合政府和市场的优势，通过组织增信，促进区域经济的协调发展（财政部科研所课题组，2005）。王全达（2007）指出，金融要配合产业结构调整，积极进行产品创新，完善信贷管理机制，加大支持和服务城乡统筹的力度，并希望政府及管理部门为金融支持城乡统筹发展创造包括调整贷款和税收政策、优化农村金融生态环境等条件。

综合以上分析，我们可以看到：国内外学者对城乡统筹发展的研究较多、较深刻，但对统筹城乡互动协调发展的研究比较少，对城乡统筹中金融的互动机制的研究更为薄弱。相当多的研究都局限在农村，就农村谈农村；对二元金融也缺乏互动研究。党的十六届三中全会把"统筹城乡发展"列为"五个统筹"之首；党的十七届三中全会要求建立现代农村金融制度和促进城乡经济社会发展一体化制度，从根本上破除导致城乡二元结构的制度基础。到目前为止，关于城乡统筹中二元金融结构转换的研究，以及城乡金融的互动协调机制问题研究，尚缺乏足够的理论和经验支撑。本书试图探索金融互动协调发展机制，以促进城乡统筹的协调发展，提高金融要素的资源配置效率，并提升新形势下城乡金融风险管理的水平。

第四节 金融风险管理的研究

一方面，城乡统筹发展与金融问题近年来已成为研究热点，引起了学术界的广泛重视。国内外对我国城乡统筹与金融发展的研究集中在农村金融与城乡统筹的问题分析上。另一方面，政府从国家政策和机制体制角度进行制度设计与安排。2019 年，《中共中央 国务院关于建立健全城乡融合发展体制机制和政策体系的意见》，明确要求高度重视和有效防范各类政治经济风险，以底线思维防范风险；通过构建和完善乡村金融服务体系，完善农村金融风险防范的处置机制。

城乡金融风险管理属于金融风险管理体系的分支，包括城市金融风险管理和乡村金融风险管理，二者具有交叉性、传导性和共同性。同时，由于地域和空间的区别，城乡金融风险又具有一定的差异性。与金融风险管理相关的理论主要包括金融风险理论与金融风险管理理论。金融风险理论主要包含信息不对称理论、金融脆弱性理论、金融波动理论；金融风险管理理论主要有金融发展权理论、金融规制理论和全面风险管理理论等。

一、金融风险的相关理论

（一）信息不对称理论

信息不对称理论是非完全有效性的资本市场理论，最早是由乔治·阿克洛夫（Ggeorge Akerlof）、迈克尔·斯宾塞（Michael Spence）和约瑟夫·斯蒂格利茨三人在 20 世纪 70 年代根据信息不对称现象提出的，为市场经济开启了一个全新的视角。此后，信息不对称理论一直是经济学和金融学领域极其重要的假设条件之一。信息不对称是指在市场经济的贸易活动中，参与交易的各方对有关信息的了解存在差异。掌握信息比较充分的主体，往往在交易中拥有更大的优势，因此处于比较有利的地位。而缺乏信息的主体，往往在交易中劣势突出，处于比较不利的地位。参与各方掌握的信息有所差异就是不对称现象，会导致双方所做决策出现差别，出现两种结果：一种是道德风险，另一种是逆向选择。道德风险表现为在交易过程中，行为代理人为了谋取个人利益，做出有损委托人或其他相关代理人利益的行为或活动。逆向选择表现为因价格等因素产生的劣币驱逐良币现象，使市场上真正优质的商品受到劣质商品的挤压驱逐而被迫退出，市场上仅剩下价格低廉的劣质商品参与交易。因此，通过向市场传递更多的信息和信号，增加市场信息的透明度，可在一定程度上弥补和缓解信息不对称带来的不良影响。

信息不对称在城乡金融市场上表现为两种现象。一种是城乡金融融资交易前的信息不对称；另一种是城乡金融融资交易后的后信息不对称。第一种现象会导致银行等金融机构的逆向选择，表现为银行等金融机构主体更愿意放贷给愿意承担高利率的资金需求主体。而这类主体为了获得信贷资金，可能在融资前表现为愿意承担高利率，实则隐藏了巨大的风险。第二种现象表现为资金需求主体在融资交易后的道德风险，如资金需求主体可能在获得信贷资金后将贷款投向风险较高的领域，隐瞒了贷款资金的真实用途，违背了信贷协议的投资规定和方向。程小伟等（1999）分析认为，金融市场中信用风险产生的根本原因是借贷双方的信息不对称，因此，银行机构要想防范和化解信用风险，就得采取措施降低与借款主体间信息不对称的程度。钟田丽等（2013）认为，信息不对称会影响企业融资的行为和成本。因此，破解中小企业融资难的主要途径为：一方面，企业要走出自身融资能力较低的困境；另一方面，银行等金融机构也应重新审视融资制度，减少和降低信息不对称造成的"道德风险"与"逆向选择"。

（二）金融脆弱性理论

马克思最早提出金融体系存在内在不稳定性，认为商业银行等金融机构在助推私人资本转变为社会资本时，会成为引发风险危机的最有效工具。美国经济学家 Minsky（1993）对前人的研究加以拓展，提出了"金融体系不稳定性假说"，认为资本的本性决定了金融体系必然存在不稳定性，因此无法避免金融危机和金融危机对经济产生的危害。Minsky 将参与金融交易的借款主体分为三种：第一种是根据预期现金流量而采取借款行为的抵补型借款主体；第二种是兼顾时间和预期现金流量的共同特征，确定借款的投机型借款主体；第三种是通过持续滚动借款，不断借贷新债务来偿还旧债务的循环借贷型借款主体。其进一步用代际遗忘、竞争性压力两个因素解释经济存在长波周期。经济周期中，繁荣与衰退交替，在金融信贷市场上表现为金融脆弱性。

金融脆弱性产生的一个原因是，经济周期导致企业等资金需求主体存在高负债率。当经济处于繁荣时期，市场预期普遍偏向乐观，金融市场的信贷约束减弱，银行等金融机构会增加贷款发放量，从而刺激并创造更多财富，形成更繁荣的经济。贷款量的增加使金融需求主体的负债程度随经济发展而逐步加深，经济周期和负债程度叠加发展，不仅大大降低金融机构贷款的安全性，而且极易成为潜在的金融风险。

金融脆弱性产生的另一原因是，经济周期的不断循环与交互更替容易导致经济下行。银行等金融机构在繁荣时期放松贷款约束增加了贷款量，刺激形成繁荣经济。一旦金融借款主体的借款行为发生改变，由原来的抵补型借款向投机型甚至高风险循环借贷型转变，将借贷资金投向股票、土地、不动产等资产类项目，资产价格就容易被高收益吸引，一再抬高。而当经济增速放缓或下降时，市场金融链条就极易出现断裂，任何导致资金链断裂的因素出现，就容易导致借款主体的违约和破产。借贷违约风波非常容易在金融机构和金融中介中传染，最终导致部分银行、金融机构和金融平台倒闭，金融资产价格迅速大幅下跌。繁荣时期的宽松信贷行为，加大信贷主体的负债程度，降低银行等金融机构的借贷安全性，容易为金融机构埋下很大的金融信贷风险（王玉 等，2006）。

（三）金融波动理论

金融波动理论认为，金融资产具有不确定性、波动性和联动性等特征，导致金融系统的波动趋势突出，整体的波动风险较大。此外，市场机制的客观不完善，加剧了资产价格的波动性。金融创新的不断发展使金融产品相互影响，导致金融资产存在相关的联动性。

由于信息不对称的客观存在，金融市场的不完全信息影响交易双方的道德风险和逆向选择，加大双方的不信任。不完全信息、道德风险和逆向选择使得金融资产的价格长期处于非稳定状态，进而造成价格波动。现有理论表明，金融市场对某项金融资产的定价评判标准主要由该项资产未来一定时期内带来的收入流量决定。但未来时期的收入流量存在预期的不确定性，容易受多重因素的制约而产生波动。因此，金融资产的实际持有者难以获知多因素信息和条件，无法准确判断多因素带来的波动风险。

金融衍生工具的创新加剧了金融波动的复杂性，而股价、利率、汇率等金融资产价格波动的联动性加速金融波动。随着金融创新的力度、速度和广度的迅速发展，特别是期货、期权、互换协议等新型衍生金融产品层出不穷，衍生产品和金融工具的多层嵌套，大大加剧了金融资产的波动复杂性。此外，股价、利率、汇率等不同资产价格相互影响、相互传导，相关性影响导致金融资产之间的波动存在联动性，进一步加剧金融资产波动的剧烈反应。金融资产的联动性表现为金融资产的利率、股价、汇率等价格波动的传导（周少甫，2012）。

二、金融风险管理的相关理论

金融风险理论表明，金融风险是每个金融机构在其进行金融活动、提供金融服务的过程中所必须要面临的重要问题。由于金融风险关系到每个金融机构的生存和可持续发展，因此如何减少和回避金融风险，并加强金融风险的管理，特别是防范新型农村金融机构的风险，是金融监管主体、金融机构本身关注的重点。金融风险管理理论主要有金融发展权理论、金融规制理论和全面风险管理理论等。

（一）金融发展权理论

金融发展权理论基于公民权理论、资源平等主义理论、弱势群体理论和普惠制金融理论，从金融资源优化配置的角度考察金融发展，主张所有社会主体都要平等享有金融发展成果的权利。突出强调资本时代下金融发展与各参与主体发展的适应与协调程度。金融发展权理论的基本目标是提高资金利用率，促进金融资源在不同主体和不同地域之间实现合理配置；从各参与主体的需求出发，保障各类主体平等享有社会经济发展成果的权利（李长健 等，2012）。

（二）金融规制理论

金融规制理论认为，金融规制在金融组织和金融市场中广泛存在，是政府干预金融市场，以保持金融稳定为目标的一种制度安排。金融规制管理风险的目标和手段主要有四点：一是有效控制和管理货币供给以实现货币供求均衡；二是确保商业金融机构的稳定性和安全性，提高商业金融机构的生存能力和金融市场的内在稳定性；三是通过约束债务人行为以保护债权人和存款人的利益，维持金融市场的秩序和稳定；四是为实现社会公平改善金融市场的资源配置效率。根据世界各国金融体制和组织形式的差异，结合金融市场结构和运行模式，可以将金融规制的模式划为"单一集中""一元多头""二元多头"三种模式（米运生 等，2003）。

（三）全面风险管理理论

全面风险管理理论即整合风险管理理论，指金融机构围绕企业总体经营目标，在机构管理的各个环节执行"一体化"风险管理的基本内容，是从传统金融的交易风险管理发展到组合风险管理，再到全面风险管理的理论。全面风险管理侧重通过公司治理、内部控制等制度设计，降低信息不对称的程度为基本逻辑，从而实现道德风险、操作风险、交易风险等的降低，确保组合风险管理的有效性。

本章小结

本章主要阐述了城乡统筹、城乡金融与城乡经济发展的相关理论基础，通过回顾、借鉴城乡统筹下金融学、经济学、管理学等多学科的理论研究成果，为城乡统筹的金融资源配置、互动机制和风险管理的路径创新提供理论支撑。目前，学术界根据侧重点的不同，将城乡统筹发展研究分为三大类：一是对城乡统筹发展的研究；二是对城乡经济与城乡金融发展的研究；三是对城乡金融与城乡统筹发展的研究。

（1）在城乡统筹发展方面，国内外学者形成了空间统筹理论、产业统筹理论和要素统筹理论等。国内学者对城乡统筹的内涵基本达成共识，认为城乡统筹就是要在整个社会经济发展中改革过去城乡分治的做法，将城市和农村进行通盘规划和统一筹划，通过体制改革和政策调整，协调处理好城市和乡村之间的相互关系。学者们将"重城市、轻农村"、城乡分治的做法归结为导致城乡差异的原因。同时，将城乡一体化和互动协调的良性发展作为城乡统筹发展的两个层次。

（2）国内外理论界对城乡统筹的经济与金融发展方面的讨论，源于经济增长与金融发展的理论探讨与实证验证。统筹城乡经济发展离不开城乡金融，要实现城乡统筹的发展需要金融支持，但随着金融与经济关系的改变，城乡统筹经济发展中，金融的主导作用正日益显现。

（3）城乡统筹与金融发展研究，重点解决农村金融与城乡统筹的问题。国外学者非常关注金融发展与区域经济的关系，他们从二元金融结构的深度原因——金融抑制展开研究，认为金融抑制造成资源配置失效，形成二元经济结构；并进一步提出二元经济结构转换依赖于农村金融制度深化发展。国内学者研究认为，我国二元经济结构决定了二元金融的存在，要推进我国城乡二元金融市场的发展与转换，就要做好农村金融深化与服务支持。

第三章 城乡统筹发展与金融资源配置的问题分析

第一节 城乡统筹发展与金融资源配置的内涵

一、城乡统筹发展

城乡统筹发展的含义就是采用二元思维方式,将城市和农村的发展紧密结合、全面考虑。统一协调城市与农村的发展,要注重城市发展,更要重视农村的发展,解决好"三农"问题。总体上要坚决贯彻城市支持农村、工业反哺农业的原则与方针,实行"以城带乡、以工促农、城乡互动、协调发展"的方略,逐步缩小城乡发展差距,改变城乡二元经济结构,最终实现社会的全面可持续发展。

二、金融资源配置

金融资源配置是将金融要素在社会各领域进行分配,具体是指在不同的时间和空间对金融领域中关于金融服务主体与客体的结构、数量、规模、形式、分布进行安排。金融资源作为现代经济发展的核心要素,既具有普通资源的稀缺性,又具有价值增值性。社会资源的配置通过一定的经济机制来实现,资源配置的目标是要实现最佳效益。金融资源的相对稀缺性,要求人们对有限的、相对稀缺的资源进行合理配置,以获取最高的配置效率和最佳的效益。资源配置的效率合理与否,对经济发展的快慢有着极其重要的影响。如果金融资源能够得到合理配置,经济效益就会显著提高;否则经济效益就会降低,经济发展也会受阻。

第二节 城乡金融发展的历史问题

一、农村金融资源大量流失

（一）农村金融资源流失的渠道

农村金融资源大量流失造成农村金融严重贫血，成为农村金融严重匮乏的主要原因，反映为农村金融机构的存贷差。农村金融资源流失的渠道如下（李娟娟，2010）：

1. 农村金融机构的存贷差流出

农村金融机构的存贷差流出是农村金融资源流失的主要渠道。四家大型商业银行撤出农村的金融网点后，基本上只有农信社承担农村贷款，农村地区金融服务出现空白。而留在农村的农信社只有 4 万多家法人机构，没有形成金融网络，因此很难满足农村经济发展对金融的需求。据统计，1978—2007 年，通过农信社的存贷差净流出的资金额高达 85 104.6 亿元，平均每年 2 836.8 亿元（李萍 等，2006）。

2. 邮政储蓄只存不贷的资金分流

邮政储蓄等金融机构的只存不贷，使大量农村资金通过金融机构吸储后从农村流向城市，不仅减少了农村的金融资源，还加剧了农村金融市场本已失衡的资金供求局面。邮政储蓄利率偏高的制度设计，形成了邮政储蓄强劲的利益驱动机制，直接从农村抽走大量资金，使存款余额大幅上升。邮政从 1986 年开始从事储蓄业务以来，截至 2007 年年末，已通过储蓄的方式累计从农村"抽血" 100 816.4 亿元，平均每年 4 582.6 亿元。

3. 上交存款准备金和资金拆借

通过上交存款准备金、资金拆借等渠道占用和流出了部分资金。上述渠道流走的资金，通过转为中央银行再贷款、银行间拆借等形式流向了非农产业。由于资金大量外流，县域信贷资金供需矛盾更加突出。

4. 购买股票、基金等社会投资

购买股票、基金、债券等，也直接或间接从农村分流了相当一部分资金。

（二）农村金融资源流失的特点

农村金融资源流失造成农村金融贫血，这种情况从 1994 年开始加剧，此后农村资金流出一直呈上升趋势（见图 3-1）。

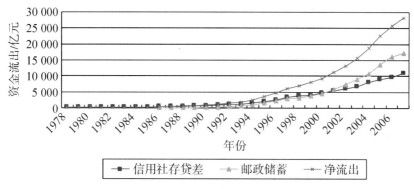

图 3-1　1978—2007 年中国农村资金流出趋势图

根据中国人民银行天津分行课题组（2006）的调查，我国农村经济自改革开放以来发生了历史性变革，农村金融资源的总量和结构都发生了较大变化，但众多新的矛盾和问题也随之出现，最为突出的是农村资金呈现加速外流的趋势。根据课题组的调查统计，截至 2005 年，河北、山西和内蒙古等省份的 105 个县，设有金融机构 25 609 个，其中法人机构、非法人机构分别为 2 126 个和 23 483 个，法人机构的数量占比非常少。农村资金流向和流量变化的特点可以概括为以下三点。

1. 总量结构：资金"存多贷少"，存贷差不断扩大

分析农村金融的总量结构可知，农村金融机构呈现出"存多贷少"、存贷差不断扩大的特征。

（1）农村金融机构"存多贷少"

一是分析农村金融的存款增量结构。2000—2004 年调查统计的农村金融机构存款累计增加 1 246.9 亿元，年均增额 249.38 亿元。二是分析农村金融的贷款增量结构。5 年间，农村金融的各项贷款累计净增加 648.18 亿元，年均增额 129.64 亿元。不难发现，农村金融机构的贷款增加额仅占存款增加额的 51.98%。三是分析农村金融机构资金来源与资金运用情况。分析发现，调查期内，农村金融机构的"三农"信贷资金供给的增加量在减少，贷款增速比存款增速约低 7%。

（2）农村金融机构存贷差扩大

农村金融机构的存贷比下降，存贷差扩大。一是分析存贷款的增量结构。2000—2004 年增量存贷比为 45.74%，其中，2004 年仅为 25.94%。二是分析存贷款的存量结构。调查的农村金融机构存贷款余额比为 60.47%，比 2000 年下降 11.08%；5 年间的存款与贷款余额差额由 489.66 亿元增加到 1 272.41 亿元，增长了 159.86%。结果表明，农村金融机构配给农村的

贷款资金在减少，而外流资金逐年增多，导致农村原本稀缺的金融资源大量流失。

2. 流向结构：资金向城市集中，加剧城乡配置不合理

分析农村金融的资金流向结构可知，农村金融机构的信贷资金向城市集中的趋势非常明显。具体流向表现为偏好城市的地域流向和偏好第二、三产业的产业流向。同时，外流资金总量也逐年增加，进一步加剧了城乡金融资源配置的不合理。据统计，2004 年年末调查的农村金融机构信贷资金净流出比 2000 年增加 685.81 亿元，占当年存款余额的 33.41%。信贷资金外流量也比 2000 年多 98 亿元，约为 2 倍。总体而言，农村信贷资金流出的方式主要有三类：

（1）集中式流出

农村信贷资金的集中式流出是指农村金融机构系统内上存资金，由上级行集中进行投放贷款。这是资金外流的最主要方式。截至 2005 年 3 月末，调查的农村金融机构系统内上存资金达 958.23 亿元，扣除系统内的借入资金 160.82 亿元，实际净流出 787.41 亿元，占流出总量的 72.9%。约定期限内，上存资金具有利息收入稳定和流动性强等特点，因此，农村金融机构的上存资金呈现逐年增加的趋势。

（2）转移式流出

农村信贷资金的转移式流出是指通过邮政储蓄的只存不贷，以及农村金融机构在其他银行间的转存款等方式，使农村信贷资金从农村转移流出。由于邮政储蓄的只存不贷，邮政储蓄成为农村资金转移外流的主要渠道。截至 2005 年 3 月末，调查的县域邮政储蓄营业网点有 688 个，存款余额 318.28 亿元，占同期农村金融机构储蓄余额的 9.89%。此外，农村金融机构在其他商业银行的协议存款等形式，也成为资金转移外流的重要渠道。

（3）投资性流出

农村信贷资金的投资性流出是指农村金融机构以运用信贷资金购买国债、企业债券等有价证券的方式进行投资理财，这会间接导致农村信贷资金外流。截至 2005 年 3 月末，调查的农村金融机构购买国库券等有价证券 36.02 亿元，占比 2.74%。其中，农信社购买国债及其他有价证券达 35.13 亿元，占其外流资金的 17.3%。此外，国有商业银行设置在县域的营业机构也成为信贷资金外流的主要管道。据统计，截至 2005 年 3 月末，工商银行信贷资金外流量约 401 亿元，占信贷资金外流总量的 30.5%；农业银行达 298.22 亿元，占 22.7%；建设银行达 254 亿元，占 19.33%；中国银行

达 145.67 亿元，占 11.09%。

　　3. 存量结构：信贷资产质量不高，大量资金沉淀

　　分析农村金融的存量结构可知，农村金融机构的总体信贷资产质量不高，导致大量的信贷资金形成沉淀，资金效率比较低下。据统计，调查的农村金融机构的各项贷款余额中，约 1/3 存在不良资产问题。截至 2004 年年末，调查的农村金融机构不良贷款余额占各项贷款余额的 33.57%，其中损失类贷款余额 347.61 亿元。形成沉淀的涉农信贷资金不能参与循环，因此难以发挥金融作用。信贷资产质量不高，易导致农村金融机构的财务亏损严重，影响其对农村经济的支持。信贷资金效率和效益问题突出，严重制约新增信贷资金投入。中国人民银行发布的 2014 年《金融机构贷款投向统计报告》显示，2014 年的涉农贷款量速齐降。其中，农村贷款的增速比 2013 年低 6.5%，年增加 2.45 万亿元，同比少增加 4 408 亿元。农业贷款的增速比 2013 年低 1.9%，年增加 3 065 亿元，同比少增加 422 亿元。

二、财政投入偏向造成城乡差距不断扩大

　　"重城轻农"、对"三农"的投入比例过低，使城乡发展严重失衡。农村税费改革以前，农民税费负担重。农村的教育、卫生、交通等资金需求投入，绝大部分由农民自己解决，农民除承担农业税以外，过去的"三提五统"也带来压力。

三、城乡金融二元对立的现象比较突出

　　农村金融市场和城市金融市场割裂，典型的二元金融特征使城乡之间要素流动不通畅。而市场逐利又使大量的农村金融资源流向城市，因此要统筹城乡发展就需要优化配置金融资源，通过完善现行的农村金融体系，促使金融资源留在农村。分析农村金融的供求发现，农村金融供给单一，有效需求又存在不足，造成典型的农村金融抑制，加剧农村金融资源稀缺。农村的金融抑制主要分为两种类型——供给型金融抑制和需求型金融抑制。

（一）供给型金融抑制

　　供给型金融抑制主要是指农村金融领域中，正规金融部门的制度供给不足和资金供给不足。目前，为农村地区提供金融服务的金融机构有农业银行、农发行、农村商业银行（以下简称农商行）、村镇银行和农信社。我国的农业银行尽管从设立以来就一直有涉农贷款，但涉农服务领域主要是农村基础设施、农产品加工企业等，而较少为单一的农户和农村中小企

业提供金融服务。据统计，1997 年亚洲金融危机爆发后，出于风险管理的目的，包括农业银行在内的四大国有商业银行撤并了 3.1 万个县及县以下分支机构。金融机构从县域撤出恶化了农村金融环境，进一步加大了农业银行为农村金融服务的融资成本。涉农服务融资成本的增加以及金融机构的盈利要求，驱使农业银行的业务流向发生区域和产业变化，包括从农村地区转向城市，或者由农业转向工业、服务业。而农发行作为政策性银行，其业务范围和资金来源限制其涉农服务，金融支农作用发挥不足。在现行政策性金融体制下，农发行的资金主要源于财政拨款和央行再贷款，业务主要是粮棉收购贷款，一般不会投向涉农企业和用于农户信贷。

目前，农信社或由农信社改制的农商行，成为农村唯一有效的规模性正规金融机构，基本垄断了农村金融市场。在许多农村地区，能够为"三农"提供金融贷款服务的只有农信社。农村金融的供给主体单一，一方面无法满足农村金融需求，另一方面因缺乏竞争，缺少支农的动力和激励，服务质量较低。客观经营中由于涉农贷款的低回报和高风险，农信社的金融服务业务中"非农化"占比越来越高，资金流向城市的倾向比较突出。金融机构的职能作用在农信社实际的运营过程中也未得到有效发挥。因为农信社没有体现合作制原则，非合作化倾向也导致了农村资金大量流出。农信社作为农民的合作经济组织，本应以自愿互助、民主管理和非营利为主要目标，但我国的部分农信社没有达到这些目标。一是农信社从组建到改革，都是依靠政府行政力量，并非按照自愿原则。二是由于农信社不是按照自愿原则建立的，因此互助合作没有成为办社的首要宗旨，而是以盈利为主要目标。部分农信社会尽可能降低农业贷款比例，而尽量提高回报率更高的工商业贷款比重。三是农信社没有实行民主管理，社员对信用社的经营活动既没有决定权，又没有监督权。因此，农信社非合作化倾向的直接后果是导致农村资本大量外流。

（二）需求型金融抑制

农村金融的供给侧存在供给型金融抑制，而在需求侧也存在在一定程度的需求型金融抑制。经过 40 余年的改革开放，我国农村经济发生了巨大变化，各地的农村经济发展水平呈现差异化特征。根据不同的发展水平，可以将农村地区划分为四类。一是发达地区的农村。该地区农村城市化进程加快，农村经济早已与城市经济融合，农村经济发展水平相当高。二是部分发达地区和中部地区的农村。该地区农村的农业产业化发展相对较快，城镇化水平也相对较高，部分农民实现本地就业，农村经济发展呈现出相对较高的水平。三是中西部地区的农村。该地区农村由于资源较少，

主要是少数老年人在本地从事劳动，农村经济发展水平比较低。四是一些
老少边穷的贫困地区。该地区条件落后，农民只能进行简单的自然再生
产，农村经济发展水平最低。这四类地区中，后两类地区的低收入农民对
因为偿贷能力差，金融需求薄弱，难以进入农村金融机构的服务领域；而
前两类较为发达的地区，虽然部分中高收入的农民因需扩大再生产有强烈
的信贷需求，但由于涉农贷款项目周期长、风险高，被农村金融机构限制
是普遍现象。

第三节　城乡金融体系的建设问题

一、县乡金融功能体系不够健全

当前，我国县域经济发展和农村现行金融体系存在功能供给与需求错
位的现象。错位现象集中表现在以下方面。

（一）金融机构规模与服务对象规模错位

农村金融机构的规模与服务对象的规模不匹配，是县域金融发展中典
型的规模错位现象。目前，部分国有大型银行尽管在部分大的县域城市设
有分支机构，但其分支机构的规模与主营服务的"三农"和"中小企业"
等小规模借贷主体的规模非常不匹配，这既与金融机构的资金供给规模和
定位相关，又与涉农小规模借贷主体的规模有限相关。

（二）金融机构功能与农村经济结构错位

农村金融机构的服务功能与农村经济的发展结构错位，表现为农村经
济发展存在不同层次的差异，而农村金融机构基于融资成本和盈利的综合
考虑，倾向于提供标准化的低成本产品，因此其服务缺乏差异化。基于农
村经济的发展层次和差异化，金融需求必然千差万别，应建立多功能的县
乡金融体系。一是为部分自然条件比较恶劣、生产力不发达的农村地区提
供以政策性金融、普惠性金融服务为主的金融服务；二是为部分农业比重
高、生产力相对发达地区提供以合作金融、普惠性金融为主的金融服务；
三是为第二、三产业发达地区或城乡边缘区提供以商业性金融为主的金融
服务。

二、县域信贷投入结构不合理

目前，县域金融的信贷投放方式总体较为单一，而且信贷投放比较集中。对农村中小企业的融资信贷，商业银行主要采取质押和票据贴现的方式放款，限制了部分正常融资需求。而因体制和历史等原因，农户普遍缺乏抵押物，难以获得商业银行的抵押贷款。同时，由于商业银行盈利的逐利需求，资金贷款中的"垒大户"现象严重，优质企业的信贷资金过度集中，而部分亟须贷款企业的资金需求无法得到满足。在农村金融资源缺乏、总量不足，且县域信贷资金投放结构不合理的情况下，县域信贷资金的供需矛盾进一步加剧。加上农村信贷管理体制总体偏紧，增大了银企和银政关系的协调难度，大大弱化了农村金融对地方经济发展的核心作用。

三、政策性金融扶持性功能缺失

政策性涉农银行扶持性功能的缺失，不仅形成了农村资金供给抑制，也伤害了农村金融体系。农发行作为我国目前唯一的农业政策性银行，其不以营利为目的，而是根据国家政策对农业发展的需要，在特定领域专门从事政策性投融资活动。目前，农发行的功能主要限于粮棉油收购资金的发放管理、提供国有粮棉油流通环节的信贷服务，尚未将农业与农村的中长期发展列入服务范围，也不能为农村经济发展、农村产业结构转型、农业技术升级和农民生活改善提高等提供直接扶持。

四、民间的非正规金融缺乏规范

国家禁止民间金融进入，同时缺乏组织化和规范化的发展政策，客观上使农村金融市场形成农村信用社一家独大的局面。民间金融交易成本相对较高，在满足农村融资需求上的作用也相当有限，农民享受不到金融市场竞争带来的消费红利。

农村金融发展的现实状况为：在农村经济较发达地区，农村民间融资非常活跃。以中小企业为主的民营经济很大程度上依靠内源融资和民间借贷满足其融资需求。要改变这种状况，就要允许民间资本以适当形式参与农村金融制度供给。但由于民间金融缺乏必要的政策引导与监管，往往以一种扭曲的形式出现，因此容易引发债务纠纷，扰乱金融秩序，难以发挥它在有效利用乡土信用资源方面的优势，使其缓解城乡金融二元对立的作用受到较大的限制。

五、农村金融工具单一、种类缺乏

农村金融工具单一，缺乏正式和非正式的金融组织；缺少种类丰富、功能合理的农村金融服务体系；且金融技术落后，金融创新严重不足。这些都使农村金融机构资金配置能力不足。

第四节　城乡金融资源的配置问题

一、城乡金融市场的供需主体存在差异

改革开放后，随着经济市场化不断加深，城乡金融都取得了长足发展。但我国与西方发达国家不同，是一个典型的农业大国，因此，我国城乡金融市场的供需主体存在较大差异。

（一）城乡金融的需求主体存在差异

我国作为农业大国，农村经济的活动主体主要是农户和农村企业，因此构成农村金融需求的主体是广大农户和农村企业。我国大部分农业生产经营都是以个体农户为单位，农户显然是农村金融需求的绝对主体，农村企业只占很少一部分。根据农户的规模和对金融的需求，主要可以将农户分为贫困农户、普通型农户和市场型农户。市场型农户的资金需求规模较大，而贫困农户、普通型农户的资金需求规模较小。贫困农户虽有资金需求，但贷款显然非常难。根据规模和产业情况，可以将农村企业分为农村资源型企业、农业产业龙头企业、普通乡镇企业。通过对农村金融需求主体的金融需求，如贷款需求、投资需求和结算需求等进行比较，可以发现：农户存贷款业务比较单一；农村企业的经济活动范围比较窄，企业需求的特征和形式也比较粗浅。而城市的金融需求主体主要有城市、产业和市民。城市有广泛的基础设施建设、较完善的产业体系和广大的城市居民，无论是贷款需求规模、需求层次还是需求内容，都呈现出多元化特征。

（二）城乡金融的供给主体存在差异

在城乡二元经济结构中，为城乡二元经济服务的金融供给主体也存在较大差异。与城市多元化需求发展相配套的金融机构主要有大型商业银行、证券交易所、保险机构、国际货币交易平台和进出口信贷机构等，以

及为现代产业提供服务的大型金融集团、产融高度结合的风险投资机构、科技银行、社区银行等金融机构等。农村市场的金融机构主要以农商行、信用合作社、邮政储蓄银行、村镇银行、农发行等机构为主。与城市庞大丰富的现代金融体系相比，农村金融薄弱。在农村市场中，金融机构以规模较小的农商行、农信社、村镇银行等小型金融机构为主。作为政策性银行的农发行运作时，其资金是封闭性运行的，不与分散的农户发生业务关系。邮政储蓄银行虽然处于农村市场，但办理的是只存不贷业务。此外，最近发展起来的其他新型农村金融机构，提供的金融服务业务规模小、品种少。

二、城乡金融机构体系存在较大差异

目前，我国城市金融体系发展较为完善，机构类型比较丰富。据统计，我国城市金融机构主要包括：各种股份商业银行、证券公司、信托公司、保险公司、企业集团财务公司、金融租赁公司、资产管理公司、金融消费公司、货币经纪公司等。与完善的城市金融体系相比，农村金融体系则比较单一，金融机构比较少，主要包括农商行、农村合作银行、信用社、邮政储蓄银行，农村资金互助社、村镇银行和一些新型农村金融机构。截至目前，我国涉农政策性金融机构主要是农发行。

三、农村金融机构改制上市数量增加

农村金融机构的数量逐年递增。自2011年起，农商行数量显著增加，平均每年增加120多家，步入快速发展阶段。特别是在2012年银监会大力推动下，各地农商行组建的步伐和农信社改制的速度也在加快。如重庆农商行在香港成功上市后，内地多家农商行也开始申请上市，充分展现出农商行发展的良好势头。

从我国农商行2006—2014年的数量来看（如图3-2），农商行的数量持续增加，从2006年的13家，增加到2014年的665家，增加了652家。特别是2012—2014年，分别增加了125家、131家和197家。随着农信社全面改制成农商行成为趋势，未来农商行的数量还将继续上升。

单位：家

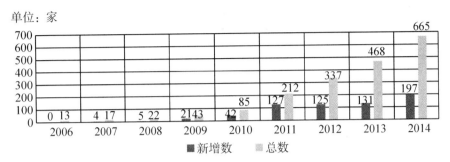

图 3-2　2006—2014 年我国农村商业银行数量变化情况

数据来源：中国金融统计年鉴（2007—2015）

四、农村金融机构网点布局增速

随着城乡统筹战略的加快推进，中央不断加强对"三农"的重视和加大支持力度。从我国农村金融机构 2014 年的布局数量来看（如图 3-3），截至 2014 年年末，涉农金融机构网点总数为 81 397 个。其中网点数量最多的是农信社，为 42 201 个，占比 51.85%；其次是农商行，为 32 776 个，占比 40.27%；而农村合作银行、村镇银行排名第三和第四，分别为 3 269 个、3 088 个，占比分别为 4.02%、3.79%。目前，农信社全面改制成农商行已成为趋势，未来农商行的机构网点数在涉农金融机构的比重中必将进一步上升（数矩科技，2017）。

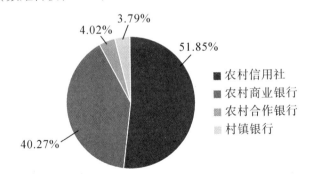

图 3-3　2014 年我国主要涉农金融机构营业网点构成情况

数据来源：中国金融统计年鉴（2015）

五、城乡金融资金资源配置失衡

由于我国曾确立优先发展工业的经济发展战略，我国的城乡金融资金资源配置失衡情况严重。优先发展资金密集型的重工业，导致农业生产利润低下、农村经济发展落后，各种资金对农村的投入相对较少。经过多年的积累，金融资源配置严重偏向城市，造成农村涉农生产投资的金融资金配置不足，城乡金融发展严重失衡。

据统计，2005—2017 年，全国银行业金融机构的涉农信贷投放持续快速增长。2005 年年末，全国金融机构存款总额达 28.7 万亿元，各项贷款总额达 19.5 万亿元，而服务"三农"的涉农贷款占比仅为 9.99%。2006年，全国金融机构涉农存贷比约为 70%，但县级以下的农村仅为 56%。2015 年，全国金融机构涉农贷款 26.35 万亿元，比 2014 年增加 2.8 万亿元，同比增长 11.7%。其中，农户贷款 6.15 万亿元，比 2014 年增加 0.78万亿元，同期增长 14.8%；农村企业及各类组织贷款 15.45 万亿元，比2014 年增加 1.45 万亿元，同期增长 9.8%；城市涉农贷款 4.75 万亿元，比 2014 年增加 0.65 万亿元，同期增长 14.1%。截至 2017 年年末，全国金融机构涉农贷款达到 29.97 万亿元，比年初增加 2.1 万亿元，同比增长9.9%。其中，农户贷款余额 7.69 万亿元，比年初增加 0.62 万亿元，同期增长 15.2%；农村企业及各类组织贷款 16.7 万亿元，比年初增加 1.17 万亿元，同期增长 7.1%；城市涉农贷款 5.58 万亿元，比年初增加 0.3 万亿元，同期增长 11.4%。

本章小结

本章对城乡统筹发展与金融资源配置的内涵进行了界定，同时探索分析了城乡金融发展与资源配置的问题。分析认为，城乡统筹的金融问题主要是城乡金融发展的历史问题、城乡金融体系的建设问题和城乡金融资源的配置问题。

（1）城乡统筹发展的内涵界定。城乡统筹发展是指全面考虑城市和农村的发展，在城市与农村之间统一协调，既要注重城市发展，更要重视农村的发展。通过"以城带乡、以工促农、城乡互动、协调发展"，逐步缩小城乡发展差距，改变城乡二元经济结构，最终实现社会的全面可持续发展。

（2）金融资源配置的内涵界定。金融资源配置是指将金融要素在社会各领域进行分配，具体是指对金融领域中关于金融服务主体与客体的结构、数量、规模、形式、分布时间和空间等进行安排。由于金融资源具有相对稀缺性,因此要求人们对有限的资源进行合理配置,以获取最高的配置效率和最佳的效益。

(3)城乡金融发展的历史问题。对城乡二元金融的发展历史进行分析发现,农村金融资源大量流失造成农村金融严重贫血。这是农村金融严重匮乏的主要原因,反映在农村金融机构大量的存贷差方面。"重城轻农"和"多取少给",使"三农"的投入比例过低,城乡金融二元对立,城乡严重失衡。

(4)城乡金融体系的建设问题。城乡金融体系最突出的特征是农村金融体系和城市金融体系存在二元差距,而差距的主要原因在于农村县域金融体系的部分功能缺失。县域金融体系的不完善问题集中表现为:县乡金融的功能体系不健全,县域信贷投入结构不合理,政策性金融扶持性功能缺失,以及县域民间非正规金融缺乏规范等。

(5)城乡金融资源的配置问题。比较城乡金融的发展,以及金融资源配置的供求不难发现,农村金融供给单一,有效需求不足。总的来说,在城乡金融资源配置中,城乡金融市场的供需主体、金融机构体系存在较大差异。虽然国家愈加重视农村金融的发展和商业化推进,农村金融机构改制上市的数量不断增加,同时农村金融机构网点布局也在大幅增多,但城乡金融资源配置失衡的现象依然存在。

第四章　城乡金融协调发展和资源配置的
　　　　障碍与成因

　　城乡统筹是一项综合系统工程，金融制度设计安排、政策支持程度、资金服务范围等是城乡统筹重要的调节工具。本书通过引入区域经济学、金融协调理论以及制度经济学等相关理论，进一步揭示制约城乡统筹发展的缺陷，并分析缺陷的形成原因。城乡金融不协调、农村金融落后、农村金融资源缺失的症结，主要体现为历史障碍、资金障碍、制度障碍、政策障碍与区域障碍等。城乡金融不协调的根源在于农村金融体系存在诸多问题，如商业银行对农村的贷款投放不足，邮政储蓄只存不贷的制度缺陷导致农村资金大量流向城市，农业保险和农业担保发展滞后，县域经济的金融支持与服务不到位，民间金融质和量的发展不规范，农村金融的制度和政策没有适应经济变化，农村金融资源存在相当的发展空白，以及农村金融配置失效导致金融贫血。

第一节　制约城乡金融协调发展的障碍与成因

一、历史障碍与成因

　　根据经济决定金融论和二元经济结构理论，城乡二元经济结构固化了金融二元发展，经济发展的历史累积效应和城乡的巨大反差，成为制约城乡金融的历史障碍。改革开放40多年以来，尽管我国的产业结构变化发生了较大变化，部分结构矛盾得到缓和，但是城乡发展仍然处于失衡状态，农村发展始终比城市地区落后。城乡居民收入差距的拉大不仅证实了二元经济结构的存在，并且也说明我国的二元经济结构具有"高强度和超稳态"的特征（郭剑雄，1999）。城乡二元经济结构的存在性和严重性不仅导致资源配置效率低下、经济结构转化迟缓、收入分配差距拉大，而且也会因农村市场难以启动而使整个经济陷入内需不足的境地（王检贵，2002）。我国出现的城乡分割和工农分化的二元经济格局，自然在地区、社区、产业和企业之间，以及金融等要素配置中的二元化现象中体现出来。

我国政府对农村的社会经济政策在 20 世纪 80 年代的前期以"放松管制"为主，到 80 年代中后期管制趋于停滞，90 年代以后的管制又逐渐加强。政府对农村社会经济的管制和约束，不仅直接妨碍农民根据自身的比较优势调整资源配置、优化产业布局，也加重了农民的税费负担，间接阻碍了农民收入增长。因此，政策体制直接导致农业比较利益的不断下降和恶化（孙宝霞，2006）。农村经济增长速度的放缓直接导致农村的经济剩余大幅减少，也使国家获取农村资源的比较收益下降，国有金融直接撤离农村（张杰，2003）。根据有关统计资料，1998—2001 年，四大国有商业银行共撤并国内金融机构和营业网点 4.4 万个（钟笑寒 等，2005）。国有商业银行从农村撤离成为农村金融发展的重大历史事件，大量农村储蓄资金的上收和外流使农村金融形成"真空"，导致农村地区面临更为严重的信贷约束。

二、资金障碍与成因

（一）农村金融资源流失是造成农村金融贫血的主要症结

1. 商业金融撤离，农村金融留下巨大的真空

从商业金融的供给服务方面分析，商业银行作为金融企业，追求利润最大化，不仅没有给农村提供更多的金融服务，反而从农村金融的蓄水池中抽走了资金。1998 年以来，国有四大商业银行实施"抓大促重"战略和贷款权限上收的管理，逐步从县及县以下退出，在农村金融中就留下了巨大的真空。

2. 农信社、农发行和邮政储蓄金融作用发挥有限

在四大国有商业银行撤离后，农村金融市场上的正规金融以农信社、农发行和邮政储蓄为主。农发行成立于 1997 年，属于农业信贷方面的政策性银行，主要从事农副产品收购贷款、商品粮基地建设贷款、农村基建贷款等业务，基本不与农户发生信贷往来关系。而邮政储蓄只吸收储蓄存款而不发放贷款，实质成为加剧农村资金不断外流的"抽水机"。因此，农村金融市场上直接面向农户，并为农户和中小企业服务的正规金融只剩下

农信社。正如前文指出的，农信社在农村金融市场上的垄断地位不利于中小农户和中小乡镇企业的融资；同时，由于农信社自 1979 年划归中国农业银行管理后，其"合作"性质早已缺失（谢平，2001），而具有强烈的官办性质，偏离了其为农业和农民服务的宗旨。这种合作金融事实上成了国家支配和控制而又不对其控制后果负直接财务责任的制度安排，而且在进行行社分家时，农业银行直接将高风险的资产转化给农信社，形成了数额巨大的待处理亏损（张杰，2003），导致农信社的资产质量急剧恶化。资产质量的恶化使得农信社发放农业信贷的决策行为变得更为谨慎。同时，也由于农业活动的比较收益受到人为的压低，农信社实际上也无足够激励向农村经济活动提供贷款，真正用于支持农村、农业生产、经营活动的数量并不多（ICRISAT，2002）。一些案例研究也显示，无论在经济发达地区和高度城市化地区，还是在广大中西部地区以及部分东部农业大省，农信社都表现出"非农化"特征，或"城市化"特征，直接表现为农信社网点设置的城镇机制化趋势、资金流向的城市化和从业人员的城镇居民化（盛勇炜，2001）。由于邮政储蓄只存不贷，大量农村资金通过邮政储蓄从农村流向城市，减少了农村的金融资源，加剧了农村金融市场的资金供求失衡。

3. 正规金融成为农村资金外流的道道闸口

从我国农村正规金融安排的变迁中可以看出，农村正规金融不仅没能发挥其应有的在促进农村经济增长中的核心作用（温涛，2006），而且还成为农村资金外流的道道闸口。根据 Huang 等（2006）的估计，1979—2000 年，通过金融系统由农业流向工业、由农村流向城市的资金总额分别为 14 785 亿元和 10 337 亿元，并且农村资金外流的趋势似乎越来越严重，"若依照县域经济的概念来观察，2005 年农村资金通过金融管道流入城市的数量至少应在 4.5 万亿元"（陈剑波，2007）。

4. 非正规金融的限制与不规范发展

在正规金融机构没能满足农村金融需求，甚至成为农村金融资源外流的"抽水机"时，政府一直对那些"对农民来说，其重要性超过正规金融机构的非正规金融机构"（ICRISAT，2002）的市场准入进行严格管制。这些机构从诞生的那一刻起，就没能获得政府真正认同的法律地位，一直处于随时被政府清理和整顿的环境之下。当意识到非正规金融机构的发展可能威胁到国家对农村金融机构和金融资源的控制时（何广文，1999），政府便以维护金融秩序、防范金融风险的名义在 1999 年将这些非正规金融机构全部取缔，包括 1986 年成立的农村合作基金会。因此，时至今日，农村经济自身的内生性金融机构并没能发展起来。

（二）农业贷款的政策性和经营的商业趋利性加剧资金供需矛盾

农业贷款与其他产业的贷款相比，存在成本高、风险大的特征，导致农业贷款的经营效益偏低。而农业作为基础产业的社会效益和产业贡献始终存在，因此经营农业贷款具有一定的政策性。但由于我国的制度和政策安排未将农业贷款完全划入政策性银行业务范围，所以农业贷款扶持的政策性与金融机构商业化经营的趋利性产生冲突，挫伤了农村金融机构的支农积极性，直接导致农业信贷资金的非农运行和流出倾向。农村金融运营中，农业贷款的"农转非"现象非常严重。农信社为了与国有商业银行争夺客户，以求获得竞争优势和营业利润，逐利的目标使其在农村吸储却将资金投向回报率更高的非农信贷，客观上拉大了农村经济资金的缺口，使总量本来就不大的农村资金供需矛盾加剧，直接影响农村经济的持续发展。

（三）农村金融链恶性循环的现实窠臼

从经济发展链条上看，农村金融长期的金融贫血和资金外流形成了真空。而在拉动经济增长的三驾马车中，低消费和低投资也势必只能拉动经济的低增长，这些因素都使农村金融落入了恶性循环的怪圈（陈利 等，2008）（见图4-1）。

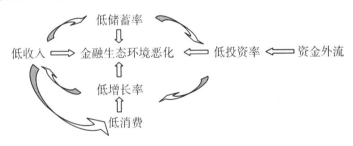

图4-1　我国农村金融贫瘠恶性循环图

三、制度障碍与成因

（一）金融抑制导致金融市场化未能充分发挥作用

1. 市场准入限制严格造成农村金融市场垄断

政府对农村金融市场准入的严格限制，造成农村金融市场垄断。目前，农信社在农村基本处于寡头垄断的地位，没有其他形式的金融组织与之竞争。而且农信社的改革采取了省联社的模式，所有农信社都加入省联社，进一步强化了事实上的垄断地位。退出机制缺失，金融机构的市场约束力不强，退出市场的机制不健全使农信社不能及时退出金融市场。2002
年年末，农信社贷款余额 14 117 亿元，其中不良贷款 5 147 亿元，占总额
的 37%。农信社的资本充足率只有 2.35%，远低于 8% 的标准。那些不能
满足流动性、营利性和清偿性的农信社，应该退出金融市场，这样才有市
场约束力。真正的合作社是建立在个人自愿选择基础上的经济组织。但是
农信社既不属于公有产权，又不是私人产权。产权不明晰直接影响农信社
的市场定位。在股权改革中，效益好的农信社不愿意大股东进入，效益差
的农信社又难以吸引农户和个体工商户，亏损的农信社只能通过存款化股
金来达到央行的专项票据对付条件，农信社内部治理没有得到明显改善。

2. 利率管制太严

农村金融难以在低利率的条件下获得良好的经济收益，这是金融机构
不愿服务"三农"的市场诱因。因此，放开利率才能让农村金融机构更好
地服务农民、农业和农村。当前，我国已经进入以工促农、以城带乡的新
阶段，农村资金必须回流农村，农村金融资源必须优先运用于"三农"。
而且，还应当通过宏观调控，协调金融资源在城乡的合理配置，增加金融
资源对"三农"的投入。需求方提供的抵押物、资金需求规模等方面存在
明显的缺陷，农民的房产没有形成产权证，不能做抵押，农村农民土地经
营权也不能做抵押贷款融资。在法定利率的基础上，农信社贷款利率最高
可上浮 40%、下浮 10% 的利率管制政策使得贷款利率远低于市场均衡
利率。

3. 金融创新管制森严

农村金融市场不发达，金融工具种类少。金融要素市场的不完善和制
度的矛盾与落后成为农村金融发展中的关键性难题，金融制度的扭曲使得
金融中介在物质资本的形成和配置中的核心作用得不到体现。国内众多学
者对我国金融中介（主要是国有银行）有信贷行为的国有企业和城市化偏
向做了许多研究，发现内生性金融制度安排下的金融资源的配置不可避免
地带有强烈的政府偏好意愿，导致金融资源配置的城市化倾向。同时，政
府维系的这种内生性金融制度所具有的利率管制、垄断的银行结构和被抑
制的农村金融等特征，也必然会加剧金融资源配置的城市化倾向，导致农
村金融资源的外流（陈刚 等，2008）。

4. 新型农村金融组织的创立困难重重

严格的农村金融管制妨碍了新型农村金融组织的创立。在我国，农村
金融管制比城市严厉。例如，允许城市搞民间银行，但不允许农村搞，从
制度上诱导资金向城市流动；在农村取消合作基金会，打击并取缔地下钱

庄，但又禁止农村成立新的金融机构。这无形中影响了农村民间金融组织的形成和发育。这种对城乡非国有金融组织的双重标准，实质上是对农村新型金融组织发育的歧视，会增加农村资金外流的机会。

四、政策障碍与成因

二元结构体制导致城乡经济失衡，长期的政策偏差进一步加剧城乡差异。在城乡分割的二元结构体制下，城乡之间要素不能自由流动和进行高效配置，最终表现为城市的人均资源总量快速增加，而农村人均资源总量却增速缓慢，城乡资源差距越来越大。长期的政策偏差使重要生产要素配置不断向城市倾斜，不仅产业和经济资源向城市聚集，而且各种物质和文化成果也向城市聚集。与此同时，农村经济要素向城市流动却受到诸多条件制约，农村地区的资源配置效率难以得到有效提升，城乡发展严重失衡，不仅使农村地区成为弱势区域，也使城乡之间人均资源和经济水平等差异继续扩大。

（一）政策性金融缺位使得支持乏力

农村金融离不开政府的支持，政策性金融机构应发挥其特有的扶持功能。但目前，我国唯一的农业政策性金融机构——农发行在业务服务水平和服务范围上，没有满足乡镇一级绝大多数农户的农贷需求。政策性银行业务范围缩减，金融支农力度大为减弱。自从农业综合开发、扶贫和粮棉加工企业的农业信贷功能从农业银行分离出来后，政策性金融对农村经济的信贷投入明显减弱。

（二）现行资金供给政策存在"抑农"倾向

农业贷款涉及的自然风险和市场风险比一般商业贷款风险高，因此，农业银行严格限制贷款审批权。县级以下的银行基本没有贷款审批权，银行在农村网点成了只存不贷的储蓄网点；邮政储蓄业务只储蓄不贷款，将农村资金大量上缴央行；农信社在几次大的政策调整中，贷款受地方政府干预较大，呆坏账不断增加，亏损严重，资金供给也极度短缺，巨额的政策性和经营性亏损严重削弱了其资金贷放能力。央行为了弥补农信社贷款资金，采取了再贷款政策，但资金规模远不能满足需求；人民保险公司承担的农业保险业务因出现亏损，又没有政策补贴支持，也不得不收缩范围，从而减少了对农民受灾后的资金供给。这些政策通过多种途径直接或间接地减少了农村资金的供给。

（三）商业金融政策的城市偏向，农村金融多存少贷款

分析金融机构的整体信贷情况不难发现，金融机构对农业和农村企业

的涉农贷款比例与农业作为基础产业的贡献极不相称。目前农村金融机构总体从农村吸储较多，而涉农放贷却比较少，导致农村资金大量流向城市，亟须资金融资的乡镇企业想贷款十分困难。以 2008 年为例，全国金融机构各项贷款额达 261 690.88 亿元，而农业贷款 15 429.31 亿元，仅占 5.9%；乡镇企业贷款 7 112.64 亿元，仅占 2.7%。

（四）国家财政政策支持城乡比重差距较大

财政支农虽然是国家对农业支持和保护的重要方面，但与我国农业的基础地位和发展要求相比，支持水平仍然较低。一方面，国家财政投入的城市偏向比较突出，支农支出比重总体不高；另一方面，过去农村税收和支农支出收付相抵的差额，成为农村工业化和城市化的资本。

1. 农村税费负担仍然比较重

据统计，2001 年，我国农业税、特产税、耕地占用税、契税四项合计 2 789.7 亿元。2005 年，全国耕地占用税和契税合计达 875 亿元。2006 年，我国全面取消农业税，主要是取消农林特产税和"三提五统"。2006 年以前，农业各税包括农业税、牧业税、耕地占用税、农业特产税、契税和烟叶税；从 2006 年起，农业各税只包括耕地占用税、契税和烟叶税。"十五"期间，全国耕地占用税和契税的"两税"收入由 2000 年的 180 亿元增长到 2005 年的 870 亿元，年均增长约 37%。在这期间，全国税收收入年均增长 19.5%，"两税"年均增幅高于全国税收收入年均增幅 17.5 个百分点。2008 年，农业各税达 1 689.39 亿元，占全国税收收入的 3.2%。2010 年 1—6 月，耕地占用税 452.91 亿元、契税 1 212.02 亿元，"两税"收入合计 1 664.93 亿元，占全国总收入的 4.3%，同期增长分别为 40.3%、50.7%，均高于全国的 30.8%。2001 年，乡镇企业税 2 789.7 亿元。"十五"期间，乡镇企业税上缴税金 5 181 亿元，年均增长约 15.62%；2010 年 1—5 月，上缴税金 4 195 亿元，同比增长 9.56%。

2. 财政支农力量不足，波动幅度大

国家的财政资金用于城市和国有企业的资金配置占绝大部分，而投放到农业和农村的比重明显偏低。2000 年，国家财政投入到农业的支出虽然比同期增长了 10%，但是比财政支出增长低 10.4%，占财政总支出的比例仅为 4.7%。总体而言，国家财政支农比重相对较低，财政支农政策未能实质性体现国家对农业的重视程度。在 20 世纪 90 年代后半期，财政支农比重在 8%~10%，2000 年以后降至 8% 以下，而在 2005 年更是降低到 7% 左右。而农业基本建设的财政支出在 2005—2008 年出现了下降。

（1）中央财政支农历史情况

改革开放以来，中央政府的财政支农投入大幅度增加。1996 年，中央财政"三农"投入为 774 亿元，2006 年增加到 3 397 亿元，11 年间增加了3.4 倍，但仍然无法与同期中央财政收入增幅相比。中央的财政收入从3 661 亿元增加到 20 450 亿元，同期增加 4.6 倍。同时，中央投入的"三农"支出在财政总收入中所占比重出现下降，从 21.1% 降为 16.6%（柯炳生，2008）。

分析中央财政支农投入的具体项目发现，其实质投入包含部分不属于"三农"的项目。2005 年，中央财政支农投入的具体项目由基本建设投资、农村税费改革转移支付、缓解县乡财政困难转移支付、农产品政策性补助支出构成。其中，基本建设投资的金额为 813 亿元，并非全部投入"三农"发展，小部分用于大江大河治理支出，大部分投入非农业和农村项目；农村税费改革的转移支付为 662 亿元，虽然取消了农业税费，但是税费改革后的资金主要用于维持县乡政府的运转，与"三农"并没有直接关系；缓解县乡财政困难转移支付为 55 亿元，同样与"三农"不直接相关；农产品政策性补助支出为 669 亿元，有相当一部用于补贴国有粮食流通企业和国家粮食安全储备，与农业、农民没有直接关系。扣除与农业、农民没有直接关系的因素，中央财政真正投入"三农"的只有约 1 500 亿元。

分析中央财政用于促进农业生产方面的投入也发现，低比重的财政支农生产投入与我国农业的重大基础性地位很不相称，财政投入呈现增速慢、总体比重低的特点。相关统计数据表明，2002 年，中央财政促进农业生产的支农支出为 120 亿元，2005 年为 148 亿元，占当年中央财政总收入的比重由 1.2% 降低至 0.9%。

（2）地方财政支农历史情况

改革开放以来，分析我国地方财政支农支出的总体情况可以发现，地方财政支农支出的力度在减弱，且稳定性差；地方财政支农支出占财政总支出的比重呈下降趋势。具体体现为：①地方财政的支农支出呈现较大幅度增长，但周期性波动明显。1978 年，地方财政支农支出占财政总支出的比例为 13.43%，成为历史最高水平。地方财政支农的波动性不仅不利于农业的持续发展，也不利于稳定提高农民收入。②虽然地方财政支农支出大幅增长，但其增长幅度仍然小于地方财政总体支出的增长幅度。1996—2005 年，地方财政支农支出增长了 2.6 倍，但财政总支出增长了 3.3 倍。③地方财政支农支出在地方财政支出总额中的比例与中央财政的比例趋势一致，总体呈下降趋势。1978—1984 年，财政支农支出占财政总支出的比重在10%以上，但1999—2006年，财政支农支出占财政总支出的平均比重为6.24%，下降幅度大，表明地方财政支持农业的力度减弱。④扣除财政的林业支出，2005年，地方财政支农支出为1 172亿元，仅占地方财政支出的4.7%。

总体分析表明，无论中央财政还是地方财政的支农投入比重均呈下降趋势。1999—2006年，中央财政"三农"支出占中央财政收入比重由21%下降至17%以下；地方财政的比重由7.9%降至6.5%。如果扣除中央财政中不直接用于"三农"的项目支出，则实际的"三农"财政支出占比不足10%。

（3）财政支农支出结构分析

国家财政支农资金具体包括：支援农业生产和农村水利气象等部门的事业费、农业基本建设费、农村科技三项费、农村救济费等。统计分析1978—2006年与财政有关的数据，我国财政资金用于支援农业生产、农业基本建设、农业科技三项和农村救济的各项支农支出基本都呈逐年上升趋势。比较财政支农资金投放项目的内容结构发现，支援农业生产的支农资金最多，同时投放的增幅也最大。用于农业基本建设的资金呈增加态势，而用于农村科技三项和农村救济的资金总体较少。

五、区域障碍与成因

城乡金融区域存在显著的二元金融特征的非协调性。金融发展以城市金融为支撑，金融业主要集中在城区。资本的逐利性和金融企业运作的安全性、流动性、营利性，使商业金融不愿将资金投入期限长、见效慢、成本高、风险大的农业项目。商业金融机构在撤离农村市场前基本只吸储，不放贷，造成大量资金向城市转移，城乡收入差距扩大，而城乡收入差距的扩大，又进一步引起农村金融资源流失。农村金融资源流失和城乡收入差距扩大还存在惯性趋势的滞后效应。在新产品、服务的宣传和推广过程中，落后的农村地区日益被金融主流媒介所孤立，直接导致城市金融极化效应的加大和城乡二元金融空间的割裂。农村地区金融日益被边缘化主要有以下几个方面的原因。

（一）信用环境不佳

信用环境是影响金融机构信贷资金配置的重要制约因素。虽然经过多年的改革和努力，农村生态环境建设在改革开放以来取得了突出成效，但受文化素质的制约、信息不对称、金融技术落后等因素影响，信用环境总体仍然不够理想，农村金融机构的不良贷款率仍然偏高，严重制约农村金融机构资金信贷的信心。因此，大力有效改善农村信用环境，可提高信贷资产质量，降低金融机构信贷的风险，增加金融机构对农村经济的信贷投放力度。如果任由信用环境缺失或不完善，强行推进城乡统筹的金融资源配置，金融机构就不能完成相关政策指标，政策落空，效率大打折扣。反之，如果为强行完成政策指标而降低金融机构贷款标准和要求，必然产生大量政策性的不良资产，造成新的信用环境破坏。

（二）贷款担保体系不健全

为了解决中小企业融资难的问题，部分地区相继建立了中小企业贷款担保公司。担保公司是为贷款提供担保服务的金融机构，从机构成立，到扩大发展，再到风险监管，存在不少问题。总体而言，担保公司的空间布局也是城市居多，而为"三农"提供服务的则寥寥无几。由于担保机构成立时间短、规模较小，能为广大农户和中小企业提供的担保服务与服务能力也十分有限。而监管乏力导致担保领域的管理不规范和信息不对称，部分银行对担保机构不信任，导致十分有限的担保资源无法发挥应有的作用。目前，中小企业担保机构的监管机构各地略有不同，监管的责任和专业性仍存不足，导致担保领域的问题比较多。

（三）农村经济缺乏优质信贷载体

农村经济的发展主体主要以农业和中小企业为主，整体的经济基础依然较为薄弱。农业的生产经营主要以单家独户的小农经济为主，分散的农户经营和传统农业生产居多，而现代化农业和高科技农业较少。中小企业主要以传统工业为主，高科技新兴产业少，产业特色不够突出，多数中小企业尚处于创业和起步阶段。农业企业的技术含量偏低，规模总体较小，并且企业的固定资产不多，能进行有效抵押的资产不足。综合分析，农村经济优质的信贷群体不多、规模不大，大部分经济实体无法满足金融机构的信贷条件，严重影响金融机构对"三农"的贷款投放。

第二节　制约城乡金融资源配置的发展因素

一、"三农"自身制约

（一）农业产业的天然弱质性

中国是一个农业大国，而农业产业本身的天然弱质性制约其发展。农业生产具有周期性，在生产过程中又常常伴随着较多的自然灾害等风险，使得农业生产具有一定的不稳定性和风险性。一方面，农业生产的特殊性导致农业投资的风险性与其他投资相比更大。另一方面，农业经济普遍没有形成规模化经营，难以容纳较多的金融资金。两个因素共同导致商业银行等金融机构主动投向农业的资金偏少，进而造成资金在农业与非农业部门之间的分配失衡。

（二）农村经济的发展模式落后

中国农村经济发展速度加快，但其落后的经营模式致使其发展困难。目前，中国大多数地方依然采取精耕细作的小农经营模式，特别在一些欠发达地区，传统的小农经营模式一直延续至今。中国进入 WTO 和金融危机后时代，过去传统的小农经营模式因经营的低效性表现出竞争力低下的特征，越来越无法适应当前激烈的市场竞争，小农经济发展的速度越来越慢。中国农村的土地面积占了绝大部分，而部分土地荒芜的现象不断增加。国土资源部发布的全国土地利用数据分析报告显示，截至 2013 年，全国城镇土地总面积 858.1 万公顷（1.29 亿亩），其中农村面积占 53%。截至 2015 年，全国 31 个（区、市）农用地面积是 96.82 亿亩，截至 2016 年年末，全国耕地面积为 13 495.66 万公顷（20.24 亿亩）（李培林，2015）。过去，中国适合耕种的土地很少荒芜，而目前很多省份的农村土地部分已经荒芜。虽然有些土地不如美国、加拿大等国家的土地肥沃且适合大型机械耕作，但仍可因地制宜进行农作物和经济作物的种植，并且采用小型机械生产。由于缺乏必要的管理，不少地方已无法耕作、难以种植。尽管农村的路网、电网、天然气网等基础设施建设取得了较为突出的成绩，但与城市相比，农村的基础设施建设依然较差。

（三）农民天然的局限性

中国的农民约占总人口的一半，农民天然的局限性束缚其快速提升。尽管中国城镇化率不断提高，从 2010 年的 49.95% 提高到 2016 年的 57.35%，但农村人口依然占了 42.65%，与美国农村人口仅约为 2%~3% 的比例相比差距较大。随着中国城镇化速度加快，2016 年，中国农村人口为 58 973 万，比 2015 年减少 1 373 万，相应地，农民的收入、居住条件和工作状况也发生了变化。由于农民主体的天然弱质性，且受教育程度偏低、受传统小农思想等束缚，其作为劳动主体的收入、技术水平比较低，从事的农业生产经营活动既不能获得有效的金融贷款，又不能较好地进行金融理财等合理的金融资源配置。比较城乡居民人均可支配收入，2015 年，农村居民人均可支配收入为 11 421.7 元/人，城镇居民人均可支配收入为 31 194.8 元／人，城乡居民收入水平为 2.73：1。

在受教育程度方面，国家统计局发布的《2013 年全国农民工监测调查报告》显示，2013 年全国农民工总量 26 894 万人，其中占农民工总量 46.6% 的为 1980 年及以后出生的新生代农民工。虽然新生代农民工的受教育程度与老一代农民工相比有所提高，但高中及以上文化程度的比例仍然比较低。老一代农民工的受教育程度比例为：初中以下占 24.7%，初中占 61.2%，高中占 12.3%，大专及以上占 1.8%；新生代农民工的受教育程度比例为：初中以下占 6.1%，初中占 60.6%，高中占 20.5%，大专及以上占 12.8%，高中及以上的比例比老一代农民工高出 19.2%。在就业地区的选择方面，80% 以上的农民工选择外出就业，而选择本地就业的仅占 19.7%。分析年龄可知，新生代农民工初次外出就业的平均年龄比老一代农民工少 14.2 岁。新生代农民工几乎不会从事农业生产经营，据统计，2013 年 87.3% 的新生代农民工没有从事过任何农业生产（国家统计局，2014）。

二、长期的历史原因

城乡统筹的金融失衡与中国的历史因素分不开。新中国成立后，确立了重工业优先发展的经济发展战略，该战略是在资金稀缺的条件下，优先推动重工业发展。重工业属于资金密集型，在发展中以扭曲农业产品生产要素价格和贸易条件来补贴工业和城市部门，"剪刀差"的长期存在导致农业生产利润低下。分析城乡统筹金融资源配置的现状，农村经济发展所需的各种资金投入相对较少，农村用于农业生产经营的金融贷款资金不足，直接造成城乡金融非均衡发展，金融资源配置严重偏向于城市。

长期以来，中国农村金融存在严重的资金外流情况。一方面，由于过去形成的某些制度政策、体制机制等方面的原因，制度体制等外生性因素导致农村金融资源外流。另一方面，由于资金的逐利秉性，金融机构普遍存在追逐利润的动机，造成农村资金供求失衡，农村金融服务与资金供给严重不足，进一步导致农村资金的需求缺口越来越大，农村经济可持续发展的基础严重恶化。当前，分布在中国非县城乡镇的金融机构主要是农信社、农商行、村镇银行或邮政储蓄机构。从规模和结构上看，服务于农业和农村的金融机构数量偏少，规模较小，分布密度比较低，金融资源配置和服务覆盖率较低。由于农村市场的分散性、农业天然的弱质性，分布在农村的金融机构不同程度地存在一定的历史性、制度性和体制性障碍，也存在较多的不良资产、呆账坏账和信用缺失等问题。而金融体制改革的逐步深入，使得股份制商业银行逐利的动机更强，受制于营利性考核的压力，其成本与收益的比较约束增强，涉农贷款盈利空间狭小导致股份商业银行在农村地区大举收缩，大量撤并县级以下机构、上收信贷管理权限、转投盈利项目等。邮政储蓄机构只存不贷，加速了资金从农村地区流向城市。总体而言，农村金融通过资金汇聚、盈利导向影响金融资源的配置和布局，将农村的高储蓄转化为城市投资。

三、城乡的经济差异

城乡二元化结构源于城乡的产业结构和经济结构差异，这种差异会影响城乡统筹金融发展的速度和结构。由于历史和地理等原因，我国城市和农村形成了分割的发展模式，在多年的工业化、城市化和现代化进程中形成了独特的城乡二元结构。二元结构不仅体现在地理二元结构，而且产业结构、经济结构、金融结构都呈现出典型的二元特征。经济决定金融，金融又作为经济发展的引擎，二者相互影响。经济发展水平决定金融发展水平，经济结构也决定金融结构。城乡经济发展差异与城乡金融发展特征和水平密切相关。

（一）城乡经济发展水平差异

金融相关比率（FIR）是衡量金融发展水平最广泛的指标，通常用金融资产总额与 GDP 的比值表示。邱兆祥和王修华（2011）指出，1992 年以前，我国农村的 FIR 处于缓慢上升趋势，之后稍有回落并一直处在稳定状态，基本维持在 100% 以下。与之相比，城市 FIR 一直处于上升趋势，1978 年为 119.6%，而到 2007 年则上升到 578.4%。官爱兰和周丽萍（2015）指出，1978 年，农村和城镇的 FIR 分别约为 52.5%、118.3%；2012 年，农村和城镇的 FIR 分别约为 197.2%、404.1%。虽然农村和城镇的 FIR 都在增长，但城镇 FIR 的增长速度显著快于农村。改革开放 40 多年以来，我国农村的 FIR 长期居于城镇 FIR 之下，城乡 FIR 差额一直处于向上趋势，直到 2004 年以后的一段时期才有所回落，表明 2004 年起，我国的城乡金融发展水平的非均衡状况才有所改善，这与我国政策偏向相关。2009 年，我国城乡金融发展水平的差额达到巅峰，之后城乡 FIR 差额有所下降，原因在于中央推出了一系列促进"三农"发展的优惠政策。

整体上，中国金融资产规模扩张迅速，但城乡金融发展水平不均衡现象仍在持续。金融资产的快速扩张主要集中在城市区域，而农村金融化水平依然较低，城乡金融规模相差 4~6 倍。按照戈德史密斯的标准判断，我国农村金融发展刚跨越初级阶段，而城市金融已经步入中高级发展阶段。

虽然我国城市的金融发展水平已领先于农村，但城乡金融发展水平的非均衡化增幅有所下降。分析发现，我国农村经济发展的低水平直接造成农村金融发展的低水平，无论是货币流通量还是资金循环总量在农业和农村经济中都较小，农村经济对金融的有效需求也较小。同时，农民的收入低、储蓄少，使金融机构单笔业务规模小、成本高，涉农投资的利润低。城乡经济发展水平的差异，不仅制约着农村金融机构的发展，也加剧了农村资金向城市地区流动，形成农村金融长期落后于城市金融的恶性循环。

（二）城乡经济结构差异决定金融结构差异

城乡发展的产业结构、生产组织结构等差异导致城乡经济结构存在差异，影响并决定了城乡金融发展的速度和结构。分析我国城乡金融机构的发展现状，城市金融机构几乎涵盖了所有类型，而农村金融机构类型比较少。从金融机构的类型和体系来看，城市金融机构体系相对比较完善，已形成政策性银行、股份制商业银行、外资银行、保险公司、证券公司、基金公司、城市商业银行、信托投资公司、租赁公司、微型金融公司、消费信贷公司、汽车金融公司等金融机构，整个金融机构体系形成了多种类、多元化、多层次的体系。城市金融体系发挥了充分的金融功能，基本具备了经济发展所需要的各种金融机构载体。与城市金融相比，尽管农村金融组织体系表面上具备了农信社、农业银行等涉农商业金融，还专门成立了农发行等政策性金融机构，但在结构体系上还非常不完备，存在相当大的缺陷，各类农村金融机构也未能较好地发挥支持农村经济发展应有的作用。目前，农村金融组织体系中只有农信社、农发行、农业银行、村镇银行及邮政储蓄机构。

城乡金融机构体系存在如此巨大的差异，究其原因在于城乡经济结构差异决定了金融结构差异。目前，主导我国农村经济的农业依然是劳动密集型产业，与城市的工业、服务业相比，农业生产投入产出的商品化程度较低，产业资本有机构成比较低，所需的货币媒介种类和规模不大。此外，金融服务对工业和农业的经济贡献的差别也较大。有关统计显示，金融服务对工业经济发展的贡献率不仅持续增强，并且在时间上具有稳定性和持久性；而金融服务对农业发展的经济贡献率虽然在短期内递增，但递增后会明显递减，持久效应比较弱。因此，农村经济中，农业的低产业发展水平决定了农村金融组织结构、金融机构体系、金融市场结构和金融资产结构等缺乏多元性，金融服务的质量较差、规模较小、整体水平比较落后。

四、政策的倾向抑制

（一）财政支农政策亟须完善

财政支农政策是我国政府促进农业发展、提高农民收入的有效手段之一。自改革开放以来，我国财政支农的规模不断增大，特别是近年来，国家连续发布文件，高度重视三农的发展问题，财政支农的规模激增。我国现阶段的财政支农资金投入程度、资金配置与管理、资金使用与效率评价等方面还存在一定问题，影响其作用的充分发挥，亟须完善相应制度。财政支农相关问题的存在，严重制约了我国城乡统筹协调发展战略的推进与实施。

1. 财政支农投入总额不足

自改革开放以来，我国财政支农支出数量不断增长，但财政支农资金支出占财政支出的比重仍然比较低。从财政支农支出的绝对量来看，1978年到1998年，财政支农支出从150.7亿元增加到1 154.76亿元，1998年的支出额是1978年的7.66倍；2006年增加到2 869.09亿元，支出额是1978年的19.08倍；2011年增加到9 877.2亿元，支出额是1978年的65.54倍。尽管财政支农资金的总体投入不断增加，但财政支农资金占财政支出的比例始终较低。1990年，财政支农资金占财政支出的比例为9.98%，2000年为7.75%，2011年为9.04%，仍然不及1990年财政支农占财政支出的占比。

2. 财政支农结构不合理

相关统计数据表明，自改革开放以来，在我国的农业财政支出中，支援农村生产支出和各项农业事业费支出的比重都高于50%，绝大多数年份均在60%以上。其中，1990—1997年，农村生产支出和各项农业事业费支出的比重占70%以上，到2000年该比重为65.6%，2011年高达85.8%。在财政支农构成中，科技创新投入严重不足，教育类投入的比重低于农林水利事业经费，其中农业科技三项事业费支出非常少。尽管我国农业科技三项费用的投入历年来持续增长，但增长幅度非常小，并且占整个农业支出的比重过低。自改革开放以来，农业科技三项费用均未超过1%，直到2006年仍然只有0.68%。

3. 财政支农资金管理机制缺乏

财政支农资金的管理和使用缺乏有效的管理机制，导致部分地区存在财政支农资金的使用效果不显著、管理缺乏规范等现象。一是在资金运行管理上，特别在基层的财政支农资金运用上，普遍存在中间环节多、支出项目范围过于宽泛、预算执行缓慢等问题（孙红霞，2008）。二是资金使用管理不规范，在预算、划拨和绩效评价方面缺乏强有力的规范措施，使项目实施效果不明显，无法保障支农资金足额高效地被利用，资金管理的漏洞、挤占、挪用等现象时有发生（张迪，2016）。

（二）农村经济发展缺少关注

过去由于历史原因，农村经济发展受到的重视不够，工业化和现代化发展进程中缺乏对农村经济的关注。改革开放以来，市场经济快速发展，城市经济发展的差别和吸引力，也使新生代农民工缺乏对农村经济的支持与关注。城乡二元经济发展使贫富差距扩大，虽然地区之间的不平衡现象有所缓解，但资金、人才流向城市的趋势加剧。改革开放以来，地方政府对城市经济发展的重视程度远远大于对农村的关注，而对城市的投资力度也远大于对农村地区的投资力度，这反过来再次加大了城乡的贫富差距。

（三）金融制度的抑制与歧视

新中国成立后，政府在战略布局和资源分配上过多强调城市，过少关注农村，金融资源的分配与配置也如此。特别是在农产品短缺问题解决以后，政府的经济发展战略重点向城市倾斜的倾向更加明显，反映在金融经营管理制度方面。我国存在典型的城乡分割现象，金融采取了分业经营和分业管理制度。金融分业管理制度的实施，以及事实上对农村金融抑制、金融资源配置的歧视，都使农村金融发展严重滞后。农村金融中证券、保险、租赁、小额贷款等非银行金融机构的缺乏，使农村地区的金融产品供给短缺，农民无法与城市居民一样享受现代金融的便利。

过去一段时期，我国农村金融长期处于政府的严厉管制状态，因此农村金融制度的改革事实上成为一种政府强制性行为。农村金融市场缺乏有效的竞争机制，农业生产者、农村中小工商业者等农村生产经营主体的资金需求无法得到根本性满足。作为政策性的农发行在农村金融体系中占据着重要位置，理应发挥政策性金融资源配置的功能。但由于存在一定的定位偏差，政策性金融资源配置功能和效率不足，没有充分发挥资金吸纳和聚集效应。农村金融管理制度下的非农偏好国家资源分配政策严重削弱了农业发展的水平，这与农业作为基础产业的地位极不相称。

本章小结

本章在探索分析城乡金融发展问题的基础上，进一步深度剖析制约城乡金融发展和资源配置的障碍，并研究了制约城乡金融资源配置的发展因素。

（1）制约城乡金融协调发展的障碍。经济决定金融论和二元经济结构理论表明，城乡二元经济结构固化了金融二元发展，经济发展的历史累积效应和城乡的巨大反差，成为制约城乡金融的历史障碍。农村金融资源流失造成农村金融贫血，农贷发放的政策性和商业化经营的趋利性加剧农村资金供需矛盾，农村金融链贫瘠的恶性循环成为制约城乡金融的资金障碍。农村金融市场准入的限制，利率管制和金融创新管制太严，以及新型农村金融组织的创立阻碍成为农村金融抑制的制度障碍。政策性金融缺位、资金供给政策存在"抑农"倾向、商业金融政策的城市偏向、国家财政政策支持城乡比重差距较大等则成为制约城乡金融的政策障碍。城乡金融区域不平衡，存在显著的二元金融特征的非协调性，是制约城乡金融发展的区域障碍与成因。

（2）制约城乡金融资源配置的发展因素。制约城乡金融资源配置的发展因素既有"三农"自身的因素，又有历史、经济差异和政策倾向等因素。农业产业的天然弱质性、农村经济的发展模式落后和农民天然的局限性成为制约"三农"金融需求与服务的因素。新中国成立后确立重工业优先发展的经济发展战略，工农业长期存在的"剪刀差"等因素导致农业生产利润低下，农村经济发展所需的各种资金投入相对较少，历史积累直接造成城乡金融非均衡发展。城乡的产业结构和经济结构差异固化了城乡二元化结构，进而影响城乡金融统筹发展的速度和结构调整。财政支农政策中财政支农的总额不足、结构不合理和资金管理机制缺乏，形成城乡财政政策偏差。此外，在我国工业化和现代化发展进程中，由于缺乏对农村经济的关注，使得在金融制度的安排下，对农村金融的抑制与歧视普遍存在。

第五章 城乡统筹全要素资源配置的效率测度与分析

优化金融资本、劳动力和技术等资源配置，提高全要素的生产效率，是新常态下深化经济改革、优化产业结构升级的现实要求。而影响经济结构调整和资源配置效率的因素非常多，找到影响我国全要素资源配置效率的推动或抑制因素，是实现资源配置效率提升的关键。

第一节 城乡统筹全要素资源配置效率的测度

一、测度方法选取与模型设定

（一）资源配置效率测度的方法选取

测度资源配置效率的方法常用随机前沿分析法（stochastic frontier analysis，SFA）和数据包络分析法（data envelopment analysis，DEA），通过分析系统不同的投入和产出，寻求系统的最大可能产出。系统最大的可能性产出，表现为最大可能产出的包络面，而该包络面的边界就是生产前沿面。实际的资源配置效率分析中，比较成熟的是采用数据包络分析法。Charnes 和 Cooper（1957）在 CRS 规模报酬不变模型基础上，提出考察成本和配置效率的规模报酬变化模型（VRS）和考察全要素生产效率的 Malmquist 指数 DEA 模型。为考察不同省际地区的全要素资源的配置效率，本书选取了反映资源配置效率动态变化的 Malmquist 指数 DEA 模型，将生产要素的配置效率分解为技术效率变动指数、技术效率进步指数、规模效率指数与综合效率指数。同时，还对各地区的年份变动效率进行分解，以便动态全面地反映资源要素配置效率的发展变化。

(二) 资源配置效率模型的设定

DEA 的模型分为投入主导型与产出主导型。本书主要关注资源要素的配置效率，并且 DMU 决策单位投入是分地区的面板数据，因此本书选取投入主导型的 DEA 模型。模型的具体构建与设定如下：

$$\text{Minimize} \left[\theta - \alpha \left(e^- S^- + e^+ S^+ \right) \right]$$

$$\text{Subject to} = \begin{cases} \sum_{j=1}^{n} X_j \lambda_j + S^- = \theta X_P \\ \sum_{j=1}^{n} y_j \lambda_j - S^+ = Y_P \\ \sum_{j=1}^{n} \lambda_j = 1 \\ \lambda_j \geqslant 0, \ j = 1, 2, \cdots, n \\ S^+ = (s_1^+, \ s_2^+, \ \cdots s_k^+)^T \geqslant 0 \\ S^- = (s_1^-, \ s_2^-, \ \cdots s_l^-)^T \geqslant 0 \end{cases} \quad (5-1)$$

公式 (5-1) 中，θ 表示地区的效率值，取值在 (0, 1) 之间；α 为非阿基米德无穷小量；e^- 为地区决策单元的 k 维单位行向量，e^+ 为地区决策单元的 l 维单位行列向量；S^- 为投入松弛变量，S^+ 投入松弛变量；x_j 为决策单元 j 的投入向量，y_j 为决策单元 j 的产出向量；k 为投入指数，l 为产出指数；λ_j 为每个地区 (DMU 决策单位) j 的投入产出指标权重。判断标准：若 $\theta=1$，$\alpha \left(e^- S^- + e^+ S^+ \right) = 0$ 时，则表明地区决策单位 p 的投入 DEA 有效；若 $\theta=1$，$\alpha \left(e^- S^- + e^+ S^+ \right) > 0$ 时，则表明地区决策单位 p 的投入 DEA 有效；若 $\theta<1$，则表明地区决策单位 p 的投入 DEA 无效，在现有环境条件下存在资源配置缺乏效率的问题，资源配置结构需要调整。根据 CRS 线性规划模型，可以增加凸性约束条件 $\sum_{j=1}^{n} \lambda_j = 1$ 将其调整为 VRS 模型。

(三) 资源配置效率模型的指标选取

本书借鉴 Weber (1998) 提出的柯布道格拉斯生产函数 $Y=AK^\alpha L^\beta$ 和内生增长理论，将地区的资本要素 A、劳动要素 L 和技术要素 A 作为全要素资源投入配置的衡量；根据马克思主义的价值分配理论和相关学者的有益研究成果，选取经济发展、社会发展、技术发展和环境发展四个维度的相关指标衡量要素产出进行分析 (见表 5-1)。

表 5-1 各地区投入产出要素指标与来源

类型	要素指标		单位	具体处理方法	来源
投入	资本要素	财政支出	元/人	人均财政支出，2003 基期投资价格指数平减	《中国统计年鉴》
		全社会固定资产投资	元/人	人均全社会固定资产投资，2003 基期投资价格指数平减	《中国统计年鉴》
		新增固定资产投资	元/人	人均新增固定资产投资，2003 基期投资价格指数平减	《中国统计年鉴》
		金融机构贷款	元/人	人均金融机构贷款	Wind 数据库
	劳动要素	地区从业人员	万人	城镇单位就业人员数	《中国统计年鉴》
		高校在校生数	万人	高等学校本专科人数	《中国统计年鉴》
	技术要素	R&D 支出占比	%	R&D 经费支出占 GDP 比重	中国科技数据库
		财政科技支出占比	%	地方财政科技支出占地方财政支出比重	中国科技数据库
产出	经济发展	GDP	元/人	人均 GDP，2003 基期人均 GDP 指数平减	《中国统计年鉴》
		进出口额	元/人	人均进出口额,当年汇率折算人民币、2003 基期居民消费价格指数平减	《中国统计年鉴》
		居民消费水平	元	居民消费水平，2003 基期居民消费价格指数平减	《中国统计年鉴》
	社会发展	图书藏书率	册/人	人均图书馆藏书册	中国文化数据库
		小学师生比	—	教师=1	中国教育数据库
		卫生人员率	元/人	人均卫生员数	中国卫生数据库
	技术发展	专利授权数	件/人	人均专利授权数	中国科技数据库
	环境发展	自然保护区覆盖率	公顷/人	人均自然保护区面积	中国环境数据库

二、资源配置效率测度的结果与分析

（一）DEA 模型 Malmquist 指数分解

本书运用 DEAP2.1 软件测算全国 31 个省（区、市）的资源配置效率及其发展变动。根据 Malmquist 指数分解方法，全要素生产效率变化

（TFPCH）可以分解为技术进步（TECH）、纯技术效率（PECH）和规模效率（SECH），而纯技术效率和规模效率共同反映了技术效率变化（EFFCH）。技术效率变化（EFFCH）测度每个地区决策单元在生产可能边界的"追赶效应"，规模效率（SECH）测度地区决策单元沿着生产前沿面移动的"增长效应"。具体的分解如公式（5-2）：

$$TFPCH = EFFCH \times TECH = PECH \times SECH \times TECH \qquad (5-2)$$

（二）资源配置效率 Malmquist 指数的地区分解

本书将各地区的全要素资源配置效率按照 Malmquist 指数进行分解，并按照东中西部进行归类分析，由表5-2可知：

第一，全国31个省（区、市）的全要素资源配置综合效率总体较好。

全国平均的全要素综合配置效率（TFPCH）为1.027，大于1表明全国全要素资源配置呈向好趋势；对其效率值进行分解，全国的纯技术效率（PECH）和规模效率（SECH）均为0.996，二者共同反映的技术效率变化（EFFCH）为0.992，均小于1，表明全国全要素资源配置的纯技术效率、规模效率均不太理想，地区间的追赶效应和增长效应不足，资源配置的管理水平有待提高。而全国平均的技术进步（TECH）为1.034，表明外生的技术进步带来了资源配置效率的整体改善。

第二，地区间全要素资源配置综合效率存在西高东低的差异。

本书将全国31个省（区、市）按照东中西部进行归类区分，发现西部的全要素资源配置效率为1.032最高，中部为1.030与西部持平，而东部为1.018最低。东西部差异较大的原因在于西部地区与东部相比，底子薄、起点低，同等增量的资源配置会大大改善西部地区的资源配置效率，而将其投入到东部地区，效率优化效果则不如西部明显。进一步分析 Malmquist 指数的资源配置质量发现：①东部地区的纯技术效率（PECH）为0.999，高于中西部地区的0.993、0.996，表明东部地区技术创新的活力和效率比中西部地区更强；②东部地区的技术效率变化（EFFCH）为0.996，也高于中西部地区的0.991、0.990，由于技术效率变化（EFFCH）测度了地区在生产可能边界的追赶效应，表明市场经济较发达的东部地区竞争意识更加突出，其资源配置的追赶效应亦更加显著。

表 5-2　2003—2016 年全国 31 个省（区、市）全要素配置效率 Malmquist 指数分解

地区	EFFCH	TECH	PECH	SECH	TFPCH	地区	EFFCH	TECH	PECH	SECH	TFPCH
北京	0.987	1.063	0.987	0.999	1.049	湖北	0.996	1.034	0.997	0.999	1.029
天津	1.011	1.058	1.008	1.003	1.070	湖南	0.992	1.059	0.997	0.995	1.050
河北	0.998	0.991	1.000	0.998	0.989	中部地区	0.991	1.039	0.993	0.999	1.030
辽宁	1.007	1.055	1.006	1.001	1.063	重庆	1.002	1.059	1.001	1.001	1.062
上海	0.988	1.052	0.992	0.996	1.039	四川	0.994	1.059	1.000	0.995	1.053
江苏	0.996	1.000	0.999	0.997	0.996	广西	1.000	1.056	1.000	1.000	1.056
浙江	0.990	0.963	0.993	0.997	0.953	贵州	0.991	1.073	0.995	0.996	1.063
福建	1.000	1.017	1.000	1.000	1.017	云南	0.986	1.065	0.987	0.999	1.051
山东	1.000	0.974	1.000	1.000	0.974	西藏	1.000	0.982	1.000	1.000	0.982
广东	0.992	1.022	1.000	0.992	1.015	陕西	0.995	1.061	0.996	0.996	1.055
海南	0.984	1.045	1.000	0.984	1.028	甘肃	0.965	1.069	0.974	0.991	1.032
东部地区	0.996	1.022	0.999	0.997	1.018	青海	0.953	0.991	0.999	0.954	0.944
山西	0.984	1.023	0.989	0.994	1.006	新疆	1.000	1.023	1.000	1.000	1.023
吉林	1.010	1.058	1.009	1.001	1.068	宁夏	1.052	1.052	1.000	0.992	1.044
黑龙江	0.996	1.052	0.997	1.000	1.049	内蒙古	1.000	1.024	1.000	1.000	1.024
安徽	0.984	1.072	0.984	1.000	1.055	西部地区	0.990	1.043	0.995	0.994	1.032
江西	0.975	1.005	0.977	0.998	0.980	全国平均	0.992	1.034	0.996	0.996	1.027
河南	0.998	1.023	1.000	0.998	1.020						

注：表 5-2 根据 DEAP2.1 软件处理结果编制。

（三）各省（区、市）全要素资源配置效率的时期分解

由表 5-3 可知，全国 31 个省（区、市）的全要素资源配置效率的指数在多数时期都大于 1，表明我国资源配置的优化管理总体向好，资源配置效率呈现不断提高的趋势。分析我国各地区不同的资源配置效率，"十一五"和"十三五"时期的全要素资源配置效率较好，"十二五"时期出现一定程度下滑，而最好的为"十三五"时期。这表明我国过去追求需求侧管理为主的粗放型资源错配政策得到调整，而以经济新常态为指引的供给侧改革在"十三五"期间得以体现，过去投资偏重物质资本而忽视人力资源、技术要素等资源配置的情况得到改善，产能过剩、库存高企、短板突出等有效供给造成的资源配置效率问题得以优化。供给侧改革进一步释放了各种资源要素投入的驱动力，其资源配置的技术效率、规模效率和综合效率在"十三五"时期显著提高。

表 5-3 2003—2016 年全国 31 个省（区、市）全要素配置效率时期分解

地区	全要素生产效率				地区	全要素生产效率			
	"十五"时期	"十一五"时期	"十二五"时期	"十三五"时期		"十五"时期	"十一五"时期	"十二五"时期	"十三五"时期
北京	0.965	1.065	1.017	1.035	湖北	0.976	1.033	1.024	1.054
天津	1.038	1.081	1.046	1.072	湖南	1.036	1.048	1.043	1.052
河北	1.024	0.982	0.969	1.043	中部地区	1.025	1.025	1.026	1.054
辽宁	1.040	1.088	1.040	0.989	重庆	0.952	1.055	1.061	1.087
上海	1.048	1.074	0.979	1.030	四川	0.979	1.053	1.042	1.067
江苏	1.010	1.038	0.971	1.064	广西	1.066	1.051	1.044	1.059
浙江	0.990	0.941	0.942	1.025	贵州	0.944	1.049	1.073	1.146
福建	1.030	1.002	1.014	1.055	云南	1.008	1.040	1.054	1.081
山东	0.990	0.949	0.982	1.044	西藏	0.911	1.047	1.025	0.954
广东	1.039	1.036	0.971	1.052	陕西	0.964	1.051	1.060	1.023
海南	1.105	0.964	1.039	1.080	甘肃	1.043	1.001	1.048	1.056
东部地区	1.025	1.017	0.997	1.044	青海	1.066	0.999	0.894	1.039
山西	1.047	0.974	1.003	1.044	宁夏	1.126	0.967	1.076	1.034
吉林	1.026	1.090	1.044	1.042	新疆	1.039	1.028	0.985	1.134
黑龙江	1.048	1.050	1.037	1.058	内蒙古	1.094	1.024	0.979	1.046
安徽	1.037	1.036	1.068	1.091	西部地区	1.016	1.030	1.028	1.061
江西	1.004	0.948	0.982	1.037	全国	1.022	1.024	1.017	1.053
河南	1.028	1.018	1.009	1.052					

注：表 5-3 根据 DEAP2.1 软件处理结果编制。

（四）各省（区、市）资源配置规模效率的分解与变化趋势

为进一步考察资源配置中地区决策单元规模报酬的不同资源配置效率和变化，本书还采用基于 VRS 的多步法进行分解。其中 CRSTE 表示基于 CRSDEA 生产前沿的技术效率，VRSTE 表示基于 VRSDEA 生产前沿的技术效率，而 SCALE 则表示规模效率，其值为 CRSTE 与 VRSTE 的比值。规模效率的变化趋势可分为三类：增加（irs）、下降（drs）和不变（-）。由表 5-4 可知，2003—2016 年，全国 31 个省（区、市）总体的资源配置规模效率实现了增加，其中 45.16% 的地区实现增加，0.06% 地区下降，48.38% 地区持平。在全要素资源配置规模效率增加的地区中，中西部地区

占比最高，有 50% 的省市实现了规模效率增加，其次为东部地区，有 36.36% 的省市实现增加。辽宁和湖南资源配置的规模效率出现下降，表明这两个地区需要通过优化要素投入和产出配置来提高物质资本、人才吸引、技术创新等资源配置管理水平。

表 5-4　2003—2016 年全国 31 个省（区、市）资源配置规模效率的分解与变化趋势

地区	CRSTE	VRSTE	SCALE	变化	地区	CRSTE	VRSTE	SCALE	变化
北京	0.696	0.697	0.998	irs	河南	1.000	1.000	1.000	—
天津	0.865	0.897	0.964	irs	湖北	0.878	0.891	0.986	irs
河北	1.000	1.000	1.000	—	湖南	0.959	0.961	0.998	drs
辽宁	0.910	0.920	0.989	drs	重庆	0.683	0.725	0.943	irs
上海	0.910	0.911	0.999	irs	四川	0.788	0.788	0.999	irs
江苏	1.000	1.000	1.000	—	广西	1.000	1.000	1.000	—
浙江	1.000	1.000	1.000	—	内蒙古	1.000	1.000	1.000	—
福建	1.000	1.000	1.000	—	贵州	0.751	0.757	0.992	irs
山东	1.000	1.000	1.000	—	云南	0.907	0.914	0.993	irs
广东	1.000	1.000	1.000	—	西藏	1.000	1.000	1.000	—
海南	0.934	1.000	0.934	irs	陕西	0.730	0.745	0.980	irs
山西	0.969	0.970	0.999	irs	甘肃	1.000	1.000	1.000	—
吉林	0.881	0.894	0.986	irs	青海	1.000	1.000	1.000	—
安徽	1.000	1.000	1.000	—	新疆	1.000	1.000	1.000	—
黑龙江	1.000	1.000	1.000	—	宁夏	0.573	1.000	0.573	irs
江西	0.939	0.948	0.990	irs	总体	0.915	0.936	0.978	irs

注：表 5-4 根据 DEAP2.1 软件处理结果编制。

第二节　城乡统筹全要素资源配置效率影响因素的实证分析

一、影响因素的方法选取与模型设定

由于 DEA 模型的效率测度限定了取值范围，因此对取值受限的因变量建模时，普遍采用 Tobit 模型。Tobit 模型是基于极大似然估计法（maximum likelihood estimate，MLE）进行的回归分析，可以科学准确地分析导致因变量变动的主要影响因素。本书采用 Tobit 模型，建模如下：

$$y_i^* = x_i\beta + \mu_i \quad \mu_i \sim N\,(0,\ \sigma^2)$$

$$y_i = \begin{cases} y_i^* & if \quad y_i^* > 0 \\ 0 & if \quad y_i^* \leq 0 \end{cases} \tag{5-3}$$

公式（5-3）中，β 为模型的回归参数向量，x_i 为解释变量向量，y_i^* 为被解释变量向量，y_i 为被解释变量取值向量。当 y_i^* 大于 0 时被观察到，而当 y_i^* 小于等于 0 时在 0 处截尾。μ_i 为误差项，独立且服从正态分布。

二、影响因素的模型构建与数据来源

本书的被解释变量（TFP_{it}）是全要素资源配置的效率，其测度值来源于上文采用 DEA 计算的各地区资源配置综合效率。本书系列控制变量的选取基于全要素资源配置的制度和环境维度，借鉴了相关有益研究成果，兼顾了数据指标的可获得性。同时，还选取了政府干预程度（ZF_{it}）、市场化水平（SC_{it}）、城镇化水平（CZ_{it}）、外贸依存度（WM_{it}）、产业现代化程度（CY_{it}）、经济景气度（JJ_{it}）、技术市场活跃度（JS_t）等变量。构建全要素资源配置效率影响因素分析的模型如下：

$$TFP_{it} = c + \beta_1 ZF_{it} + \beta_2 SC_{it} + \beta_3 CZ_{it} + \beta_4 WM_{it} + \beta_5 CY_{it} + \beta_6 JJ_{it} + \beta_7 JS_{it} + \varepsilon_{it} \tag{5-4}$$

本书为降低模型多重共线性的可能性，对选取的具体变量值均采用经过计算处理的比率值进行衡量。采用政府财政支出占 GDP 比重衡量政府干预程度，采用樊纲的市场化指数衡量市场化水平，采用常住城镇人口占总人口比重的城镇化率衡量城镇化水平，采用进出口总额占 GDP 总额比重衡量外贸依存度（进出口总额以 2003 年为基期的定基消费者物价指数平减、实际 GDP 总额以 2003 年为基期的 GDP 指数平减），采用第二、三产业占产业总产值比重衡量产业现代化程度，采用失业率衡量经济景气度，采用人均技术合同成交额衡量技术市场活跃度。数据主要来源于 2004—2017 各年《中国统计年鉴》、中国三农数据库、中国城乡建设数据库，部分缺失指标采取插值法补充。

三、影响因素回归的统计结果与分析

（一）全国总体的资源配置影响因素分析

为考察各指标对资源配置效率的影响程度和模型估计结果的稳健性，本书逐步加入控制变量，得到（1）至（7）列的估计结果。从表 5-5 看，随着全要素资源配置的环境和制度等控制变量的逐步加入，解释变量的系数符号和显著性没有发生本质变化，表明估计结果具有很好的稳健性。

1. 政府干预程度影响地区全要素资源配置效率

只有政府干预程度进行回归时的指标并不显著，并且具有负向影响。随着市场化水平指标等其他维度指标的加入，政府介入对全要素资源配置效率在1%的显著性水平上有明显的促进作用，由负向影响转为显著的持续正向作用。

2. 市场化水平影响地区全要素资源配置效率

与政府对资源配置的作用一样，市场也在1%的显著性水平持续正向促进地区全要素资源配置效率提升。市场与政府作为市场经济下资源配置最重要的两个方面，其发挥作用的程度存在较大差异。比较市场指标与政府干预指标的系数可知，市场在全要素资源配置中发挥的作用只有政府介入作用的10%左右，不及20%。印证了党的十九大提出的让市场在资源配置中起决定性作用，更好发挥政府与市场作用中关于政府与市场关系的新认识。

3. 其他控制变量比较显著地影响要素资源配置效率

其他控制变量中，城镇化水平、外贸依存度、产业现代化水平均在1%的显著性水平影响了全要素资源配置效率，城镇化水平和产业现代化水平发挥了正向促进作用，而外贸依存度呈现负向作用。从作用程度的系数看，产业现代化程度系数最大，表明经济结构和产业结构调整是供给侧改革提高资源配置效率的重中之重。外贸依存度呈现负向作用，表明提高资源配置效率更需要从供给侧改革入手，通过产业布局调整降低外贸依存度。与外贸依存度一样对资源配置效率呈负向作用的还有经济景气度，该指标在5%的显著性水平影响全要素资源配置效率变化。

4. 技术市场活跃度对资源配置效率的影响较弱

技术市场活跃度仅在10%的显著性水平正向促进全要素资源配置效率的提升，但该指标的系数比较小，表明我国技术要素对资源配置发挥的作用还不够。加大创新资源要素投入，优化技术成果转化和交易机制，加大技术创新、商业转化、成果共享，从而进一步提升全要素资源的综合配置效率。

表 5-5 2003—2016 年中国省域资源配置效率的影响因素

	(1)	(2)	(3)	(4)	(5)	(6)	(7)
	model1	model2	model3	model4	model5	model6	model7
政府干预程度	−0.017 64	0.133 34***	0.101 88***	0.129 50***	0.097 99***	0.103 44**	0.102 93***
	(0.021 18)	(0.027 10)	(0.027 03)	(0.026 58)	(0.027 54)	(0.050 34)	(0.027 53)
市场化水平		0.019 60***	0.010 13***	0.017 10***	0.013 81***	0.014 35***	0.014 44***
		(0.002 41)	(0.002 99)	(0.003 14)	(0.003 22)	(0.004 08)	(0.003 22)
城镇化水平			0.001 58***	0.001 95***	0.001 39***	0.001 54***	0.001 64***
			(0.000 31)	(0.000 31)	(0.000 34)	(0.000 32)	(0.000 35)
外贸依存度				−0.094 77***	−0.088 89***	−0.096 25***	−0.098 72***
				(0.017 01)	(0.016 83)	(0.016 26)	(0.017 30)
产业现代化程度					0.244 65***	0.232 77***	0.229 33***
					(0.066 53)	(0.061 68)	(0.066 44)
经济景气度						−0.007 63**	−0.011 71**
						(0.003 73)	(0.004 97)
技术市场活跃度							4.17e−06*
							(3.15e−06)
常数	0.964 35***	0.810 28***	0.796 58***	0.747 06***	0.587 41***	1.323 40***	1.712 37***
	(0.006 20)	(0.019 82)	(0.019 43)	(0.020 77)	(0.047 99)	(0.357 39)	(0.480 33)
观测值	434	434	434	434	434	434	434

注：本估计利用 stata15 软件实现。回归系数括号里的数值为标准差。***、**、* 分别表示 1%、5%、10%的显著性水平。

(二) 分地区的资源配置影响因素分析

为进一步研究影响全要素资源配置效率因素的地区差异，本书将全国 31 个省（区、市）分为东中西部三个区域，对各个因素的影响分别研究，由表 5-6 可知：

一是政府干预影响全要素资源配置效率的地区差异比较明显。中部和西部的政府介入分别在 1%和 5%的显著性水平上有明显的促进作用，且中部地区的推动作用大于西部地区，而对东部地区全要素资源配置效率提升无显著影响。东部地区的经济相对中西部更开放发达，由于其他影响因素作用的提升，政府对资源配置效率的影响作用被弱化。

二是市场化对全要素资源配置效率的地区影响比较一致。市场对资源配置的影响作用比较显著，分别在 1%、5%和 10%的显著性水平持续正向促进中部、东部和西部地区的全要素资源配置效率提升，发挥了在资源配置中的基础性作用。结合政府干预来看，中部地区将政府与市场在资源配置中的关系处理得最协调，二者都在 1%的显著性水平正向推动全要素资源配置效率，但仍需要强调市场在资源配置中的决定性作用，因为市场化水平的影响系数远小于政府干预程度的系数。西部地区的政府和市场则分别在5%和10%的显著性水平影响全要素资源配置效率的提升，市场的影响程度和显著性都比政府的要弱很多。这表明西部地区不仅需要大力提高市场在资源配置效率提升中的作用，还要加大政府与市场关系的平衡管理力度。东部地区的政府与市场在影响全要素资源配置效率中差异最大，市场在5%的水平显著影响，而政府的作用却不显著，表明东部地区在市场发挥资源配置作用的基础上，可适当提高政府干预程度，使政府与市场的关系在提升全要素资源配置效率的推动中更加平衡协调。

三是其他控制变量影响全要素资源配置效率的地区差异。东西部的城镇化水平在5%的水平显著影响资源配置效率的提升，而中部地区不显著。外贸依存度的负向影响作用在东部地区非常突出，在1%的水平显著抑制资源配置效率的提升。与此相反，中西部地区外贸依存度的影响却是正向的，表明在中西部地区的产业结构调整中，中西部地区可承接东部地区的外贸产业，发挥西部地区的要素资源优势，提升中西部地区包括外贸加工业在内的现代化产业的比重和质量。这在产业现代化水平对全要素资源配置效率提升作用的地区差异中再次得到印证，东部地区的产业现代化水平在1%的水平显著推动了资源配置效率的提升，其影响系数值远大于其他所有因素，而该因素的影响作用在中西部地区则不显著。经济景气度阻碍了全要素资源配置效率的提升，西部地区无明显影响，而中东部地区影响显著。技术市场活跃度对全国总体的全要素资源配置效率有显著影响，但影响作用较弱，东中西部地区的影响都不显著，东部地区的技术市场活跃度最好。

表 5-6　2003—2016 年中国东中西部区域资源配置效率的影响因素

	(1)	(2)	(3)	(4)
	全国聚类	西部	中部	东部
政府干预程度	0.102 93 ***	0.117 06 **	0.666 81 ***	0.179 49
	(0.016 14)	(0.049 33)	(0.201 74)	(0.118 96)
市场化水平	0.014 44 ***	0.013 31 *	0.023 33 ***	0.010 10 **
	(0.001 66)	(0.006 75)	(0.007 27)	(0.005 00)
城镇化水平	0.001 64 ***	0.002 28 **	0.000 61	0.001 03 **
	(0.000 26)	(0.001 13)	(0.001 13)	(0.000 48)

表5-6(续)

	（1）全国聚类	（2）西部	（3）中部	（4）东部
外贸依存度	−0.098 72 ***	0.060 10	0.357 79 *	−0.091 11 ***
	(0.005 22)	(0.244 12)	(0.194 21)	(0.020 02)
产业现代化程度	0.229 33 ***	0.300 33	0.151 72	0.302 95 ***
	(0.043 36)	(0.214 80)	(0.132 43)	(0.095 18)
经济景气度	−0.011 71 ***	−0.010 20	−0.029 11 **	−0.010 24 *
	(0.002 29)	(0.011 48)	(0.012 49)	(0.006 14)
技术市场活跃度	4.17e−06 ***	4.17e−06	−0.000 04	0.000 01
	(3.15e−06)	(3.15e−06)	(0.000 05)	(0.000 01)
常数	1.712 37 ***	1.467 59	3.331 10 ***	1.562 71 ***
	(0.244 76)	(1.080 80)	(1.208 70)	(0.586 73)
观测值	434	154	126	154

注：本估计利用stata15软件实现。回归系数括号里的数值为标准差。***、**、*分别表示1%、5%、10%的显著性水平。

第三节 城乡统筹全要素资源配置效率测度与影响因素结论

一、全要素资源配置效率总体向好而地区差异明显

我国31个省（区、市）的全要素资源配置综合效率总体较好且呈向好趋势，外生的技术进步改善了资源配置效率。效率配置中的纯技术效率、规模效率均不太理想，表明地区间的追赶效应和增长效应不明显，资源配置的管理水平有待提高。地区全要素资源配置的综合效率西高东低，而东部地区的纯技术效率和技术效率变化更优，表明东部地区的技术创新活力、效率和追赶效应都比中西部地区强。

二、全要素资源配置的效率存在典型的时期波动性

从"十五"时期到"十三五"时期，我国全要素资源配置的效率不断提高，表明我国资源配置的优化管理总体向好。而不同时期效率的波动性表明，我国经济政策具有时期特点和周期性特征。全要素资源配置效率在

"十二五"时期出现一定程度下滑，到"十三五"时期达到峰值，表明我国"十三五"时期的供给侧改革修正了要素错配，进一步释放了各种资源要素投入的驱动力，提高了资源配置的技术效率和规模效率。

三、影响省域全要素资源配置效率因素的作用各异

政府干预、市场化、城镇化和产业现代化水平，以及技术市场活跃度均显著推动全要素资源配置效率的提高，而外贸依存度和经济景气度则显著阻碍了资源配置效率的提高。进一步分析正向推动资源配置效率提升因素发挥的作用发现，影响资源配置效率最大的因素是产业现代化程度，而作为影响市场经济要素资源配置重要因素之一的市场，其发挥的作用与政府相比明显不足。

本章小结

城乡统筹的最终目标是实现城乡协调发展，但发展的手段是优化要素资源的配置，提高全要素资源的配置效率。在所有的资源要素中，优化金融资本、劳动力和技术等资源配置，可以比较有效地提高全要素生产效率。本章选取了反映资源配置效率动态变化的 Malmquist 指数 DEA 模型，采用数据包络分析法对中国省际地区的全要素资源的配置效率进行了分析测量。

（1）全要素生产效率测度的模型和方法。本章选取了反映资源配置效率动态变化的 Malmquist 指数 DEA 模型，采用资源配置效率分析中比较成熟的数据包络分析法，将生产要素的配置效率分解为技术效率变动指数、技术效率进步指数、规模效率指数与综合效率指数。同时，还对中国各地区的年份变动效率进行分解，以更动态全面地反映资源要素配置效率的发展变化。

（2）全国总体的资源配置影响因素分析。通过分析影响全国资源配置影响因素发现，政府干预程度、市场化水平会影响地区全要素资源配置效率。同时，城镇化水平、外贸依存度、产业现代化水平均在1%的显著性水平影响全要素资源配置效率，城镇化水平和产业现代化水平发挥正向促进作用，而外贸依存度呈现负向作用。在对影响因素进行分析时，意外发现技术市场活跃度对资源配置效率的影响较弱。

（3）全国分地区的资源配置影响因素分析。将全国 31 个省（区、市）分为东中西部三个区域，对各个因素的影响分别研究发现，政府干预影响全要素资源配置效率的地区差异比较明显。中西部地区的政府干预有明显的促进作用，而政府干预对东部地区全要素资源配置效率提升无显著影响。市场化对全要素资源配置效率的地区影响比较一致。东西部地区的城镇化水平显著影响资源配置效率的提升，而对中部地区的影响则不显著。外贸依存度的负向影响作用在东部地区非常突出。总体而言，我国 31 个省（区、市）的全要素资源配置综合效率总体较好且呈向好趋势，政府干预、市场化、城镇化和产业现代化水平，以及技术市场活跃度均显著推动全要素资源配置效率的提高，而外贸依存度和经济景气度则显著阻碍了资源配置效率的提高。外生的技术进步提高了资源配置效率。

第六章　城乡统筹资源配置的政策实践
——以成渝地区为例

　　本章基于 2003—2016 年全国 31 个省（区、市）面板数据，运用 Deap 数据包络分析法对成渝地区和全国其他 29 个省（区、市）的资源配置效率进行测度比较，并进一步运用 DID 双重差分法考察成渝城乡统筹综合配套改革政策对成渝地区资源配置效率的影响效应及作用机理。研究结果表明：城乡统筹政策显著提高了成渝地区资源配置的效率，而且通过差分效应分解发现，政府干预程度的加深和城镇化水平的提高，可以有效提升要素资源在城乡之间的配置效率。而比较成渝试验区发现，由于重庆拥有更多的政策和制度优势，加上自身的积累和大胆创新，比同时改革试验的成都地区更有活力和效率优势。

第一节　城乡统筹实验区的政策实施背景

一、政策实施的现实背景

　　我国城乡经济与社会发展长期以来形成了较为严重的二元结构，城乡分割突出，城乡差距不断扩大。为推进城乡统筹改革与发展，2007 年 6 月，国家发展和改革委员会批准重庆和成都设立全国统筹城乡综合配套改革试验区。该试验区是国家首次批准在我国西部地区设立的改革试验区。综合改革试验区内享有特殊政策，鼓励试验区在一些重点领域大胆创新，并积极探索实践。与当初设立深圳经济特区、上海浦东新区和渤海新区不同的是，统筹城乡综合改革试验区当前的任务是进一步建立较为成熟的社会主义市场经济体制，全面推进各个领域的体制改革，综合改革解决经济发展中的体制矛盾。在重点领域和关键环节率先突破,探索区域协调发展的新模式。要求试验区探索缩小城乡区域差距、实现社会公平和确保资源环境永续利用等和谐发展的综合模式,将"三农"问题的解决纳入城市发展的目标体系,通过各领域的改革探索,找到适合中西部地区的城乡统筹发展道路。批准重庆和成都成为全国统筹城乡综合配套改革试验区,是国家加快推进西部大开发的重大战略部署,对于加快推进西部大开发,妥善解决好"三农"问题和完善全国发展格局,都具有极其重要的战略意义。而今成渝城乡统筹综合改革试验已经实施 10 年,成渝地区的二元结构是否得到显著改善,以全要素资源配置为核心的城乡差距是否显著缩小,其资源配置效率是否提高,未来如何通过提高城乡资源配置效率来加快城乡统筹改革的步伐,进一步加快推进乡村振兴,无疑是需要重点关注和解决的现实问题。

二、政策实施的理论背景

我国存在典型的城乡二元结构特征,城乡资源配置差异的扩大进一步拉大了城乡经济发展差距。王婷(2011)认为,城乡二元结构不仅是我国区域发展非均衡的主要体现,也是经济发展格局的特征之一,城乡金融差距影响城乡二元结构;孙琳琳(2013)认为,我国资本在农业部门的配置比例已趋合理,而城乡经济资源配置失衡的主要原因是劳动力在农业部门的配置比例过高,合理配置生产要素会显著提升人均 GDP。

目前,学者们对城乡资源配置的研究广泛集中于城乡金融资源配置。窦森(2009)认为,中央提出城乡统筹发展解决日益突出的城乡二元结构问题,金融是城乡统筹发展的重要方面,金融问题的核心在于金融资源的合理配置。陈刚和尹希果(2008)认为,我国金融制度安排内生于转轨时期政府给予改革中利益受损集团利益补偿的需要,而内生性金融制度安排下的金融资源配置具有强烈的城市化倾向,同时金融制度安排内生出的利率抑制、垄断的金融结构和被抑制的农村金融等,也加剧了金融资源配置的城市化倾向和农村金融资源外流。王永龙(2009)认为,城乡金融非均衡是现阶段我国金融体系的基本特征,城乡金融制度、金融结构、金融服务、金融资源配置等差异导致了金融经济效应,需要推进制度创新以实现城乡金融协调发展。冯林等(2013)指出,我国城乡经济迅速发展而城乡差异渐趋扩大,城乡金融市场发展失衡,其中城乡贷款和投资差异是导致城乡经济发展差距的主要因素,我国城乡金融资源配置差异还会在一定时期内持续存在。陈蓝萍等(2014)指出,我国城乡收入差距不断扩大,农村地区资金相对匮乏，提高城乡金融资源配置，特别是提高农村地区的资金投入和使用效率更能推动经济的快速增长，缩小城乡居民收入差距。杨守鸿等（2013）认为，城乡金融发展非均衡化影响城乡经济增长差距，城乡金融规模、结构和效率对城乡经济增长差距的影响呈显著正相关。李刚（2014）认为，政府干预、金融机构追求利润最大化，以及农户政治经济弱势是导致城乡正规金融资本错配的主要原因。高歌等（2016）指出，我国金融资源的配置转换没有跟上城镇化和经济结构调整的步伐，系列问题的积累制约了农村金融功能的扩展和效率的提高，城乡收入差距、金融发展水平、城乡融资依赖度、城镇化水平等金融资源配置失衡导致城乡差距。

城乡二元经济差距的形成，显然不能仅仅归结为城乡金融资源的差异配置。吴华超和温涛（2008）指出，实行城乡统筹改革试验的重庆地区，其农村财政资金的配置效率呈现收敛趋势，农村经济低效将导致资金投入不足和配置低效率的双重瓶颈，统筹城乡发展绝非简单注入资金。袁岳驷（2013）指出，成都统筹城乡改革取得了显著成绩，但城乡经济二元结构仍然比较明显，根本原因在于统筹城乡发展的市场配置资源机制不完善，劳动力、资本和土地的流转与配置上存在阻碍因素，统筹城乡的市场配置资源机制无法有效发挥作用，降低了资源的配置效率。

综上所述，我国城乡二元结构特征明显，城乡金融非均衡配置成为导致城乡经济发展差距的重要因素之一，而影响城乡资源配置的要素和因素非常多。因此，只有提高城乡统筹协调度，优化城乡全要素资源的协调配置，才能提高城乡资源配置的效率。现有文献对城乡二元经济的相关分析较多，并对影响城乡金融资源配置的原因进行广泛分析，但研究城乡资源配置的文献比较缺乏。对成渝地区城乡统筹改革是否提高了城乡资源配置效率进行研究，对成渝统筹城乡综合配套改革实践的政策效果进行评价，无疑对未来城乡统筹改革推进城乡资源配置政策的执行具有重要意义。

第二节　成渝地区资源配置效率的测度与方法

一、成渝地区资源配置效率测度的方法选取

本章沿用上一章关于测度资源配置效率的方法，在常用随机前沿分析法（SFA）和数据包络分析方法（DEA）中进行选择。通过分析系统不同

的投入和产出，寻求系统的最大可能产出。系统的最大可能性产出，表现为最大可能产出的包络面，而该包络面的边界就是生产前沿面。在实际的资源配置效率分析中，比较成熟的是采用数据包络分析法。Charnes 和 Cooper（1957）在 CRS 规模报酬不变模型基础上，提出考察成本和配置效率的 VRS 规模报酬可变模型和考察全要素生产效率的 Malmquist DEA 模型。为考察不同省际地区的全要素资源的配置效率，本书选取了反映资源配置效率动态变化的 Malmquist 指数 DEA 模型，将生产要素的配置效率分解为技术效率变动指数、技术效率进步指数、规模效率指数与综合效率指数。同时，还对各地区的年份变动效率进行分解，以便动态全面地反映资源要素配置效率的发展变化。

二、成渝地区资源配置效率测度的模型设定

DEA 的模型分为投入主导型与产出主导型。本书主要关注资源要素的配置效率，而且 DMU 决策单位投入是分地区的面板数据，因此本书选取投入主导型的 DEA 模型。模型的具体构建与设定如下：

$$\text{Minimize} \left[\theta - \alpha (e^- S^- + e^+ S^+) \right]$$

$$\text{Subject to} \begin{cases} \sum_{j=1}^{n} X_j \lambda_j + S^- = \theta X_P \\ \sum_{j=1}^{n} y_j \lambda_j - S^+ = Y_P \\ \sum_{j=1}^{n} \lambda_j = 1 \\ \lambda_j \geqslant 0, \ j = 1, \ 2, \ \cdots, \ n \\ S^+ = (s_1^+, \ s_2^+, \ \cdots s_k^+)^T \geqslant 0 \\ S^- = (s_1^-, \ s_2^-, \ \cdots s_l^-)^T \geqslant 0 \end{cases} \quad (6\text{-}1)$$

公式（6-1）中，θ 表示地区的效率值，取值在（0，1）之间；α 为非阿基米德无穷小量；e^- 为地区决策单元的 k 维单位行向量，e^+ 为地区决策单元的 l 维单位行列向量；S^- 为投入松弛变量，S^+ 也为投入松弛变量；x_j 为决策单元 j 的投入向量，y_j 为决策单元 j 的产出向量；k 为投入指数，l 为产出指数；λ_j 为每个地区（DMU 决策单位）j 的投入产出指标权重。判断标准：若 $\theta=1$，α（$e^- S^- + e^+ S^+$）$= 0$ 时，则表明地区决策单位 p 的投入 DEA 有效；若 $\theta=1$，α（$e^- S^- + e^+ S^+$）>0 时，则表明地区决策单位 p 的投入弱 DEA 有效；若 $\theta<1$，则表明地区决策单位 p 的投入 DEA 无效，在现有环

境条件下存在资源配置缺乏效率的问题，资源配置结构需要调整。根据 CRS 线性规划模型，可以增加凸性约束条件 $\sum_{j=1}^{n} \lambda_j = 1$，将其调整为 VRS 模型。

三、成渝地区资源配置效率测度的指标选取

本书根据 Weber（1998）提出的柯布道格拉斯生产函数 $Y = AK^{\alpha}L^{\beta}$，地区发展的总产出取决于资本要素 A、劳动要素 L 和技术要素 A 的资源配置，并借鉴相关学者的有益研究成果和数据可获得性，选取以下指标并对数据进行有效处理（见表6-1）。

表6-1　各地区投入产出要素指标与来源

类型	要素指标	单位	处理方法	来源
投入	地区财政支出	亿元	采用 2003 为基期的居民消费价格指数平减	《中国统计年鉴》（2004—2017）
	全社会固定资产投资	亿元	采用 2003 为基期的投资价格指数平减	《中国统计年鉴》（2004—2017）
	地区从业人员	万人	—	《中国统计年鉴》（2004—2017）
	地区专利授权数	件	—	中国科技数据库（2004—2017）
产出	地区 GDP	亿元	采用 2003 为基期的 GDP 指数平减	《中国统计年鉴》（2004—2017）

第三节　成渝地区资源配置效率测度的结果与比较

一、DEA 模型 Malmquist 指数分解

本书运用 DEAP2.1 软件测算全国 31 个省（区、市）的资源配置效率及其发展变动。根据 Malmquist 指数分解方法，全要素生产效率变化（TFPCH）可以分解为技术进步（TECH）、纯技术效率（PECH）和规模效率（SECH），而纯技术效率和规模效率共同反映了技术效率变化（EFFCH）。技术效率变化（EFFCH）测度每个地区决策单元在生产可能边界的"追赶

效应"，规模效率（SECH）测度了地区决策单元沿着生产前沿面移动的"增长效应"。具体的分解如公式（6-2）

$$TFPCH = EFFCH \times TECH = PECH \times SECH \times TECH \qquad (6-2)$$

二、成渝实验区与非实验区资源配置效率 Malmquist 指数的地区分解

由表6-2可知，不仅成渝实验区与非实验区的资源配置效率差异较大，而且实施城乡统筹实验的成渝地区间资源配置差异也比较大。一是成渝实验区与非实验区效率，均表现出城乡统筹资源配置的效率优势。实行城乡统筹的成渝地区的技术效率变化、技术进步、规模效率和全要素生产效率的单值和均值均高于非实验区，只有成都地区的规模效率与非实验区基本持平。二是比较成渝实验区地区间，重庆地区比成都地区的资源配置更有效率。同样实行城乡统筹的成渝实验区，重庆地区的资源配置效率在各项指标中均优于成都地区，与重庆作为直辖市在资源配置中的政策和执行更具有创新性有关。重庆地区的追赶效应（EFFCH）和增长效应（SECH）都远远高于成都地区。三是比较成渝地区资源配置效率分解指标，成渝实验区的技术进步效率比技术效率更高。重庆地区的纯技术效率和规模效率相当，而成都地区的纯技术效率却明显优于规模效率，表明成都地区的技术创新比规模经济更胜一筹。总体分解结果表明，实行了城乡统筹试验改革的成渝地区资源配置效率比没有实行的地区更优，而重庆作为直辖市拥有更多制度政策等创新，创新驱动导致的资源配置效率比成都更高。

三、成渝实验区与非实验区资源配置效率 Malmquist 指数的年度分解

DEA 在计算要素配置 Malmquist 指数的年度效率时，直接将第一年作为参照系，因此软件运行后没有汇报第一年的效率数据。由表6-3可知，成渝综合配套改革试验区 2004 年的规模效率、综合效率均低于全国平均水平，尽管其纯技术效率、技术效率变化优于全国平均水平，但与全国平均水平非常接近，差距微弱。随着成渝地区改革的推进和时间的推移，成渝地区资源配置的各种效率逐渐反超全国平均水平，特别是在 2007 年实施城乡统筹试验改革后，逐渐拉开了与全国平均水平的差距。城乡统筹资源配置的效率优势在重庆地区尤为明显，2005 年开始略超全国平均水平，2007年城乡统筹综合改革进一步释放各种要素的驱动力，其资源配置的技术效率、规模效率和综合效率与全国平均水平相比，优势一直非常显著。

表6-2　2003—2016年全国31个省（区、市）要素配置效率 Malmquist 指数地区分解

地区	EFFCH	TECH	PECH	SECH	TFPCH
重庆	1.002	1.059	1.001	1.001	1.062
四川	0.994	1.059	1.000	0.995	1.053
实验区	0.998	1.059	1.001	0.998	1.058
北京	0.987	1.063	0.987	0.999	1.049
天津	1.011	1.058	1.008	1.003	1.070
河北	0.998	0.991	1.000	0.998	0.989
山西	0.984	1.023	0.989	0.994	1.006
内蒙古	1.000	1.024	1.000	1.000	1.024
辽宁	1.007	1.055	1.006	1.001	1.063
吉林	1.010	1.058	1.009	1.001	1.068
黑龙江	0.996	1.052	0.997	1.000	1.049
上海	0.988	1.052	0.992	0.996	1.039
贵州	0.991	1.073	0.995	0.996	1.063
云南	0.986	1.065	0.987	0.999	1.051
西藏	1.000	0.982	1.000	1.000	0.982
陕西	0.995	1.061	0.996	0.999	1.055
甘肃	0.965	1.069	0.974	0.991	1.032
青海	0.953	0.991	0.999	0.954	0.944
新疆	1.000	1.023	1.000	1.000	1.023
江苏	0.996	1.000	0.999	0.997	0.996
浙江	0.990	0.963	0.993	0.997	0.953
安徽	0.984	1.072	0.984	1.000	1.055
福建	1.000	1.017	1.000	1.000	1.017
江西	0.975	1.005	0.977	0.998	0.980
山东	1.000	0.974	1.000	1.000	0.974
河南	0.998	1.023	1.000	0.998	1.020
湖北	0.996	1.034	0.997	0.999	1.029
湖南	0.992	1.059	0.997	0.995	1.050
广东	0.992	1.022	1.000	0.992	1.015
广西	1.000	1.056	1.000	1.000	1.056
海南	0.984	1.045	1.000	0.984	1.028
宁夏	0.992	1.052	1.000	0.992	1.044
非实验区	0.998	1.042	0.999	0.999	1.040
平均	0.999	1.034	0.996	0.996	1.027

注：表6-2根据 DEAP2.1 软件处理结果编制。

表 6-3 2003—2016 年全国 31 个省（区、市）要素配置效率 Malmquist 指数年度分解

年度	地区	EFFCH	TECH	PECH	SECH	TFPCH	年度	地区	EFFCH	TECH	PECH	SECH	TFPCH
2004	重庆	0.975	1.078	1.004	0.971	1.051	2011	重庆	1.002	1.012	1.001	1.001	1.014
	四川	0.982	1.088	0.983	0.999	1.068		四川	1.071	1.023	1.067	1.003	1.096
	全国平均	1.000	1.068	0.999	1.001	1.069		全国平均	0.980	1.003	0.994	0.986	0.983
2005	重庆	1.005	1.075	0.994	1.010	1.080	2012	重庆	0.998	1.081	0.992	1.006	1.079
	四川	0.985	1.098	0.987	0.998	1.082		四川	1.003	1.037	1.000	1.004	1.040
	全国平均	0.991	1.066	0.988	1.003	1.056		全国平均	1.011	1.019	0.998	1.013	1.030
2006	重庆	0.978	1.078	0.982	0.996	1.054	2013	重庆	0.994	1.078	1.011	0.983	1.072
	四川	0.973	1.081	0.976	0.997	1.052		四川	0.941	1.036	1.001	0.940	0.975
	全国平均	0.978	1.051	0.988	0.990	1.028		全国平均	1.001	1.023	1.001	1.000	1.024
2007	重庆	1.018	1.048	1.024	0.994	1.067	2014	重庆	1.017	1.073	1.026	0.992	1.091
	四川	0.990	1.062	0.989	1.001	1.050		四川	1.005	1.064	1.022	0.983	1.069
	全国平均	0.994	1.020	0.998	0.996	1.014		全国平均	0.995	1.049	0.999	0.997	1.043
2008	重庆	1.021	1.035	1.015	1.006	1.057	2015	重庆	1.015	1.035	1.004	1.011	1.051
	四川	0.943	1.054	0.940	1.003	0.993		四川	1.012	1.017	1.015	0.998	1.029
	全国平均	0.969	1.033	0.995	0.974	1.001		全国平均	0.984	1.007	0.999	0.986	0.992
2009	重庆	0.999	1.064	0.977	1.022	1.062	2016	重庆	1.024	1.061	1.042	0.984	1.087
	四川	0.992	1.098	0.992	1.000	1.089		四川	1.028	1.038	1.013	1.014	1.067
	全国平均	0.962	1.053	0.993	0.969	1.013		全国平均	1.004	1.048	1.008	0.996	1.052
2010	重庆	0.986	1.052	0.951	1.037	1.047	2003—2016	全平均	0.992	1.034	0.996	0.996	1.027
	四川	1.007	1.072	1.016	0.991	1.080							
	全国平均	1.034	1.010	0.994	1.041	1.044							

注：表 6-3 根据 DEAP2.1 软件处理结果编制。

四、成渝实验区与非实验区资源配置规模效率的分解与变化趋势

为进一步考察资源配置中地区决策单元规模报酬的不同资源配置效率和变化，本书还采用基于规模报酬变化模型（VRS）的多步法进行分解。其中 CRSTE 表示基于 CRSDEA 生产前沿的技术效率，VRSTE 表示基于 VRSDEA 生产前沿的技术效率，而 SCALE 则表示规模效率，其值为 CRSTE 与 VRSTE 的比值。规模效率的变化趋势可分为三类：增加（irs）、减少（drs）和不变（-）。

由表 6-4 可知，全国 31 个省（区、市）地区中，资源配置规模效率保持增加的地区不到一半，重庆和四川地区位列其中。这表明国家赋予重庆和四川两个地区城乡统筹的多项政策，同时，重庆和四川地区自身的改

革积累，不断优化和平衡了城乡资源的配置，大大提高了资源配置的规模效率。而辽宁和湖南地区的资源配置规模效率不仅没有增加反而下降，表明两个地区存在资源要素的闲置浪费。河北、黑龙江等14个地区保持良好的规模报酬不变状态。

表6-4 2003—2016年全国31个省（区、市）资源配置规模效率的分解与变化趋势

地区	CRSTE	VRSTE	SCALE	变化	地区	CRSTE	VRSTE	SCALE	变化
重庆	0.683	0.725	0.943	irs	山东	1.000	1.000	1.000	—
四川	0.788	0.788	0.999	irs	河南	1.000	1.000	1.000	—
北京	0.696	0.697	0.998	irs	湖北	0.878	0.891	0.986	irs
天津	0.865	0.897	0.964	irs	湖南	0.959	0.961	0.998	drs
河北	1.000	1.000	1.000	—	广东	1.000	1.000	1.000	—
山西	0.969	0.970	0.999	irs	广西	1.000	1.000	1.000	—
内蒙古	1.000	1.000	1.000	—	海南	0.934	1.000	0.934	irs
辽宁	0.910	0.920	0.989	drs	贵州	0.751	0.757	0.992	irs
吉林	0.881	0.894	0.986	irs	云南	0.907	0.914	0.993	irs
黑龙江	1.000	1.000	1.000	—	西藏	1.000	1.000	1.000	—
上海	0.910	0.911	0.999	irs	陕西	0.730	0.745	0.980	irs
江苏	1.000	1.000	1.000	—	甘肃	1.000	1.000	1.000	—
浙江	1.000	1.000	1.000	—	青海	1.000	1.000	1.000	—
安徽	1.000	1.000	1.000	—	新疆	1.000	1.000	1.000	—
福建	1.000	1.000	1.000	—	宁夏	0.573	1.000	0.573	irs
江西	0.939	0.948	0.990	irs	平均	0.915	0.936	0.978	irs

注：表6-4根据DEAP2.1软件处理结果编制。

第四节　基于双重差分法的成渝地区城乡统筹政策效应分析

一、方法选取与模型设定

为进一步研究成渝地区城乡统筹的政策效应，本书选取双重差分法（difference-in-difference）再次对成渝地区的城乡统筹实施效果进行验证分析。双重差分是一种新的实验效应评估方法，目前已被广泛应用于政策效应的分析评估。Ashenfelter 和 Card（1985）首次采用双重差分法对政策效

果进行评价，该计量方法的基本思路是选择一个受政策变化影响的实验组（treatment group）和一个不受政策变化的控制组（control group），通过比对实验组和控制组受政策影响前后某些指标的变化量来反映政策净效应，以获得该项政策实施的实际效果。因此，运用双重差分法需要将观测样本准确分为实验组和控制组，这也是面板数据双重差分模型适用的基础。本书选择将成渝地区作为"实验组"，将其他地区的省份作为为相应的"控制组"。

根据双重差分法的基本思想，基本的 DID 回归方程为：

$$y_{it} = \alpha + \beta_1 d_i d_t + \beta_2 d_i + \beta_3 d_t + \mu_{it} \qquad (6-3)$$

公式（6-3）中，被解释变量 y_{it} 是关注的政策影响变量，d_i 是观测组别，其中的 i 表示实验组和对照组地区，d_t 是观测年份，μ_{it} 为残差项。

为全面考察研究城乡统筹全要素资源配置的政策效应和影响因素，综合借鉴已有的相关研究，本书在原基础模型中进行了拓展，并加入了一些控制变量，将 DID 方程拓展为：

$$Y_{pt} = \alpha + \beta_1 \text{Treat}_{pt} \times \text{Year}_{pt} + \beta_2 \text{Treat}_{pt} + \beta_3 \text{Year}_{pt} + \delta X_{pt} + \gamma_p + \eta_t + \mu_{pt}$$
$$(6-4)$$

公式（6-4）中，被解释变量 Y_{pt} 是要素资源配置效率，Treat_{pt} 代表处理实验组的城乡统筹综合改革试验区，其中下标 p 代表省份，t 代表观测年份。Treat_{pt} 的赋值中，成都、重庆地区为实验组 1，其他地区为控制组 0。Year_{pt} 代表城乡统筹改革试验年份，2007 年及以后赋值为 1，其他为 0。X_{pt} 是控制变量。γ_p 是地区固定效应，η_t 是年份固定效应，μ_{pt} 是随机扰动项。

首先，公式（6-4）中，$\text{Treat}_{pt} \times \text{Year}_{pt}$ 反映政策净效应的交乘变量，而 β_1 是重点关注的系数，该回归系数反映了城乡统筹综合配套改革对城乡要素资源配置的影响。其次，公式（6-4）中的参数 β_2 表示若没有城乡统筹试验改革，实验组和控制组之间的目标变量时间变化情况；参数 β_3 表示实验组与对照组之间不随时间变动的差异。最后，公式（6-4）中包含 γ_p 地区虚拟变量和 η_t 年份虚拟变量，表明其是双向固定效应面板数据模型。

二、模型数据与数据来源

本书的被解释变量是要素资源配置的效率，其测度值来源于上文采用的 DEA 计算的各地区资源配置综合效率。为了解城乡统筹实验组与控制组要素的综合配置效率的总体情况和变化趋势，本书分别将实验组和控制组要素的综合配置效率按年度进行平均计算，并进行趋势对比（如图 6-1）。结果再次表明，虽然实验组和控制组的资源配置效率都有波动，而且二者具有较强的趋同性，但是实行城乡统筹综合配套改革的实验组其资源配置效率显然比没有实行的控制组更高，波动幅度也更平缓。实验组成渝地区在 2007 年实行城乡统筹试验改革后，其资源配置效率与控制组的效率差距随年份推移趋于扩大，表明随着城乡统筹政策推进，政策对资源配置效率提升的效果逐步显现。

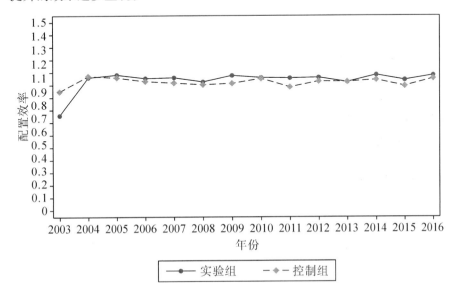

图 6-1　实验组和控制组资源配置效率的变化趋势图

本书系列控制变量的选取基于城乡统筹的制度和环境维度，并借鉴相关有益研究成果，兼顾数据指标的可获得性；同时选取城镇化水平、外贸依存度、政府干预程度、产业现代化程度等为变量。为降低模型多重共线性的可能性，本书对选取的具体变量值均采用经过计算处理的比率值进行衡量。分别采用常住城镇人口占总人口比重的城镇化率衡量城镇化水平，采用以 2003 年为基期的定基消费者物价指数平减的进出口总额除以 2003 年为基期的 GDP 指数平减的实际 GDP 总额衡量外贸依存度，采用政府财政支出占 GDP 比重衡量政府干预程度，采用第二、三产业占产业总产值比重衡量产业现代化程度。数据主要来源于 2004—2017 年的《中国统计年鉴》、中国三农数据库、中国城乡建设数据库。

三、实证结果与差分分析

（一）资源配置效率的政策效应

为考察城乡统筹政策的政策净效应和模型估计结果的稳健性，本书采取逐步加入控制变量的方式，得到（1）至（5）列的估计结果。由表6-5可知，随着城乡统筹环境和制度等控制变量的逐步加入，解释变量的系数符号和显著性没有发生本质变化，表明估计结果具有很好的稳健性。最为关注的时间和地区（Treat × Year）交互项的系数是双重差分估计量，代表政策净效应，实证结果介于0.069 32~0.073 55之间，在1%的置信水平显著，表明城乡统筹显著提高了成渝地区的资源配置效率。时间虚拟变量Year的系数均为负，说明若没有城乡统筹政策，成渝地区的资源配置效率将随时间变化而降低，而且随着控制变量政府干预程度和产业现代化的加入，其影响的显著性愈加明显，分别在10%和5%的置信水平显著。

在影响城乡统筹资源配置效率的控制变量中，政府干预程度和城镇化水平影响显著。其中，政府干预程度在1%的置信水平显著，城镇化水平在10%的置信水平显著。政府干预程度成为控制变量中最为显著的影响因素，再次表明在城乡统筹的综合配套改革中，政府作为市场经济发展中看不见的手，在引导要素资源投向领域和配置效率方面发挥着市场无法替代的作用。同时，由于本次综合配套改革的重点是城乡统筹，因此城镇化水平自然也是影响城乡资源配置的重要因素。与政府干预程度和城镇化水平相比，外贸依存度和产业现代化水平在城乡统筹资源配置中的影响不显著。

表6-5　DID回归结果

变量	（1）model1	（2）model2	（3）model3	（4）model4	（5）model5
Treat × Year	0.073 55 ***	0.072 79 ***	0.070 97 ***	0.072 19 ***	0.069 32 ***
	(0.015 58)	(0.015 34)	(0.016 29)	(0.016 25)	(0.016 45)
Year	−0.005 80	−0.017 93	−0.016 58	−0.028 16 *	−0.029 47 **
	(0.010 12)	(0.014 96)	(0.016 18)	(0.013 82)	(0.013 80)
Treat	−0.038 82	−0.037 44	−0.042 03	−0.041 00	−0.042 80
	(0.030 79)	(0.030 81)	(0.030 96)	(0.030 99)	(0.031 01)
城镇化水平		0.001 23	0.001 35 *	0.001 18 *	0.001 09 *
		(0.000 79)	(0.000 77)	(0.000 62)	(0.000 62)
外贸依存度			0.019 87	0.010 83	0.021 14
			(0.053 98)	(0.053 11)	(0.047 15)
政府干预程度				0.145 46 ***	0.127 03 ***
				(0.028 22)	(0.036 92)

表6-5（续）

变量	（1） model1	（2） model2	（3） model3	（4） model4	（5） model5
产业现代化水平					0.105 69
					（0.152 10）
常数	1.023 81***	0.971 38***	0.960 99***	0.945 29***	0.861 00***
	（0.006 78）	（0.032 18）	（0.036 98）	（0.032 82）	（0.117 74）
N	434	434	434	434	434
R^2	0.010	0.018	0.019	0.028	0.030
adj. R^2	0.006	0.011	0.009	0.017	0.016

注：本估计利用stata15软件实现。回归系数括号里的数值为标准差。***、**、*分别表示1%、5%、10%的显著性水平。

（二）资源配置效率与因素的影响机制

为进一步研究城乡统筹政策中资源配置效率和因素的影响机制，本书根据双重差分法的基本原理，统计测算了公式（6-4）中各变量的双重差分估计量。为更直观地评价城乡统筹政策对试验区的影响，本书将各变量再次分类，以对比分析实验组和控制组的差分效应（见表6-6、表6-7）。表中实验组的数值表示成渝试验区实施城乡统筹政策前后各变量的均值，控制组的数值表示非试验区政策实施前后的均值。表6-6和表6-7中，差分参照对象选择不同和数值四舍五入取舍不同，导致两个表中的净效应数值不完全一致，但其绝对值相等。

由表6-6可知，通过比较各地区资源配置效率变化发现，城乡统筹政策实施前成渝地区的资源配置效率比非试验区要低0.039，但实施城乡统筹政策后，其资源配置的差分效应反而高出0.035。比较其他变量的差分效应，政策实施前，成渝地区的城镇化水平、外贸依存度、产业现代化水平均比非试验区低，但在政策实施后出现明显反转，不仅多项指标比非试验区高，而且双重差分的结果几乎全为正的净效应，只有政府干预程度为负，但其值也非常接近于0。成渝地区政府干预程度与非试验区的差距在政策实施前后的差距比较一致，仍然比全国其他非试验区的政府干预程度低0.03左右。总体而言，成渝地区与非试验区的差分变化趋势一致，其差分符号比较一致地由负转为正，该一致性的变化表明城乡统筹显著提高了成渝地区的资源配置效率和相关水平。

表 6-6　试验区与非试验区政策实施前后差分效应（一）

变量	实施前差分效应			实施后差分效应			净效应
	实验组	控制组	差分	实验组	控制组	差分	双重差分
资源配置效率	0.988	1.026	-0.039	1.055	1.021	0.035	0.074
城镇化水平	38.590	42.955	-4.364	49.086	52.828	-3.742	0.622
外贸依存度	0.080	0.286	-0.206	0.042	0.160	-0.118	0.088
政府干预程度	0.146	0.174	-0.028	0.227	0.257	-0.030	-0.002
产业现代化水平	0.805	0.840	-0.035	0.871	0.888	-0.017	0.019

由表 6-7 可知，成渝地区的城乡统筹政策实施后，资源配置效率由 0.988 提高到 1.055，提高了 0.067，而同期的非试验区不仅没有提高，反而降低了 0.005，再次表明城乡统筹政策确实显著提高了成渝地区的资源配置效率，与非试验区相比政策净效应达 0.072。其他变量的差分效应也非常明显，城乡统筹政策的实施也大大提高了成渝地区的城镇化水平、政府干预程度和产业现代化水平。其中，成渝地区的城镇化水平从 38.59 提高到 49.086，提高了 10.496，比同期非试验区的增长水平高出 0.623。成渝地区的政府干预程度在城乡统筹后有大幅度提升，提高了 0.081，但其政府干预程度的提升强度却不如非试验区。而唯一下降的变量为外贸依存度，成渝地区的外贸依存度比非试验区下降更多，表明城乡统筹政策更有力地降低了该地区的外贸依存度。

表 6-7　试验区与非试验区政策实施前后差分效应（二）

变量	实施前差分效应			实施后差分效应			净效应
	实验组	控制组	差分	实验组	控制组	差分	双重差分
资源配置效率	0.988	1.055	0.067	1.026	1.021	-0.005	-0.072
城镇化水平	38.59	49.086	10.496	42.955	52.828	9.873	-0.623
外贸依存度	0.080	0.042	-0.038	0.286	0.160	-0.126	-0.088
政府干预程度	0.146	0.227	0.081	0.174	0.257	0.083	0.002
产业现代化水平	0.805	0.871	0.066	0.840	0.888	0.048	-0.018

四、稳健性检验

（一）采用双重差分倾向得分匹配检验

影响资源配置效率的影响因素比较复杂，本书仅选取了典型的维度变量，因此可能存在变量遗漏，即存在不可测变量。本书选取了全国 31 个省（区、市）2003—2016 年的面板数据，符合双重差分倾向得分匹配估计量（difference-in-difference PS Mestimator）的条件。运用双重差分倾向得分匹配进行检验，回归结果显示，时间和地区的双重差分系数为 0.056，依然在 1% 的置信水平显著，表明成渝地区城乡统筹的政策净效应显著存在。

（二）安慰剂检验

为检验前述结果的稳健性，本书依次采取三类安慰剂检验（placebo test）：

1. 置换虚假的政策发生时间检验

该检验分别以 2005 年和 2006 年作为成渝地区实行城乡统筹的时间，构造虚假的政策变量进行回归。

2. 只使用政策发生前的样本检验

该检验思路是 2007 年前各地区都未实行城乡统筹，两样本在城乡统筹效率上不应该存在显著差异，否则表明存在其他潜在因素影响地区资源配置效率。检验中只使用政策发生前的样本对实验组虚拟变量 treat 进行回归。

3. 采取随机抽样方式构建虚假实验组与对照组

在全国 31 个省（区、市）样本中，随机抽取 20 个地区作为实验组，剩余地区作为控制组，生成虚拟的 Treat×Year（效应），回归并记录估计系数。循环 300 次并观测估计系数均值是否为 0。

安慰剂检验的回归结果显示，前两种检验得到的估计系数均不显著；300 次随机抽样检验得到的估计系数均值为 0.003，接近于 0，符合预期。

本章小结

城乡统筹发展是我国解决城乡结构和二元经济问题的新思路，也是全面建设小康社会的大战略，更是实现乡村振兴的总布局。本章在 2007 年 6 月，国家发展和改革委员会批准重庆和成都设立全国统筹城乡综合配套改革试验区的背景下，对成渝地区的城乡资源配置政策实践进行分析。分析主要基于 2003—2016 年全国 31 个省（区、市）的面板数据，运用 Deap 数据包络分析法对成渝地区和全国其他 29 个省（区、市）的资源配置效率进行测度比较，并进一步运用 DID 双重差分法考察了成渝城乡统筹综合配套改革政策对成渝地区资源配置效率的影响效应及作用机理。

（1）城乡统筹发展是我国解决城乡结构和二元经济问题的新思路。自2007年国家批准重庆和成都设立全国统筹城乡综合配套改革试验区以来，重庆和成都从制度、政策和体制等方面积极创新，加快消除制约城乡协调发展的障碍，促进要素资源在城乡之间均衡配置和自由流动，实证研究也表明城乡统筹政策显著地提高了成渝地区资源配置的效率。

（2）城乡统筹政策效果的影响因素分析。通过DID双重差分法的差分效应分解发现，政府干预程度和城镇化水平的提高，可以有效提升要素资源在城乡之间的配置效率。比较成渝两个试验区发现，由于重庆作为最年轻直辖市，拥有更多的政策和制度优势，加上自身的积累和大胆创新，比同时改革试验的成都地区更有活力和效率优势。

（3）城乡统筹改革发展本质上是通过改变城乡二元经济的矛盾，统一协调城乡要素资源，实现城乡协调发展。成渝地区城乡统筹改革的经验告诉我们，当前不仅要解决乡二元中的农村短板，更要解决城市和农村互动发展中的缝隙，将城市和农村发展紧密结合起来，统一协调要素资源的配置，激发全范围、全要素的资源活力。不仅要统筹引导成渝自身的城乡良性互动，还要互相借鉴、协同成渝地区间的配套改革，合成放大成渝经济群的整体效应。

第七章　城乡统筹金融协调发展
与资源配置的风险

　　城乡统筹是一项系统工程，而统筹城乡金融协调发展的机制体制和管理制度是城乡统筹协调发展重要的调节工具。我国统筹城乡金融发展中存在内生性和外生性的制约因素，导致城乡统筹发展中伴生系列金融风险，需要重点关注。城乡统筹的金融协调风险主要源于城乡金融发展失衡，主要表现为城乡金融体系差距较大，城乡金融机构完善程度较低，城乡金融环境的发展不均衡，而造成这些问题的根本原因在于城乡二元结构和城乡机制的不均衡。虽然我国农村金融体制经历了多次改革，但与城市金融相比仍然比较落后。农村金融体系的发育既有先天不足，又有改革的后天失调，改革深入和经济发展使农村金融与城市金融之间的差距一直没有显著缩小。

第一节　城乡金融协调发展的内生性风险

　　城乡统筹的城乡金融协调风险包括内生性风险和外生性风险。内生性风险的主要短板是城乡金融的失衡，农村金融发展落后是导致城乡金融协调发展存在内生性风险的根本原因。具体的原因可以概括为：

　　（1）政策原因。过去我国不合理的农业财政政策、价格政策等都导致了城乡收入差距过大。长期以来，政府用于支持农业的财政资金总量不足，地方政府的财政支农资金支出的增长速度也非常缓慢，虽然随着国家对"三农"的重视程度不断加深，安排在农业财政方面的资金支出绝对数不断增长，但占财政支出的总体比重依然较低。

（2）执行原因。由于农业生产的效率和风险制约，以及地方财政支出监管的疏漏与缺乏，在财政支农的实际配置安排中，仅有少量资金用于发展农村金融。表现为财政支农结构非常不合理，其中的地方性事业费用占比远高出生产性支出。财政支农资金错配和执行监督缺失，都导致农村地区的收入增长缓慢，经过多年累积和恶性循环，进一步拉大了城乡居民的收入差距和地区差距。

（3）观念原因。由于历史原因，我国对农村经济发展在整体的国民经济发展中的占位存在认识不足。虽然我国多次发布文件要求重视"三农"发展，但各地在经济发展中，特别是改革开放以来，长期将建设中心放在城市和工业上。虽然重视城市和工业建设取得了突出成绩，但在发展经济的最终进程中，农村金融的滞后导致城乡金融失衡，必然会阻碍整个国民经济的健康发展。

（4）资本原因。资本的逐利性导致农村金融资金持续外流，农村地区产业贷款需求少、数量小，而城市地区产业丰富、业务量大，特别是随着我国金融改革的不断深化，农业银行、农信社、农商行等金融机构的商业性持续地增长，导致农村金融资金反流向城市，农村地区的资金外流情况较为严重，约束了我国农村金融的快速发展。

一、农业生产经营项目本身的特有风险

（一）农业生产的特殊性伴生不可控风险

农业生产具有高度自然依赖性，使为之服务的农村金融在运营方面呈现出较大不确定性，因而农村金融的风险较大。同时，农业生产经营具有周期性，也受自然因素的影响较多，农业生产中常常隐藏着较多的自然灾害风险，导致农业的生产和经营更加不稳定和具有风险。农村的产业结构与城市最大的区别在于，农村以第一产业为主，而城市以第二、三产业为主。因此，农业生产的特殊性必然导致农业投资的风险性更大、更不可控。

（二）农业的经营方式与规模约束产生风险

农业经济普遍具有突出的小农经济特征，没有形成规模化经营，小农经济难以容纳较多的金融资本。一是小农经营方式中农户的资产规模较少，因此农业经营无法与规模化和集中化经营的第二、三产业相比，难以吸纳大额的贷款资金，获得贷款的农户也难以承担较大的信贷风险；二是农户的小农经营方式比较落后，传统落后的小农经营方式无法与现代化的生产加工方式相比，不仅约束限制了农业高效发展和农业深加工演进，也

使得农户对贷款需求较少；三是农村经营利润率较低带来高贷款风险。小农经营规模低、利润低，服务于"三农"实体经济的金融业获取的利润也不高，贷款的还贷风险加大，使农村金融机构放弃农村市场，转向重点经营城市地区。

二、农村信息劣势增加金融的业务风险

城乡经济二元结构导致资金、人力、信息等要素不均衡，使农户因为农村的地区限制形成了信息劣势，加大了农村金融运营的业务风险。

（一）农村地区金融机构偏少，信息劣势明显

城乡二元结构导致城乡金融机构发展不平衡，贷款人获得的信息差异较大。城市地区金融机构比较多，竞争相对激烈，贷款人有资金需求时可以"货比三家"，获得较丰富的金融机构信息。而农村地区的金融机构主要是农信社、农商行和一些规模较小的村镇银行，贷款供给主体比较少，具有一定的垄断性特征。因此，农村地区的农户获得贷款融资的信息偏少，加上供给主体少，在竞争性谈判中必然处于信息和地位的劣势（施佰发 等，2018）。

（二）农村人口的城乡流动减少其人脉信息

城乡二元结构下形成大规模的人口流动，导致农户的人脉信息也处于劣势。因为城乡收入差别和价格差等存在，大量农民常年进行大规模的流动。农民工在不同城市之间流动，不同的时间跨度和空间隔阂使得农户之间的联系减弱，减少了农户的人脉信息。农户彼此之间的财富状况和信誉程度都不再熟悉，正规金融机构贷款时也难以通过农户获得贷款人的真实信息，增加了贷款审核和还款等业务的风险。而当农户相应的融资需求无法在正规金融中得到满足时，农户之间的互助也会因信息劣势难以获得满足。

（三）农业经营的信息弱势加大运营风险

在农业的生产和销售各环节中，农户无论是作为消费端的顾客，还是供给端的生产者，因为分散经营，始终面临着相对垄断集中的商家，在市场买卖中的信息和议价等均不具有优势。因此，处于弱势地位的农户，在农业的生产经营中无法获得工业品生产经营的信息与竞争优势，加大了农业的生产和经营风险。而农业生产经营风险的增大，自然加剧了为之服务的金融的运营风险。

农业经营的信息弱势导致的风险具体表现为：一是分散经营的农户处于信息弱势和竞争劣势，无法降低农业生产的成本。农户购买生产经营需

要的种子、化肥、农机等农业服务产品时，面临的是集中生产农业服务产品的厂商，其市场议价能力远高于分散经营的农户。二是当农户在将生产的农产品进行销售时，又由于分散经营、市场价格信息缺失、农户间的充分竞争等原因无法抬高农产品收购价格。因为农户的农产品销售，往往面临相对垄断的农产品收购商，其市场议价能力也远高于分散经营的农户，农户难以在农产品销售环节获得信息优势和定价强势。因此，通过分析农业的生产经营各环节，不难发现其生产环节因天灾等导致的自然风险、流通环节因市场供需背离的价格风险等主要由农户自己承担，而大量的农业利润被流通环节的厂商所获得。农户的信息弱势降低了农户生产经营的利润，加大了农业项目的运营风险。

三、农村的产业贡献不足加大发展风险

我国整体产业结构不协调，表现为农业发展为主的第一产业的发展滞后于其他产业，第一产业的农林牧副渔产值比重不断下降。而农村地区以第一产业为主，如果其产业结构和产值比重较低，会削弱农村金融发展的经济基础。

（一）农业发展滞后形成错位的产业结构

我国的产业结构在新中国成立以来，随着工业化的发展，发生了较大变化，从产业贡献、占 GDP 比重和就业比重的变化中都可以看到这种趋势。我国第一产业的结构和产值比重持续下降，而第二、三产业的比重不断上升。产业增加值的比重变化表明，我国经济总量的增长贡献从主要由第一、二产业增长带动，逐步转为主要由第二、三产业增长带动。有关统计资料显示，1979—2005 年我国 GDP 增长的 9.6% 中，第一产业贡献为1.2%，第二产业贡献为 5.3%，第三产业贡献为 3.1%。从产业增加值占GDP 的比重来看，1978—2010 年我国第一产业增加值占比由 27.1% 下降为11.3%，第二产业占比从 48.2% 上升到 48.6%，第三产业占比则由 23.7%上升至 40.1%。而我国各产业的就业量发生了相反变化，第一产业明显下降，而第二、三产业显著上升。1978—2010 年，我国第一产业的就业量占比由 70.5% 下降至 38.9%，第二产业就业量占比从 1.73% 上升至 26.2%，第三产业的就业量占比由 12.2% 升至 35.9%。

根据 2019 年国家统计局发布的统计结果，按照三次产业的产值进行划分，目前我国的产业结构为"三、二、一"格局。2019 年我国的 GDP 为986 515 亿元，第一产业占比 7.1%，产值为 70 474 亿元；第二产业占比38.6%，产值为 380 671 亿元；第三产业占比 54.3%，产值为 535 371 亿

元。通过分析发现，第一产业的滞后发展导致产业结构的不协调现象越来越突出，农业虽然是我国的根本，但其产值占比已然不足10%。

（二）农村产业基础薄弱导致产业体系不健全

城市与农村相比具有更完备的基础设施和更优越的条件，农村地区受交通、市场、资金、人才等因素的制约缺乏竞争力，许多非农产业优先选择在城市发展。非农产业的缺失使农业缺乏其他产业支撑，以农业为主的单一产业体系显然不利于农村金融的发展。农业产业基础薄弱导致产业体系不完善，使农村经济规模缩小，发展速度迟缓，长此以往，农村地区经济比城市更脆弱。

（三）农村产业结构不合理造成农村金融发展缓慢

农村产业结构不合理导致农业的深加工等附加值贡献少，农业的产出贡献低，农业的人均产值也相对较低。农户收入的总量和增速与城市居民相比，差距越来越大。农村产业结构不合理的风险不仅体现为农业经济和农村经济发展水平较低，而且也反映为农村金融发展滞后。农村产业结构不合理，必然使得农村产业体系不健全，进而导致农业的产业化程度低，金融支农缺乏产业基础。产业体系不健全使农业产业化程度低，产品缺乏深加工和附加值增值服务，特色农产品的深加工发展缓慢，价值链的效益创造欠佳。

同时，农村分散的产业布局使农业经济难以形成规模效应，雷同的产业结构使农产品难以形成竞争优势，严重阻碍了农业产业结构调整的深入和产业链的有效延伸。而农村金融机构在商业化的驱使和风险防范力度日益强化的背景下，也使农村地区信贷供给受到天然抑制。农业产业化发展中，产业链条因产业体系不健全而无法延伸，农产品大部分处于初级阶段。产业体系不健全也使农产品在储藏、流通和销售等方面缺乏完整体系支撑，市场竞争能力比较弱。产业优质项目和龙头企业难以形成，缺乏高效益的农业项目和承贷主体，致使金融机构难以给予其有效的贷款支持，农村金融发展严重滞后。

四、农村信用生态的偏差加剧运营风险

农户的信贷知识和贷款还款意识与城市居民相比存在一定的差距，农村地区的信用生态环境有待改善。

（一）农户对商业贷款与政策性救济等存在认识偏差

与城市的纯商业贷款相比，农村的政策性支农贷款相对较多。农民对商业化运作的小额信用贷款、政策性扶贫贷款等存在认识上的偏差，对贷

款资金的来源性质、贷款有偿性等认识错位，容易将各种政策性贷款等同于"救济款"，缺乏贷款到期还款的意识。

（二）农村地区分散信息闭塞加大信用宣传教育难度

一方面，农村地区比较分散，信息相对比较闭塞，宣传推广风险意识和信用教育的难度更大。另一方面，社会的征信系统建设比较缓慢，也缺乏完善的企业和个人信用信息数据库。基础信用信息缺失会增加金融机构贷款核查的信息成本和风险。农村地区的地理约束和分散经营的特点，使农村金融的信贷双方拥有的信息不对称，造成信贷交易的成本偏高，信贷合约的权责和违约条款相对落后。农户一旦违约失信，信用宣传和追偿赔款的难度将大大增加。

（三）农村地区缺乏行之有效的失信惩罚制度和制约机制

农村地区缺乏有效的失信惩罚机制。截至 2018 年年底，我国共为 261 万户小微企业和 1.84 亿户农户建立了信用档案（中国人民银行，2019）。虽然我国也建立了国家企业信用信息公示系统、最高人民法院失信被执行人信息查询平台等，但仍然缺乏对农村逃债、赖债等失信行为的有效制约，导致农村金融机构的呆坏账增加，农村贷款的质量不高，客观上挫伤了金融机构贷款供给的积极性。

（四）农村非农化进程加速加深了农村贷款环境的复杂程度

由于农村非农化的程度不断加深、进程不断加快，农村金融的参与者和管理者不再限于农户，贷款资金需求领域和贷款对象由单一的农户拓展到其他行业，使得农村金融的信贷环境变得更为复杂。由于城乡制度安排的约束，农村缺乏有效的可抵押物品，使农村金融在抵押贷款的运营管理方面不成熟。而且信用惩罚机制的缺乏容易导致贷款违约事件并引起"多米诺骨牌"效应。农村基金会的成立与取消便是典型的农村金融风险案例。

五、管理人才和知识缺乏增加管理风险

城乡二元结构导致城乡二元经济的非均衡发展，大量资金和人才等资源要素向城市聚集。农村地区缺乏资金，也难以吸引高素质人才，因此大大增加了农业项目的管理风险。农业项目的良好运营面临两大难题，一是融资困难导致资金不足，二是专业管理人员缺乏。

（一）管理人才缺乏导致农村金融的管理风险增大

农村地区管理人才的缺乏，导致农业经营项目和农村金融的运营管理风险都大为增加。金融管理具有更强的专业性，对专业知识的要求更高。

农村金融机构聘请的一部分经营管理人员，不仅缺乏金融机构的运营管理经验，也很难适应新形势下农村资金的运营管理和创新发展要求。

（二）农村金融机构员工专业知识和风险意识不强

农村金融机构的部分员工专业知识水平较低，风险意识不强，导致风控管理不到位等。农村金融机构的规模普遍较小，缺乏规模企业的完善制度建设，其管理制度、内控机制等不健全也可能导致操作风险。

第二节　城乡金融协调发展的外生性风险

外生性风险主要由城乡金融发展中的外部环境导致。外部的金融体制机制和市场机制的原动力，使得城乡金融资源配置失衡，包括机构网点布局、金融业务服务、金融产品创新、信贷规模和资金流向等非协调性发展。

一、市场机制驱动加剧非协调

（一）市场驱使造成农村金融失血严重

随着市场经济的发展与成熟，市场机制的作用发挥得更加淋漓尽致。市场机制的内在动力引导金融资源的趋利配置。按照市场经济的发展逻辑，金融资本的流向、流量和组合等无不受到利益驱动。金融资源供给主体——农村金融机构作为"理性经济人"，在金融资源的配置过程中会从比较利益低的地区汇聚金融资源，向比较利益高的地区输入金融资源，这种金融利益流动现象成为市场经济发展过程中的基本现象。与非涉农投资相比，农业生产经营的长期性、零散性、弱质性和高风险性，导致涉农投资也存在长期性、低收益性和高风险性的特点。因此，在市场机制的作用下，金融资源向城市和非农项目聚集，农村十分稀缺的金融资源大量外流在所难免。同时，市场机制下金融资本的逐利行为更容易导致金融机构的排斥行为。金融排斥与金融抑制相互强化，不断累积，叠加其他因素影响，导致不少农村地区陷入经济与金融的恶性循环，农村金融资源加速外流，金融"失血"越来越严重，城乡金融发展差距越来越大，非协调性也更加明显。

（二）产业结构失衡导致农村金融供给错位

农业滞后发展，作为第一产业的农业占比较低，且产值比重持续下降。产业结构的不合理导致农村金融供给错位，农村资金供给严重不足现象明显。农村的产业体系不完备，导致在目前的农村金融供给中，信贷矛盾非常突出，表现为部分经济落后的农村地区金融供给严重不足。在经济情况较好的农村地区，资质较好的高端农户和小微企业是金融机构竞相争夺贷款的对象，而资质较差的企业或农户可能因为农业的生产周期、价格信息劣势等导致资金周转困难，虽然亟需资金，却被严重忽视或受到贷款歧视。特别是那些风险较大、收益较低、投资回报期较长的种植、养殖业，更加难以获得金融机构的信贷青睐。

（三）城乡业务收益差距致使资源流向城市

城乡金融业务收益的差距较大。受自然风险和市场风险的双重制约，"三农"贷款利润低、风险高。因此，城乡金融业务收益的客观差距使商业银行等金融机构在城乡业务一体化经营中，极易将信贷资金、优惠政策等金融资源流向城市。因农村金融的主要服务范围和对象多局限于传统农业，而传统农业又多以封闭、分散的小农生产经营为主，存在生产环节对自然条件的依赖性强、产业规划程度不高、生产经营效率偏低等特征；在销售环节又存在农产品价格和销售收益波动突出、市场竞争点多面广的特点。显然，运营"三农"经营项目大大增加了金融机构的管理难度，其风险防控、成本控制和贷款服务的难度更大，客观上导致农村金融偏好城市优质项目，并将有限的信贷资源配置到贷款成本更低、收益更高而风险相比较小的领域。

（四）农村金融机构网点布局和数量结构不合理

1. 农村金融机构网点布局不合理

城乡金融机构的网点布局不均衡，表现为城市地区的金融机构密集，而农村地区的金融机构总量少，业务服务水平较弱。《2014 中国农村金融发展报告》显示，我国城市家庭的小区周围银行网点平均数为 2.63 个，而农村家庭周围的银行网点平均数仅为 0.77 个，二者相比差距较大。由于农业经营项目风险高、回报低，使为农业服务的金融运行也因业务分散，呈现出高成本、高风险、低利润的特点。商业银行追求利润的运作原则，使农村金融机构的贷款呈现非农化的特点。1999 年，四大国有银行逐渐退出农村，使留下的金融机构因市场竞争匮乏，表现出更强的经营垄断性，农村金融网点较少，配置的基础设施较差，提供的金融服务范围较小，科技含量也较低。

2. 农村金融的数量和结构不合理

农村金融的数量减少导致竞争性结构愈加不合理。国有四大银行撤离后，农村金融机构的现存数量更少、规模层次欠缺、竞争性缺乏。因缺乏更多的竞争者，市场的竞争状态更加不充分，导致农村金融发展主体比较单一，体系也不完善，资金持续外流。资金外流导致农村经济更加落后，必然造成更严重的金融抑制。农村金融数量太少，自然无法为农业的产业化经营提供灵活、丰富、多元的金融服务。

与城市金融相比，农村金融结构不合理还体现为其构成主体比较单一，缺乏城市金融的多元性。农村地区的金融服务多以融资贷款为主，而保险、基金、证券等寥寥可数。部分经济相对发达的农村地区虽有农业保险公司、农村养老基金等金融机构，但与城市的现代化金融产业相比，其发展水平和服务水平都较低，发展严重滞后。

（五）地理制约使农村金融网点布局难以全覆盖

农村地区的地理面积相对城市而言比较宽广，人口密集程度较低，金融需求自然比较分散。特别是部分山区，如果运用传统的物理方式布局网点，要实现农村金融全覆盖显然不现实。由于地理分散、业务难以集中，一个村社的金融业务不足，难以保障网点获得较好的收益，高昂的运营成本也难以支撑网点的正常运转。

二、政策和体制推进活力不足

（一）政策性银行的政策功能发挥不足

政策性银行支持农村经济发展的政策功能发挥不足。部分农业项目有着低利率、长期限、不确定性高等特点，使"三农"客户对贷款有更迫切的需求。但从目前金融体制和商业银行的运行模式来看，一般性正规银行和市场化的金融机构出于逐利的商业化管理导向，不能充分满足农业项目的低利率、长期限等需求，农业项目缺乏政策性金融机构的大力支撑。目前农村金融机构主要为从事政策性业务的农发行，难以覆盖众多低效率、长期限、高风险的"三农"项目，国家财政支农政策和商业银行浮动利率等政策也没有充分发挥资金的支农作用，导致政策性金融在支持农村经济发展中的政策功能不足，覆盖范围也比较有限。

（二）农村金融的推进发展机制活力不够

农村金融的发展机制活力不足，体现为县域金融资金不断流出，"失血"现象比较严重，农村贷款难且贷款贵的问题仍然非常突出。有关调查显示，农村小微企业贷款的一般利率是实行基准利率上浮30%以上。一方面，因为体制机制等原因，农村贷款缺少固定资产抵押物，贷款还需找担保公司进行担保，担保的成本至少在3%以上。如果叠加商业承兑90天的承兑期限，通常还需贴现 3%。通过粗略计算，农村贷款融资的综合资本成本已高达 16%。如果缺乏政策性补贴与有效的政策支持，高额的融资成本必然使农村企业不堪重负。另一方面，金融机构普遍反映，综合比较城乡贷款项目，农村的好项目、好企业比城市少很多，出于业绩考核和风险管控的考虑，银行自然会将更多的资金放贷到城市项目上。而且，银行基于利差的利润管理，将所辖范围内农村存款等信贷资源统筹调配到项目好、利润高的城区项目，这已成为商业银行的普遍做法。此外，就银行内部的管理体制而言，其推进农村信贷的活力也不足。由于县级机构不是独立法人，没有贷款审批权限，出于风险导向的管控目标，县级银行的上级行通常将风险控制得比较严，县域贷款项目常因风险高、利润低难以得到审批。

(三) 支持新型农村金融机构创新力度较小

针对四大银行撤离县域金融市场造成农村金融机构偏少的局面，特别是农村金融机构减少后带来的金融供给不足、竞争力缺乏和覆盖率较低等问题（陈艳，2015），国家鼓励农村构建新型金融机构。我国银监会自2006 年起，先后制定出台一系列鼓励建立新型农村金融机构的管理办法，包括《村镇银行管理暂行规定》《农村资金互助社管理暂行规定》《贷款公司管理暂行规定》等，希望设立更多金融机构为农村提供多层次的高效优质金融服务。同时，编制《新型农村金融机构 2009—2011 总体工作安排》，计划在此期间再设 1 300 家左右的新型农村金融机构，从试点到推广至全国。但新型农村金融机构的发展受到诸多因素制约，包括起步晚、人员少、规模小和实力弱等因素。随着国家对"三农"问题越来越重视，农村金融也越来越得到更多机构的关注，特别是国务院完善有关农商行建立的规定以来，农商行取得突破发展，机构数量快速增加。相关数据显示，农商行的法人机构数在 2012—2020 年间，由 337 家快速增长至 1 539 家。

三、农村金融创新的伴生风险

(一) 农村金融创新不足

由于城乡分割的金融经营和管理制度导致城乡金融非协调发展，金融工具的设计与创新也体现出典型的二元特征。与城市体系完善、产品多样的金融工具相比，农村金融工具设计简单、金融品种单一、金融服务效率低下。同时，农村金融市场缺乏有效的市场竞争机制，导致农村金融的创新与服务越来越不能有效满足社会的需求。

（二）金融创新伴生的监管风险

2008 年美国金融危机的惨痛教训告诉我们，金融创新与金融风险相伴生，二者是对立互补的关系。创新没有经验可以借鉴，如果不能科学设计，实时监管，金融创新的风险将非常大。农村金融的监管力量薄弱，专业管理人才匮乏，更容易出现监管空白，给非法创新和集资等行为以可乘之机。农村地区因正规金融网点数量和金融服务不足，导致近年非法集资频繁出现。许多农户因文化水平不高，金融知识比较缺乏而容易受骗，不少农户甚至被非法集资"洗劫一空"（王金水，2017）。

1. 金融创新加大了农村金融机构的经营风险

金融创新使金融机构同质化，加剧了机构间的竞争。商业银行传统的存贷利差缩小，金融机构传统业务领域相互竞争挤占利润，推动金融机构不断创新并从事高风险的业务，进而导致金融机构的经营风险增加。

2. 金融创新增加了农村金融机构的表外风险

金融机构的表外风险没有在资金平衡表中得到反映，但其又可能转化为金融机构真实负债的业务或交易行为而带来风险。目前，很多金融机构的表外业务规模已超过了其表内业务。部分金融机构的表外业务创造的利润正在成为其新的盈利点，随着金融市场竞争的加剧，表外业务创造利润已成为金融机构盈利新趋势。不可否认，金融机构表外业务也成为其风险的主要来源。

（三）技术制约农村金融的创新风险

农村金融的产品服务主要局限于传统的存款、贷款和资金结算等业务品种。常见的小额贷款虽然能基本满足农户的一般生产性资金需求，但小额贷款额度低，无法满足农业产业结构持续调整升级中出现的大额融资需求。曾经创新的联保贷款形式在实际实施中效果也不尽人意。农村金融网点比较分散、基础设施配置较差、网络技术落后等限制了农村金融机构创新开发新的金融产品，开发新产品的动力不足，开发节奏也相对迟缓。

（四）农村金融的业务服务创新不足

农村客户受教育程度普遍低于城市客户，因此农村金融服务创新的方向应是准入标准低、操作方法简单、业务办理流程简化、流程服务迅速高效、服务范围精准。然而，我国现阶段的城乡统筹发展中，农村金融机构提供和创新的金融服务均没有与"三农"客户现实的金融需求相适应，农村金融的多元化需求缺乏与之相适应的产品支持和流程配合。农村社会的快速发展与变化要求农村金融要不断创新业务服务，但农村金融服务创新的速度却远远滞后于农村社会变革的节奏和发展的速度。

四、信贷规模扩张导致的风险

我国的国内需求长期建立在宽松的货币政策和信贷规模不断增长的基础之上，因此贷款利率普遍处于较低水平。低利率低成本导致贷款规模扩大，虽然短期内刺激了经济增长，但同时也带来了较高的金融风险和经济风险。不断扩大的高额涉农信贷投放也使不良贷款增长，更不可掉以轻心的是部分涉农信贷资金违规进入股票市场、房地产市场，虚增了经济泡沫并助推经济膨胀。涉农信贷本是源于国家的政策扶持，如果不推动作为基础产业的农业经济发展，而是作为违规资金推动非涉农项目，将严重阻碍城乡统筹经济的长期稳定增长。

近年来，国家对"三农"愈加重视，频频出台金融支农的政策举措，鼓励金融机构加大支农信贷服务力度。金融支农资金和资源连续不断增加，但其带来的风险始终不能忽视。中国人民银行发布的统计报告数据显示，2020年我国本外币涉农贷款同比增长10.7%，达38.95万亿元，年增加3.94万亿元；农村县域贷款同比增长11.9%，贷款余额达32.27万亿元，年增速比2019年高3.6%，年增加3.55万亿元；农户贷款同比增长14.2%，贷款余额达11.81万亿元，年增速比2019年高2.1%，年增加1.51万亿元；农业贷款同比增长7.5%，贷款余额为4.27万亿元，年增速比2019年高6.8%，年增加3 295亿元（新华社，2021）。

五、资金不足引发流动性风险

城乡金融的流动性风险主要分为两个方面：一是指因农村金融机构的总资金绝对量较少，无法应对负债减少或资产增加导致的流动性困难。在资金供需的平衡中，可能会因为某些风险产生导致资金链断裂，发生金融机构的兑付危机。同时，由于缺乏充足的资金流动性，金融机构无法通过增长负债和资产迅速变现等方式及时获得充足资金，致使其盈利能力降低。二是指农村金融失血严重，形成的相当量供给不足，即资金流向引发的流动性风险。资金流向风险是指农村金融运营中，信贷产品的品种比较单一，因"成本贵、风险高、效益低"等因素影响，农村资金偏向城市地区。而随着"三农"项目日益增长的需求，其资金主要来源于农村居民的小额存款，加上城市地区的金融"抽血"，容易导致农村地区的信贷资金来源和供给不足，无法满足农村地区的资金需求。长期以来，国内金融业发展中的"脱农"现象比较普遍，普惠金融的涉农贷款利率高于城市贷款利率，农村金融普惠率一直不高。不仅四大国有商业银行撤离农村，而且多数农信社也改头换面改制成农商行，在同一经营下布局城市网点和配置非农资金资源进入城市市场。

第三节　农村金融市场与系统风险

一、农村金融市场的信用贷款风险

农村金融市场存在较高的信用贷款风险，归纳起来主要有以下两个方面的原因。

（一）承贷金融供给主体的金融机构经营管理不善

作为农村金融贷款承贷供给主体的金融机构因经营体制不完善和管理不善等原因，容易造成和累积贷款风险。农村金融机构绝大部分是分支机构，分支机构的非独立法人，其信贷的责、权、利不对称，分支机构的贷款审批权限受上级银行限制，缺乏灵活的风险控制。而农村信贷的投放与回收管理也因农村金融机构缺乏专业人才，缺乏项目科学评估和合理的贷款风险管理等，增加了风险。

（二）承贷金融需求主体的农户和项目主客观导致

作为农村金融贷款承贷需求主体的农户或农业项目，在承贷后的还款中存在因主客观原因导致的违约风险。一是客观方面的原因，农业企业经营受自然因素影响，存在许多不可控的客观因素，导致贷款违约风险。诸多不可预测的偶发自然灾害容易给农业贷款带来负面影响，包括农业受灾导致农村经济萧条、农业企业因价格波动导致破产等。客观原因导致农业贷款业务无法按时偿还贷款，造成农村金融机构的贷款在短时间内坏账激增。二是主观方面的原因，即农户主观违约。农村金融知识的普及存在盲区，农民受教育水平普遍较低，市场信用意识不足等导致农村的信用生态环境较差。农村贷款需求主体对金融产品和贷款相关知识了解甚少，混淆农业政策补贴救济资金和商业信用贷款，其法律意识和信用观念淡薄，贷款还款的主观违约可能性增大。

二、农村金融的风险保障途径缺失

由于国家农村财政扶持政策和金融风险分散机制不够完善，且经营农业保险的风险大、成本费用高、赔付率高，农业保险的业务量日趋萎缩，更谈不上农业的再保险等。分散风险的保险，对农村经济的风险分散与风险补偿作用微乎其微，甚至几乎丧失殆尽。世界发达国家的经验告诉我们，农业保险和农业信贷担保是最主要的农业保护机制，涉农的金融风险都得到了政府财政和国家金融的注入与支持。相比之下，我国虽然也逐渐加强了对农村金融风险的重视与防控，但农村金融的风险转移机制却始终裹足不前，农村金融风险分散途径缺失在一定程度上提高了金融机构对"三农"经济风险程度的评估。农村金融风险保障途径的缺失主要体现在以下几方面。

（一）农村的抵押物不足，抵押机制不健全

因政策体制的限制，农村信贷普遍存在农村贷款抵押物缺失或单一等情况。农村土地属集体所有，农户没有足够的抵押物，农村房屋因无法办理产权证明而不能抵押担保。而根据农村金融机构的贷款条件，农村的动产不符合贷款抵押物的标准，且操作手续存在难度。因此，农户无法在短期内将抵押物投入金融信贷，除了以信用获得小额贷款外，无法获得抵押贷款。而当贷款人到期收款时，常常存在贷款期间房屋被随意改建、翻建等情况，金融机构无法掌握准确信息并客观评估。如果贷款违约，金融机构需要拍卖贷款农户的农房，但农房使用的土地为村集体所有，办不到房产证，导致抵押物难以变现。即使能办房产证，因地理位置和产权性质等制约，也难以交易变现。

（二）农村金融风险担保体系建设滞后

农村金融担保体系的建设也比较滞后，不仅金融担保机构的数量较少，而且缺乏城市专业化的资产评估和金融担保机构。城市建立有较为完善的抵押登记、资产评估和多元化的担保服务。但农村地区缺乏"三农"经营风险的转移分散服务和机制，使农村金融在"三农"领域的高风险无法得到有效的转移分散，如果风险损失发生就得不到补偿。一方面，缺乏完善的风险担保等风险转移分摊机制，使农村金融机构的金融服务缺乏主动性和积极性。另一方面，农村的金融担保机构数量少，无法为"三农"贷款提供多元化的业务担保，加之缺乏充分的竞争，融资"小、散、弱"，使个别担保业务的成本高企，难以为"三农"贷款提供有效的业务服务。

三、农村正规金融缺失的缺位风险

随着市场经济的日益活跃和加速发展，正规金融机构在农村的配置缺位，导致民间金融（俗称民间借贷）在农村不断兴起。虽然民间金融成为农村部分融资农户或企业融资渠道的重要组成部分，在一定程度上弥补了农村融资的资金缺口，也在某些方面解决了"三农"生产经营中的融资难问题，但由于缺乏规范的制度保障和正确引导，加上参与农村民间金融的广大农村群众的金融知识普遍欠缺，非正规金融交易隐藏的金融风险往往被快速放大。正规金融缺位、民间金融补位加剧了农村金融的供求矛盾，也加大了缺位风险。农村民间金融的交易过程中，交易方式、谈判定价和违约的随意性比较强，贷款的安全性较低，为投资参与人带来了安全风险隐患。由民间借贷导致的矛盾纠纷时有发生，这不仅成为农村金融的风险点，也是引发社会不安定的潜在因素（兰京，2013）。

本章小结

城乡统筹是一项系统工程，其中统筹城乡金融协调发展的机制体制和管理制度是重要的调节工具。我国统筹城乡金融发展中存在的内生性和外生性制约因素，成为城乡统筹发展中伴生的系列金融风险，需要重点关注和防范。

（1）城乡金融协调发展的内生性风险。城乡金融协调发展内生性风险是城乡金融的失衡，而农村金融发展落后是导致城乡金融协调发展内生性风险的根本原因。内生性风险为农业生产经营项目本身的特有风险，资金、人力、信息等要素的不均衡形成了信息劣势，加大业务运营风险，大量资金和人才等资源要素向城市聚集，造成农村地区的人才缺乏，大大增加了农业项目的管理风险。而农村的产业贡献不足和农村信用生态的偏差进一步加剧了农村金融的运营风险。

（2）城乡金融协调发展的外生性风险。外生性风险是城乡金融发展中外部环境导致的。外部的金融体制机制和市场机制的原动力，使得城乡金融资源配置失衡，包括机构网点布局、金融业务服务、金融产品创新、信贷规模和资金流向等非协调性发展。

（3）农村金融的市场与系统风险。农村金融市场的信用贷款存在供给主体经营管理不善和需求主体的农户项目薄弱的风险，以及农村金融的风险保障途径缺失和正规金融缺失缺位等问题。这些会导致农村金融市场中非正规金融的无序发展，给农村金融市场带来更多潜在的市场风险。

第八章 国内外城乡统筹模式
与金融支持的借鉴

本章探寻国内外城乡统筹协调发展的模式，在模式借鉴的基础上寻找城乡统筹中金融支持和互动协调的政策理论和实践经验。进一步重点借鉴国外城乡统筹对金融的支持，特别是学习其对农村金融的支持。国内外研究与实践表明，支持农村金融发展对统筹城乡发展来说不仅可行，而且也将发挥很大的促进作用。本章重点比较各种制度模式的实现路径、运行和协调配合机制等。

第一节 国内外城乡统筹协调发展模式借鉴

一、国外城乡统筹协调发展模式

（一）美国城乡统筹协调发展模式

美国积极发展农业，通过建立农业支持与保障体系，缩小城乡发展差别，以实现城乡统筹。1933 年，美国政府制定《农业调整法》，通过大力支持、保护农业的措施，统筹协调城乡经济发展。不仅如此，美国政府为支持农业发展，还每隔五年就出台一个新的"农业法案计划"。农业法案计划成为 5 年内，美国农业科研、农业教育和农业推广的行动纲领，并成为国会编制财政支农预算的依据。美国还高度重视农业科技并制订科技计划，根据农业发展的情况制订与农业法案相衔接的 6 年农业科技发展计划。同时，美国政府制定了系列支持农业发展的政策，包括农业资源保护、农产品价格补贴、农业信贷和农业风险保障等政策。政府通过各项措施促进城乡统筹发展，在保障农业生产的稳定性和农业产业的基本收益的同时，

建立覆盖全社会范围的保障体系，以促进城乡之间劳动力、资本、技术和
信息等要素的流动，对经济资源在城乡之间进行有效整合。

（二）日本城乡统筹协调发展模式

日本也通过制定相关的产业政策，促进城乡统筹发展。日本城乡统筹
的产业政策一是协调不同产业间的结构和关系；二是协调不同产业内部企
业之间的相互关系，使企业之间既能相互合作补充，又能保持充分竞争。
日本的产业政策通过扶持产业增长、保持产业之间合理的结构和比例，实
现城乡融合。日本农业政策主要是为农业多功能的发挥创造条件，通过发
挥农业和农村的多元功能作用，强调农业的可持续发展，促进不同地区城
乡协调发展。总结起来，日本政府城乡统筹的产业政策，一是通过不断消
除要素流动性壁垒，促进产业快速成长；二是针对某些产业政策的实施会
偏离市场机制，人为制定某些政策，降低要素的流动性以推动某些产业的
发展。

（三）韩国城乡统筹协调发展模式

韩国在 20 世纪 70 年代初开展了统筹城乡发展的"新村运动"，目的
在于谋求工农业的均衡增长、缩小城乡居民收入差距，主要分为三个阶
段。新村运动的第一阶段主要是对农村的基础设施进行建设改造。该阶段
主要围绕草屋顶改造、道路硬化、卫生间改造、供水设施修缮等展开建
设。第二阶段是以增加收入为主的全面发展阶段。政府推出增加农民和渔
民的收入计划，支持调整农业结构，推广优良种子和农业先进技术。第三
阶段主要发展以农产品加工为主的农村工业。韩国制定"建设新村运动增
加收入"的综合开发规划，通过实施新村运动，显著改善了农民的生产生
活条件。同时，农村基础设施的改善也进一步推动资本和劳动力等要素在
城乡间流动。因此，韩国的城乡统筹模式主要是通过加快农村的综合开
发，实现土地在城乡间的综合利用，以此推动城乡之间的产业衔接和技术
流动，促使城乡突破信息壁垒，也促进韩国农业劳动力向非农领域转移，
减弱农民对土地的依赖性保障需求。

二、国内城乡统筹协调发展模式

城乡统筹协调发展模式在国内仍有争议。黄晋太（2006）认为，我国
有以下两种模式可以选择：一是资源型工业化模式，以山西晋城和吕梁为
代表；二是技术型工业化模式，以广东的惠州、佛山、东莞，浙江的宁
波、温州、绍兴等为代表。刘家强等（2003）认为有四种模式：一是珠三
角的以城带乡模式；二是上海的城乡统筹规划模式；三是北京的工农协作

城乡结合发展模式；四是苏南的乡镇企业为动力模式。上述四种模式都以城镇化为城乡统筹的核心，以城带乡、以工业化带动城镇化发展。吴丽娟等（2012）从主体视角提出主体结合的三种模式：将"城"与"乡"划定为城乡统筹发展的两大主体，归纳为自上而下型、自下而上型、自上而下与自下而上结合的互动型三种模式。一是自上而下型模式，其强调以"城"为主体推动城乡统筹发展，发挥中心城镇和地方政府的决定性作用。发挥中心城镇固有的向心力和离心力，引导城乡资源和生产要素流动与重新配置，最终实现农民、企业、地方政府、国家"四赢"。二是自下而上型模式，重点发挥小城镇在吸纳农村剩余劳动力、带动乡村经济和社会发展方面的作用，因此重点在于加强小城镇的规划与建设。三是自上而下与自下而上结合的互动型模式，该模式强调"城"和"乡"两者的相互作用。刘君德和宋迎昌（1998）通过分析上海郊区的城市—乡村转型，提出自上而下的扩散力和自下而上的集聚力相互作用，二者共同构成上海郊区城乡转型的主要动力。

三、国内外城乡统筹协调发展的启示

国内外各地区的城乡统筹协调发展模式都独具特色，但殊途同归之处在于通过统筹机制或政策，消除城乡要素的流动性壁垒，在资源结构转变和重新配置中实现城乡经济的协调增长与均衡发展。总结而言，国外城乡统筹协调发展给我们提供了以下借鉴与启示。

（一）制定农业发展政策，推进农业升级与发展

借鉴美国的"农业法案计划"，重视农业科技，制定与农业法案衔接的农业科技规划。完善我国目前已经实施的粮食直补、农机补贴和良种补贴等政策，发挥政策支农、财政支农的资源配置效率，大力支持农业发展。在中央文件的基础上，探索寻求统筹城乡协调发展的农业产业计划和政策，确保农业发展在较长时期内的稳定性。通过发挥市场机制的作用和制定适当的产业政策，消除资源要素的流动性壁垒，促进城乡资源要素的流动。

（二）加快农村基础设施建设，统筹缩小城乡差异

我国的社会主义新农村建设可借鉴韩国的新村运动，加快建设农村的基础设施，推进农村结构和农业结构调整。规划城乡开发综合计划，推进城乡之间的产业衔接和技术流动，通过提升农村产业发展，推进农业增效、农民增收。加快城乡公共服务和社会管理体系建设，缩小城乡公共服务水平差距，加快促进农村教育、文化和卫生等社会事业的发展。统筹协

调发展城乡社会事业和社会保障体系，通过发挥城市的先发优势，推动城市社会公共服务向农村延伸，着力形成城乡协调发展的新格局。

（三）因地制宜进行城乡规划，形成特色发展模式

不同国家和不同地区城乡统筹发展的模式和路径是不一样的，我国城乡统筹协调发展不能完全照搬发达国家、其他地区的发展模式，而应吸取部分国家和地区城乡发展的教训，尽量避免落入部分国家和地区城乡脱节发展的陷阱，甚至滑入城市贫困和农村衰败同时并存的局面。我国各地区城乡经济水平和地区差异较大，城乡统筹协调发展也应具有多种模式，因此，因地制宜地探索适宜本地实际情况的统筹发展模式将是实现城乡协调均衡发展的理性选择。

第二节 国内外城乡统筹对农村金融支持的借鉴

一、美国城乡统筹对农村金融的支持

美国金融市场比较发达，通过灵活的金融政策，激励丰富的金融工具创新，扩大金融市场的范围，把资本市场从城市延伸到农村。无论是直接融资模式，还是间接融资模式，都体现了城市金融对农村金融的直接作用，农村金融的发展模式投射出城市金融运作的影子。从美国金融发展的历史经验看，其城乡金融互动协调发展是很成功的，值得借鉴。

（一）美国城乡统筹中农村金融的直接融资模式

1. 美国农信系统出售证券

（1）农业证券的出售类型

美国给予农业信用公司（ACCs）一些优惠政策和支持力度，使其能非常便利地在金融市场出售证券筹资。农业信用公司主要出售两种证券：联邦农场信用银行系统通用债券和联邦农场信用银行系统通用票据。联邦农场信用银行系统通用债券又被称为"农场信用债券"，联邦农场信用银行系统通用票据也被称为"贴现票据"。农业信用公司出售的两种证券与普通工商企业发行的证券一样，只是根据农业特性设计的农场信用债券期限更长，而贴现票据的期限稍短，因此联邦农场信用银行系统通用票据实质是一种短期债务凭证。

（2）农业证券的发行程序

农业信用公司出售的两种证券，其发行的基本程序为：首先由各农场信用银行确定资金需要量；然后由基金公司征询证券经纪人和 FCS 市场委员会的意见，确定发行的数量和条件；最后由设在纽约的农场信用基金公司负责销售证券，交由全国各地的证券经纪人出售。农业证券的购买者多是商业银行、储蓄机构、公司、外国投资人等私营投资者和州政府、地方政府等公共投资者。农业证券以较低成本融入资金，被看作"政府代理债券"，因此能够在活跃的二级市场上进行交易和广泛销售。

2. 农场抵押贷款

1987 年美国通过了《农业信用法案》，该法案授权农场抵押贷款建立一个二级市场。美国的农场抵押贷款建立二级市场的金融创新，是美国统筹城乡经济发展对农村金融的最大支持。建立的二级市场被称为"联邦农业抵押票据公司"，适用于多种农场贷款机构，是农场系统中的一个独立实体经营。该项金融支持是将贷款的第一发放、还本付息和基金来源相分离。抵押票据的购销机构主要有商业银行、FCS 机构、投资公司等，由联邦农业抵押票据公司负责监督交易，票据由第一贷款人签发或由其承付。

3. 农业经营主体发行股票、债券、票据

美国对农业经营主体融资给予比较灵活的规定，在具备相应条件的情况下，允许农业经营主体通过发行股票、债券和票据等方式直接筹资。也可以直接参与货币市场、资本市场，通过直接投资获利。还可以通过商业信用等更灵活的方式，直接获得动产资金。

（二）美国城乡统筹中农村金融的间接融资模式

1. 农业经营主体从商业性的农贷机构间接融资

美国农业经营主体的间接融资渠道也比较广泛，包括商业银行、保险公司、个人、农业管理署和农业信贷系统等。农业经营主体有融资需求时，可从上述渠道借入生产资金。据统计，1989 年，美国未偿还的农业不动产债务总额为 805 亿美元。其中各融资渠道的资金占比构成为：联邦土地银行占 35%，商业银行占 21%，个人占 21%，人寿保险占 12%。由农场财产担保未偿还的非不动产贷款额为 650 亿美元。其中各资金来源的占比构成为：商业银行占 42%，生产信贷协会占 14%，农家管理署占 17%，商品信贷公司占 10%，个人和其他渠道占 17%。

总体而言，美国为农业提供商业性贷款服务的机构主要有两类：商业银行和农业信用公司。

（1）商业银行

商业银行共有三类。第一类是美国的中心商业银行。美国主要的中心商业银行的金融服务范围比较广泛，多数都会给从事畜禽生产的农业企业贷款，也会给全国范围内的特种作物提供专用资金。在美国允许自由设立分支银行的州里，中心商业银行贷款服务的对象更加灵活，既为大型的农业经营主体服务，又可为中小型的企业提供金融服务。第二类是地区银行和社区银行。美国的地区银行和社区银行在城乡统筹的金融服务中，会联合其他组织共同为农业放款，这些组织包括美国农工联合企业和一些国际贸易企业。第三类是小型的乡村独立银行。乡村独立银行的信贷业务和资金来源依赖地方经济的活力，其对农场的贷款占银行资产总额的40%以上。乡村独立银行受所在地区的营业额限制，融资贷款规模通常比较小，为解决申请的农业贷款超过法定贷款限额的问题，乡村独立银行常常与其他贷款供给主体联合发放贷款。

（2）农业信用公司

美国的农业信用公司是利润导向型的商业性公司，主要为农场主提供信贷服务。其主营业务是发放农业贷款，通过贷款利息抵补基金、营业及管理等费用而盈利。其经营形式是通过商定的附属协议，为单个商业银行、团体和企业的农业贷款提供贷款基金。参与农业信用公司业务的通常是一家银行或银行团体，通过向农业信用公司缴纳必需的初始自有资本，发挥自有资本的杠杆作用，再吸纳债务资本。

2. 农业经营主体从人寿保险公司间接融资

人寿保险公司集中了大量的保费资金，闲置的保费资金可用于各种投资，农业长期贷款成为重要的投资渠道。美国多数人寿保险公司在全国各地均设有分支机构，聘请农业专家经办投保和资金贷款业务。因此，美国的人寿保险公司与商业银行一样，成为发放农场不动产贷款的主要金融机构。1950年，美国的人寿保险公司向农业提供占比25%以上的抵押贷款，1989年大约提供12%约100亿美元的不动产贷款。人寿保险公司的农业信贷资金偏向投放到规模较大，而风险较小的农业企业。而且由于美国法律没有对保险公司的单项贷款进行限制，所以保险公司充分利用政策优惠任意制订自己的限额，其单笔贷款规模超过了商业银行或联邦土地银行（王忠文，1995）。

3. 农业经营主体从农业信贷系统间接融资

美国农业信贷系统是一个综合体系，由国家农业信用管理局领导，12个区的联邦土地银行及其协会、联邦中期信用银行及其生产信贷协会、合作社银行、农家管理署和商品信贷公司共同组成。

（1）联邦土地银行

美国有 12 个区联邦土地银行，下设 500 多个联邦土地银行协会，协会又设有代表处。因此，美国联邦土地银行的营业网点遍布全国。联邦土地银行的设立依照借款户—联邦土地银行协会—联邦土地银行的顺序，按合作原则逐级持股组建构成银行系统。农业生产者的认股数量约为借款金额的 5%~10%，所有借款人既是资金贷款者，又是协会的股东，而银行协会又是联邦土地银行的股东。联邦土地银行的主营业务是提供农场不动产的抵押贷款，用于发展农业生产和满足其他信贷需要。银行贷款的对象主要是农民、农场主或从事与农业有关的业务经营者。贷款额度最高可达抵押品估价的 85%，贷款期限为 5~40 年。联邦土地银行的贷款利率略低于其他信贷机构，由于融资成本较低又享有税收优惠，所以深受美国农业经营者的欢迎（谢启标，2007）。

（2）联邦中期信用银行

美国有 12 家区联邦中期信用银行，下设 400 家生产信贷协会，协会又下设办事处，其机构网点也遍布全国。美国联邦中期信用银行的设立、运作与联邦土地银行相似。其主营业务是办理以动产为抵押的中短期农业贷款，但其贷款对象一般不直接是农场，因为联邦中期信用银行的主要客户为生产信贷协会、其他信托公司和储蓄机构等农业服务的金融机构，通常为其办理"批发"贷款。联邦中期信用银行下设的生产信贷协会，除经营一般的贷款业务外，还购买大型农业机械设备，供农场经营租赁使用。部分生产信贷协会也共同组建农业信贷租赁公司，共同开办农机设备的租赁业务。

（3）合作社银行

美国的合作社银行体系由一家中央合作银行和全国 12 个信贷区的合作社银行共同组成，合作社银行体系下辖信用合作社。合作社银行体系的贷款对象为各种类型的农信社。农信社的主营业务为向各州所属的农产经销、农业供应合作社，以及为农业服务的企业等贷款主体发放商业贷款。

（4）农家管理署

美国农家管理署是美国农业部管辖下的一个政策性贷款机构，其贷款对象主要是经营农业生产具备成功潜力，但目前难以从其他金融机构获得充足资金的新创业农民或初创期企业。贷款期限以中长期为主，大部分贷款均有贴息优惠支持。贷款的业务种类主要有农场产权贷款、农场营业贷款、水利开发和土壤保护贷款等。贷款的方式主要有直接贷款和担保贷款两种，贷款的农业生产者在农业经营和资金运用中须接受监督和指导。

（5）商品信贷公司（CCCs）

美国农业部对商品信贷公司（CCCs）的价格和收入支持计划进行管理。商品信贷公司的主要职责是执行联邦农业政策制订的商品贷款计划，对生产者发放无追索权的贷款、向执行休耕计划的农场提供农产品抵押贷款。该项金融贷款的期限较短，利率也比较优惠。

（三）美国统筹城乡金融的有益经验

美国统筹城乡金融重点在于对农村金融的支持。其中丰富的融资渠道和体系管理，带给我们一些有益的启示。

1. 政府金融资源引导型模式

从资金来源看发展政府引导型模式：该模式创办之初由政府出资，依法自上而下建立，引导扶持合作者参与。信贷体系建立健全后，政府逐步退出，直到信贷机构偿还政府垫款，最终属于借款者及其农业信贷机构所有。

2. 政府立法支持与服务模式

政府制订相关农业发展计划，围绕计划目标制定法案。美国农业信贷系统由政府立法，辅以政府提供的大量创办资金和给予税收等政策优惠。在政府协助下，建立信贷机制、风险保障机制、监督管理机制，为农业信贷系统提供比较宽松的发展空间。

二、日本城乡统筹对农村金融的支持

日本城乡统筹的金融支持重点仍然在农村。日本对农村金融的支持包括政策金融和一般金融两大部分。政策性金融包括国家财政资金和国家金融机构，市场化运作金融包括商业金融机构和合作金融机构。

（一）日本的政策性金融对城乡发展的支持

日本的政策性金融是提供国家农业政策所需资金的农业制度金融，资金分为拨款资金和财政投资资金。通过直接的政策扶持拨付资金，补给农村发展资金。农业制度金融的资金涵盖公库资金、农业现代化资金和农业改良资金，以农林渔业金融公库为主。

1. 农林渔业金融公库的资金来源

日本农林渔业金融公库的资金来源主要是国家的财政资金，具体包括四部分：①国家一般会计的政府出资；②国家财政投融资和食品稳定供应的特别会计政府借款；③金融市场发行的债券；④农林渔业信用基金的寄托资金。四个部分中，财政投融资政府借款为主要构成，占比高达80%左右。

2. 农林渔业金融公库的贷款业务

农林渔业金融公库主要支持商业性和合作性金融机构不愿提供的贷款，是日本农业金融中的"最后贷款人"。农林渔业金融公库的基本任务是执行不同时期政府的农业产业政策，解决突出矛盾以实现农业发展的阶段性战略目标。截至 2009 年 3 月末，日本政策性金融公库下辖 152 个支店，其中 48 个支店设有农林水产事业部门。农林渔业金融公库的贷款投向主要是土壤改良、植树造林、渔港设施建设等，以及为维持和稳定农渔业的经营、改善农林渔业提供资金服务。因此，其贷款主要解决农业发展长期的设施资金，农业发展所需的固定资产投资和基础设施建设等。贷款可采取直接向借款人发放贷款的方式，也可采取委托农协系统金融机构等发放贷款的方式。农林渔业金融公库的贷款不仅利率比较低，而且偿还期限也比较长。贷款利率一般为 2%，对国家认定的务农者可低至 1.6%。贷款的偿还期限平均为 17 年，最长可达 33 年（孙天琦，2006）。

(二) 日本的农协系统金融机构对城乡发展的支持

1. 农协发展及附属的金融系统

(1) 农协金融系统的总体情况

日本农村合作金融是依附于"农业协同组合"的非独立系统。日本的农业协同组合系统（简称"农协"）是农民的合作经济组织，按照农民自主自愿原则登记成立。截至 2008 年 3 月末，日本的基层农协有 839 个，会员为 943.3 万人。在日本政府的政策支持下，农协的支农职能和金融服务日益扩张，形成了独具特色的金融体系。农协的金融系统独立于商业银行，通过组织农协会员的剩余资金开展信贷业务，信贷对象为农协会员。农协的主营业务有存贷款、票据贴现、债务保证和国内汇兑交易等。

(2) 农协金融系统的运营特色

一是农协略高的存款利率形成优势。农协存款利率高于其他银行 0.1 个百分点左右，具有一定的吸引力。二是农协网点多，金融服务主动。农协系统的营业网点遍及日本的农村基层，工作人员定期上门动员和收取存款，吸引了大量农民存款。农协的农民存款占日本农民存款总额的 50% 以上。三是农协贷款不以营利为目的。农协的贷款以会员的存款为基础，以为会员服务为目的，贷款主要用于农民的借贷、农协自身经营的周转金以及各项发展事业投资。四是信用贷款无须担保。农协的贷款一般无须担保，农户所需农业资金的绝大部分依靠农协的信用贷款。五是贷款利率相对较低。农协对农业和农民的贷款占到贷款总额的 90% 以上，且贷款利率通常比其他银行低 0.1 个百分点。六是农协作为国家低利长工贷款的窗口，是"政策金融"服务者。主要的"政策金融"业务有农业现代化资金贷款、农业改良资金贷款、改善性农业经营贷款和自然灾害救济贷款等。

2. 农协系统金融机构的构成

农协系统金融机构属于合作性金融，是农协金融系统的子系统。该系统由农林中央金融公库、都道府县的信用联合会、基层农协的信用组织三级构成。其中，最基层的市町村一级农业协同组合，直接与农户发生信贷关系；中间层是都道府县一级的信用农业协同组合联合会，主要职责是帮助基层农协管理资金，并在全县范围内组织农业资金的结算、调剂和运用；最高层为中央一级的农林中央金库，是各级农协内部以及农协组织与其他金融机构融通资金的渠道。三级组织各自自主经营、自负盈亏，不存在行政隶属关系。虽然没有行政隶属关系，但是上级组织要管理和服务下级组织。

3. 全国信联协会

日本组建有全国信联协会，是全国各地信用农业协同联合会的中央联络机关，由农林中央金库和各都道府县的信用农业协同组合联合会共同组成。全国信联协会的主要职能是通过对农协系统开展的金融活动进行调查和研究，为协会的会员提供信息情报、协调相互关系和改进管理工作等。

(三) 日本统筹城乡金融支农的成功经验

1. 政府对农村金融的大力支持

由于农业生产具有生产周期长、风险不确定等特点，导致为之服务的农业资金周转速度慢，且周转期比较长。现代农业的快速发展，使农业资金需求不单是为购买种子、化肥、农药等生产资料的供应链服务，而在农田基本建设、农业新科技、高效农业等方面的投入都需要大量资金。供应链的金融服务风险较小，而农业科技等研发投入资金的风险则比较大。单纯依靠商业性的合作金融，会限制合作金融的农村支农力度，难以发挥金融的作用。因此，政府对农村合作金融大力支持成为必然，而日本在农村金融的扶持方式、支持力度方面都具有较好的经验。日本对农村金融的财力支持和政策优惠都比较大，特别是农村金融发展初期，政府投入了大量财政资金和税收优惠补贴等，在发展中后期鼓励形成合作金融共同支农。

2. 开展广泛的合作金融业务

日本农村合作金融机构既有传统的存款和贷款业务，又广泛开展资金结算、证券买卖、发行债券和保险等业务。既主动发展国内市场，又积极开拓国外市场。农村合作金融机构的存款业务既有存取款自由和金额无限制的普通存款，又有具有一定时间限制的定期存款，以及满足各种特殊需要的专项存款等。农村合作金融机构的贷款业务主要有非现金支付的票证性贷款、担保抵押性贷款、结算性贷款等，开展的结算业务主要包括普通汇兑、电信汇兑、支票转账、托收承付等类型。农协除了从事普通的存贷款和资金结算业务外，还从事各种国债性的投资活动，以及兼营各种保险等业务。

3. 资金来源多元化，互助协作密切

日本农业资金的来源主体多样化，不仅分工协作明确，而且互补性较强。一是由于存在数量较多的农村合作金融机构，相互竞争与合作形成良好的金融服务体系。因为日本政策性金融机构的政策性明显，不仅为其他农村金融机构提供期限较长的贷款，而且利率比较低，但不能直接提供农民贷款服务，因此必须借助农村合作金融机构作为中介桥梁，而合作金融机构又依托于政策性金融机构。二是日本建立了较为完善的农村金融风险保障机制，农村金融体系内分工明确，协作关系密切。日本金融监管当局确定了审慎监管原则，也建立了信用保证制度和存款保险制度，为有效防范农村金融风险提供了保障。

三、台湾地区城乡统筹对农村金融的支持

台湾地区农业的快速发展不仅为其工业奠定了基础，也为其整体经济的发展做出了巨大贡献。农村金融的制度安排和农业信贷资金的充足供给，大力支持了台湾地区的农业发展，加速了台湾地区的城乡统筹进程，使台湾地区的城乡经济发展取得了一定的成就。

（一）台湾地区支持农村金融的政策

台湾地区农村金融政策的阶段性特征明显，农村金融密切配合农业发展，且根据农业发展的不同阶段拟定不同的支持主题和重点。台湾地区农村金融的大力支持体现在，为农业发展的不同阶段提供充分的固定资金和流动资金。

1. 重建台湾地区农业的金融政策

重建台湾地区农业阶段（1946—1949 年），台湾地区的农村金融政策主要以增加农业生产为目标，重点是融通农业资金。农业领域的贷款以水利贷款为主，其中涉农贷款占总额达 80% 以上。水利的恢复和修建大大推进了农业的重建复耕。

2. 推行土地改革的金融政策

推行土地改革阶段（1949—1964 年），台湾地区农村金融的重点是协助政府推行土地改革。因此，该阶段农村金融的重点是推行土地金融，为

整个土地改革提供充足的改革资金。

3. 改善农业结构的金融政策

改善农业结构阶段（1965—1970 年），台湾地区将促进土地利用和加强农村社区建设作为农业发展目标，最终是要实现农业结构的改善。该阶段农村金融的重点在于为加强农田水利和农地改良提供贷款，为加快发展农、林、渔、牧等生产提供信贷资金，以及为改善农业结构的农产品外销提供融资贷款。

4. 加速农村建设的金融政策

加速农村建设阶段（1971—至今），台湾地区将加速农村建设作为重点，将提高农民收入作为目标。此阶段农村金融的重点主要针对提高农民收入，提高整个农村的基础设施建设水平。涉农贷款的增速也在此阶段快速增加（张迎春，2004）。

（二）台湾地区农村金融多样化的发展

台湾地区建立了多样化的农村金融体系和较为完善的农村金融制度，台湾银行农业金融策划委员会为最高决策机构，同时拥有众多的农村金融机构和相关事业机构分工配合。

1. 台湾银行农业金融策划委员会

台湾银行农业金融策划委员会是台湾地区农村金融的最高决策机构，其职责主要是负责制定农业金融政策，包括制订台湾地区的农贷计划、核定农贷利率和统筹分配农贷资金等。

2. 农村金融专业机构

台湾地区的农村金融专业机构主要包括农业银行、土地银行、合作金库和农渔会信用部。这些机构作为农村金融的专业机构，是台湾地区农村金融的主力军，它们为农业服务的职责比较明确。多层次的金融服务为台湾地区农业发展提供了充足的融通资金，其办理的农贷金额占台湾地区全部农贷金额的95％以上。

3. 农业金融服务的政府和事业机构

台湾地区为农业金融服务的政府和事业机构主要有农委会、粮食局、物资局糖业公司、蔗农消费合作社、芋酒公卖局等。这些机构在财政部门安排下，出于特定目的从事农业金融服务，同时兼办农业贷款。

4. 其他金融机构

除了上述农村金融机构外，台湾地区还有台湾银行、华南银行、中小企业银行、信用合作社等金融机构，也为台湾地区的农业发展服务。台湾地区的众多金融机构，在主营业务之外，也直接或间接提供农贷资金，填补了农业金融的部分需求。

5. 农业信用保证基金

台湾地区在1984年正式设立运营农业信用保证基金，以协助担保能力不足的农渔民顺利获得农贷资金。显然，农业信用保证基金有利于促进农业金融机构农贷业务的顺利运作，也能够有效调节农贷资金供需。

（三）台湾地区统筹城乡金融的经验借鉴

1. 依据不同阶段实施侧重政策

台湾地区根据农业实际情况，制订了不同的阶段目标，并围绕目标拟定相应的重点。从恢复农业生产，到完善农业产业链服务，再到提高农民收入，拟定各阶段目标需要的农业信贷计划和重点，进行针对性的政策设计和制度安排。

2. 建立完善农村金融服务体系

台湾地区在不同阶段为支持农业发展制定了相应的农业金融政策，在政策引导下建立了较为健全的农村金融体系，成立了农业金融决策委员会，积极发展专业金融机构，为主力提供农贷资金。要求政府和事业机构分工配合执行农业金融服务，成立农业信用保证基金调节农贷资金，促进农村金融的顺利推行。

3. 创新多种农贷融资服务形式

台湾地区为农业金融服务时，积极创新了多种农贷融资服务形式。创新的形式主要有：创新性地采用实物农贷和现金农贷两种形式；采用一般性农贷和政策性农贷两种形式；拟定灵活的贷款期限，包括中长期、中期和短期的农贷贷款，尽可能多样化满足农民的各种融资需求。

本章小结

本章主要是探寻国内外城乡统筹协调发展的模式，在模式借鉴的基础上为城乡统筹提供金融支持的政策理论，以及城乡金融互动协调的实践经验。国内外研究与实践表明，支持农村金融发展对统筹城乡发展不仅可行，而且也将发挥很大的促进作用。本章重点比较了国内外各种制度模式的实现路径、运行和协调配合机制等。

（1）国外城乡统筹协调发展模式。一是美国城乡统筹协调发展模式，该模式通过建立农业支持与保障体系，缩小城乡发展差别。二是日本城乡统筹协调发展模式，该模式通过制定相关的产业政策，协调不同产业间的结构和关系以促进城乡统筹发展。三是韩国城乡统筹协调发展模式，该模式谋求工农业的均衡增长，以缩小城乡居民收入差距。

（2）国内城乡统筹协调发展模式。总结学者和实务界的讨论，发现没有形成一致认可的模式，但各种模式都因地制宜形成了自己的特色，归纳起来主要有以下几种。资源型工业化模式、技术型工业化模式、以城带乡模式、城乡统筹规划模式、工农协作城乡结合发展模式和以乡镇企业为动力模式。

（3）国内外城乡统筹协调发展的启示。国外城乡统筹协调发展给我们提供了借鉴，带来了启示。一是制定农业发展政策，以推进农业的升级与发展。二是加快农村基础设施建设，统筹缩小城乡差异。三是因地制宜展开城乡规划，形成特色发展模式。

（4）国内外城乡统筹对农村金融支持的借鉴。国内外地区的经验表明，统筹城乡金融发展需要加强对农村金融的支持。美国通过灵活的金融政策，激励丰富的金融工具创新，将资本市场从城市延伸到农村。日本城乡统筹的金融支持重点是农村，通过政策金融和一般金融，将政策性和市场化运作结合起来。台湾地区通过对农村金融政策的大力支持，满足其所需的巨额固定资金和流动资金，并通过发展多样化的金融机构和服务，保障农贷资金的供给。

第九章　城乡统筹金融互动协调发展的资源配置机制

　　城乡统筹金融协调发展的实现，需要相关的制度和机制作为保障。国外对城乡统筹机制的研究源于对二元经济的探讨，正是城乡二元经济导致资源错配，造成资源配置的巨大损失，促使理论界和实务界对"城乡统筹"提出强烈需求。金融作为经济发展的引擎，为实现城乡统筹，优先突破城乡金融统筹是关键。城乡统筹金融的运作，既要通过政府主体实现城乡二元经济的统筹互动，又要突破各类限制城乡要素高效流动的效率壁垒。

第一节　政府主导统筹推动机制

　　城乡统筹金融协调发展是一个复杂的系统，其每个步骤都会牵涉一系列复杂的经济和社会问题。实现城乡金融协调发展、缩小城乡金融发展差距都不是一个自发的过程，因此不能单纯依靠市场机制，必须明确政府在城乡统筹中的主体地位，坚持政府统筹主导，通过政府掌握公共资源的行政权力来推动实现城乡统筹金融协调发展。

一、制定政策法规调控城乡统筹

　　政府通过制定城乡统筹相关规划，建立城乡统筹的金融制度，推进城乡金融资源的配置和互动协调，以实现城乡统筹协调发展的目标。如建立健全土地流转制度、金融支持城乡产业升级调整制度、城乡金融协调发展的经营管理制度、城乡金融一体化创新与风险监管制度等。

二、调整城乡统筹新型领导机制

由于政府职能部门的设置一直以来都基本基于城乡二元结构体系，其弊端随着城乡经济的发展日益凸显。城乡二元结构分配的领导权利和责任缺乏城乡统筹所必需的协调功能。由于城乡统筹是全局性的工作，金融对城乡统筹的服务支持既牵涉涉农部门，又牵涉非涉农部门。因此，可以组建城乡统筹的专项工作机构，由政府高级领导负责，由涉农与非涉农部门的领导共同组成，共同处理城乡统筹中规划性、政策性的问题。通过设置专门机构和调整领导权利、职能等，从而形成城乡统筹的新型领导机制。

三、建立多元主体协同管理机制

统筹城乡金融协调发展，支持城乡二元经济发展，涉及面非常广泛。政府要发挥公共管理的主导协调作用，构建城乡多元主体协同管理机制。要广泛组织和协调政府、企业、社会组织以及公民个体等城乡经济主体对金融支持城乡经济发展的有效合作。根据我国城乡经济社会发展实际，要建立和有效运行城乡社会协同管理机制，发挥多元主体中的政府主导作用，行使国家赋予的公共行政权力，合理统筹分配社会资源，特别是要科学配置城乡金融资源。政府既要从统筹城乡发展以促进城乡发展一体化的战略全局出发，发挥协同管理的主导作用，又要通过倡导、组织、协调和支持等方式将企业、商会组织、公民等多元发展主体凝聚成推进城乡社会均衡发展的持续合力，构建促进城乡社会一体化发展的协同管理机制和社会管理共同体。

第二节　城乡二元主体互动机制

统筹城乡二元经济协调发展成为我国经济社会发展的重要战略，而促进城乡经济的良性互动是统筹城乡发展的关键。根据城乡统筹的主体论，将城和乡作为城乡统筹经济发展的两个主体，通过城乡两个主体的统筹互动，实现城乡经济的协调发展。"城市"与"农村"之间要互动，就要建立城乡二元主体的统筹互动机制，以互动机制引导城乡资源的过渡与衔接，有效推动城乡产业融合。

一、推动城乡产业结构对接互动

大力鼓励和推进城市工业资本、商业资本、民间资本和外资等各类资本投向农业，以金融资源的配置引导和推进农业的产业结构升级。积极扶持农村的龙头企业，培植地区主导产业，提高农业的产业化水平。政府制定城乡统筹的财政、税收、金融等方面的优惠政策，创新农业生产经营形式，鼓励发展城乡互动、功能互补的特色农业、都市农业和观光农业。依托城市的产业高度和结构优势，将城市部分过剩产业结合当地农村实际进行产业对接和转移。加快农村基础设施建设与配套，通过建设工业园区等，充分利用农村劳动力相对较低的成本优势，加大农村的招商引资力度，引导城市金融回流助推城乡产业互动，引导金融、人才、劳动力等资源互补短缺。在城乡产业互动中，处理好农村农副产品生产经营、城市农副产品的销售与售后服务，消除农产品销售壁垒，扩大农村企业的生存和发展的空间。

二、通过产城融合推进城乡互动

通过产城融合模式，建立城郊工业园区，推进农村工业化发展以及乡镇企业等的发展。在城乡统筹中，要引导金融资源配置来支持以下产城融合的城乡互动。

（一）农村城镇化与城市现代化互动

继续推进新农村建设与中心城镇互动融合，在中心城镇根据地区资源和自然禀赋优势发展农村经济、建设现代农业。将中心城镇建设成为链接城乡发展的桥梁，同时也建设成为增加农民收入的重要平台，不断集聚资本与人口，将非农化与城镇化建设结合起来。

（二）基础设施配套与产业发展互动

在农村人口聚集区，加快推动交通、通信等基础设施配套建设，同时注重基础设施配套与产业发展互动融合。通过金融财政等配套政策，鼓励发展乡镇企业，壮大私营企业。创造市场经济的配套条件，鼓励个体户转型为公司，鼓励公司入驻工业园区。配套建设宜居社区和住宅公寓，推动产业升级、中心城镇建设，以及工业园区、宜居社区等的互动发展，切实解决农民增收、农业剩余劳动力就业、产业转移等问题。

三、建立城乡资金良性互动机制

要改变我国要素资源流动不顺畅、不合理的现状，就必须消除各种体制政策性障碍，通过创新制度设计来促进生产要素合理、顺畅流动。要建立城乡资金的良性互动机制，大力推进农村资金用于农村经济发展，同时还要通过财税政策和金融政策，加大财政补贴和支农投资，促进城市过剩资金支持农村建设。鼓励农村金融创新，规范民间金融，有效推进民间金融对正规金融的补位。加大农村居民金融储蓄与理财的金融改革试点，从体制和机制上促进城乡之间资金的良性互动。建立城乡互动的金融信息网络，加强城乡的金融信息、技术信息等交流，切实改善城乡之间的信息交流和互动条件。加快发展和充分利用网络、电视、手机等新闻媒介及时准确地向农村发布相关的金融科技信息，引导农村居民的金融储蓄和金融消费。建设城乡一体化的金融市场体系，合理进行城乡金融要素配置，打破城乡条块分割的金融状况。建立公平规范的城乡金融流通秩序，创造一种良好的金融环境和机制，形成具有互补性的城乡金融机制和格局。

（一）建立城乡资金良性互动新机制

目前，农村金融资源严重不足，金融体制也不尽合理。应加大农信社等金融机构的改革力度，为农村发展提供资金支持。同时，还要通过政策支持和财政补贴，促进城市资金流向农村，支持农村经济建设。适当扩大农村贷款利率浮动幅度，从体制和机制上促进城乡资金的良性互动（赵勇，2004）。

（二）建立城乡金融信息良性互动新机制

信息科技的快速发展表明，信息鸿沟是城乡金融差距扩大的一个重要因素。因此，城乡统筹金融发展，必须要加快建立城乡互动的金融信息网络，加强城乡之间金融资源信息、项目信息、金融技术信息、金融人才信息、金融市场信息等的交流与合作，切实改善城乡之间金融信息交流与互动的基础条件。加快发展和充分利用网络、报纸、广播、电视、手机等各种媒介，及时准确地向农村、农民发布金融知识、金融产品、金融工具等相关信息。

（三）建立城乡金融"增长极效应、辐射效应和回波效应"共同优化的协同模式

各地区金融发展大多与城市金融的发展有关。要发挥城市金融在城乡统筹中的增长极效应和辐射效应。要不断创造条件，优化金融生态环境，激发农村金融活力，释放农村经济潜力，积极利用农村金融的回波效应，推进城乡金融协调发展。大力发展正规化金融机构，将非正规金融正规化。因为非正规金融通常直接利用基础货币进行资金融通，而根据货币乘数原理，如果将非正规金融纳入正规系统，就可以通过部分准备金制度下

的货币乘数放大基础货币，增加货币供应量。发挥金融作为经济的引擎作用，就要加快消除二元金融的割裂局面，促进二元经济结构转化。

（四）发挥政府政策性金融的特殊功能，发挥协同效应

充分利用政策性金融的特殊功能，就是既要善于把握和利用国家政策带来的金融发展机遇，又要充分利用政策性金融的金融制度安排和创新。城乡统筹的深入实践，更需要政府将其作为政策性极强的政治任务来完成。各地区政府按照国家政策要求，可在部分区县按照试点组建村、镇银行，为农户和农业项目提供贷款，这是求解农贷瓶颈的方程式。此外，还可以通过国家开发银行、农信社的金融服务，成立担保公司，专门为农村地区涉农信贷提供担保。积极发展农业保险，为农业发展提供资金，也为农业保驾护航，降低农业经济风险。国家普及推广农民银行卡、降低农村银行设立门槛，都是在发挥扶持功能，进行金融制度安排和创新的有益尝试。如果成功，更应该大胆进行更多的努力和尝试。

第三节　政策法规公平保障机制

实现城乡统筹金融的协调发展，既需要政策法规予以保障，又需要政策法规促进城乡公平发展。

一、政府制定城乡统筹政策法规

政府制定有关政策法规为城乡统筹金融的健康运作提供了保障和支持，充分发挥了城乡金融推动城乡经济协调发展的良好效能。一是从制度上建立各级政府的行政统筹机制。通过建立中央、省、县（区、市）、乡镇政府多级行政统筹机制，理顺各级政府的行政统筹关系，协调城乡统筹工作中多元主体的权责，高效、平稳、快速地推进城乡统筹工作。二是通过政府规划和政策法规保障城乡统筹金融工作。加快建立健全促进城乡金融协调发展的一整套政府文件、法律法规，既要强调政府文件和政策法规作为推进城乡统筹工作的依据，又要确保城乡金融协调发展的方案在实际工作中得以贯彻落实。

二、建立城乡公共产品与服务公平机制

实现城乡统筹发展的一个重要目的就是为城乡提供公平的城乡公共产

品与服务，实现服务在城乡范围的全覆盖。在城乡统筹工作中建立公共产品公平分配与服务的机制，将城市相对较为完善的公共产品和服务延伸覆盖至资源稀缺的农村地区，增加农村公共产品和服务供给以改善农村风貌、农村环境。调整公共产品在城乡间公平供给，扶持农村弱质产业、落后区域，促进农民增产增收，改善农民生活。加快调整电信服务业、金融业在城乡地区的公平服务，加大政府对农村相关公共服务的财政补贴，降低农村获取公共服务的成本，为城乡金融协调发展提供相对公平的公共产品和服务供给。

第四节　金融资源自由流动机制

西方经济学者分析统筹动因认为：二元经济导致的资源配置低效率是实现城乡统筹发展的深层次动因。要消除金融资源配置失效及其福利损失问题，就需要克服二元经济障碍。因此，加强资本、劳动、技术、人才等要素在城乡之间的流动，将改善城乡经济绩效。

一、构建突破资源流动障碍的内驱机制

城乡统筹体系的动力支撑和内部驱动来源于城乡资源配置效率的失效与损失，需要突破城乡统筹中各类限制要素高效流动的效率障碍。阻碍要素高效流动的城乡分割障碍包括：制度障碍、自然禀赋障碍、教育文化障碍和投资障碍等。借鉴美国、日本和韩国城乡统筹的实践经验，发现其都注重建立操作性强的统筹机制或法案以消除资源要素的流动性障碍，在城乡经济结构转变中实现城乡经济的协调增长。

（一）突破制度障碍

国家的制度质量与收入水平密切相关（Easterly et al., 2002），因此各类制度都可能成为限制要素流动的障碍。如城乡统筹中的身份户籍制度严重限制了城乡劳动力流动；许可证和专营权制度、土地政策等限制了经济经营资源、土地要素等资源充分流动。因此，要在城乡统筹中进行体制改革，调整和破除制度障碍，创造要素自由流动内驱动力和优良环境。

（二）突破自然禀赋障碍

地区资源和地理地貌等自然禀赋作用于当地的产业结构，造成各地区显著的区域差异，体现在交通物流、收入水平、资本集聚、劳动力流动等

方面。城乡统筹就是要从各地区实际出发，因地制宜发挥城乡资源的自然禀赋优势，突破交通、地理地貌等自然禀赋障碍，提高自然资源的使用价值和配置效率。加大落后地区交通等基础设施建设，创新农产品生产经营形式，统筹城乡资源和信息，发挥自然禀赋的优势，弥补自然禀赋的短板，促进城乡自然资源的优势互补。

（三）突破教育文化障碍

教育非均等性以及种族、语言和宗教差异会产生阻碍劳动力流动的障碍。由于城乡教育资源存在配置差异，城市和农村人口接受教育的时长、质量和层次存在较大差异，这种教育非均等性造成的巨大差异对未来的工作机会和收入水平都会产生显著影响。种族、语言和宗教差异使地方贸易保护主义盛行，导致各个文化群体之间在贸易往来、信息交流等方面存在障碍，直接造成各地区、各群体之间的要素配置效率极为低下。在城乡统筹实践中，需要重视统筹城乡教育，建立起城乡一体化的和谐文化体系，培养合作互赢、兼收并蓄的文化氛围，高度重视城乡义务教育的普及与农民工培训，提高农村人口的受教育程度和质量，消除城乡间教育非均等性，弥补城乡之间的文化差异，加快城乡人员的流动性。

（四）突破城乡投资障碍

技术、人才、专利等都成为专用性投资的对象，根据经济学中的"专用性投资"原理，要实现城乡统筹金融的协调发展，需要突破城乡投资障碍。技术障碍的存在造成农业与非农业部门、涉农与非涉农投资的衔接存在缝隙，也进一步加剧二元经济差距。教育培训是突破专用性投资障碍的有力工具，因此要加大农村科技教育费用支出，加大农村技术创新与推广投资在实物投资中的比例。同时，还要通过普及农村、农民工的教育培训破解人力资本的专用性难题。通过政府主导统筹城乡公共产品与服务的有效供给，推进城乡之间专用投资的良好对接和匹配，突破城乡投资障碍。

二、构建城乡金融资源的自由流动机制

市场机制的核心在于资源的自由流动，调动市场的自由流动机制有利于促进金融资源在城乡之间的区域布局、分配比例和使用方式达到最优化。目前，我国的金融资源在城乡之间的流动不完全自由通畅，由于历史、体制制度等原因，我国市场经济不够完善发达。束缚和制约城乡金融资源自由流动的因素主要表现为以下几点。

（一）城乡制度的制约

城乡制度的不平衡安排对城乡资源自由流动形成了较大障碍。过去的

户籍制度、教育制度和劳动就业制度等都限制了农村人口往城市地区流动。尽管改革开放以来经济得到发展，人口流动性大幅提高，但劳动力资源、农业技术人才等基本上都从农村单向流动到城市。

（二）体制约束和环境制约

教育、医疗、住房和养老保障等公共产品供给的城乡二元差异也大大限制了农村人口的流动和城市化进程。农村缺乏资金、人才等资源的吸引力，导致农村资源不断流失。

（三）农村金融资源持续外流

金融资源的流动性相对自由。受农村金融环境的影响，金融资源的流动基本上由农村向城市单向流动，农村金融持续"空心化"。为推进城乡金融资源的合理自由流动，需要持续健全市场体系，为市场机制作用的发挥创造条件，为金融资源要素在农村地区的自我发展与流动提供媒介和载体。同时，要创造金融资源和要素自由流动的环境，特别是要为农村金融资源集聚与发展创造有利环境，引导城市资金回流和反哺"三农"经济发展。在政府的引导下，推进农村金融自由化和金融深化，促使市场机制在金融运行中发挥市场功能效应。

第五节　金融资源高效配置机制

随着城乡统筹改革的深入推进，农业产业化、城市化等步伐加快，城乡金融需求呈现多层次、多元化特征，而各地政府及金融机构竞相开始金融创新，统筹城乡金融中的投资主体、融资渠道、抵押模式、担保方式、产品服务均发生了变化。基于制度变迁的金融能否有效促进城乡统筹发展，关键要看金融的统筹的协调度与经济战略阶段性发展的吻合度，以及政府引导市场优化配置金融资源的机制。

一、促进城乡统筹金融支持机制

金融资源的配置状况与经济宏观调控密切相关，城乡金融资源的配置程度也与城乡统筹的发展程度紧密联系。现阶段，我国政府在城乡统筹中掌握两种重要资源，即货币资金和土地。政府通过金融资源的优化配置去支持城乡统筹的协调发展将是非常有效的。城乡统筹发展离不开金融支持，但金融支持不能简单地等同于金融资金投放，否则其配置效率将大打折扣。

金融支持城乡统筹就是要推进城乡二元经济结构转化，金融业特别是地方性金融机构要重点支持中小城乡镇建设、农村中小企业发展、农业转型升级、农民增产增收，多层次全方位为推动二元经济结构转轨创造条件。金融支持城乡统筹发展，首先需要统筹自身，主动推动金融业打破城乡界限，改革城乡分业经营管理模式，打破城乡分地区布局。鼓励城市金融机构到农村服务农民工、农民企业家，同时农村金融机构也可到城镇为农村城市化提供服务。在政策制定方面，政府要增强农村金融政策与财税支农政策之间的有效协调，建立政府支持与市场主导相结合的长效支农机制。通过优化农村金融网点布局，推动金融服务网络向县城和乡镇延伸，大力提高农村金融机构网点的人均拥有率和覆盖率。

二、特色化的城乡金融创新机制

金融业需要坚持走差异化和特色化发展道路，互联网+、大数据、智能化的快速发展促进金融业加快金融创新，特别是地方性金融机构、农村新兴金融机构更需要加快推进多元化、多层次的金融创新。在引导金融业支持城乡统筹的发展过程当中，要加强城乡金融服务的普惠制度和均等化建设，围绕城乡市场积极进行金融创新，同时要加强风险防控。在支持城乡统筹发展的普惠金融中，要重点解决城乡金融的可得性问题，纠正只偏向大中城市的不合理金融资源配置，适当向"三农"倾斜并为其提供差异化、特色化的金融服务。实时推进金融创新，建设多样化、多层次的城乡金融服务体系，形成包含有政策性金融、商业性金融和微型金融的多元化金融服务体系，打造金融市场种类齐全的格局。

支持城乡统筹发展，要积极鼓励利用最新科技和金融成果进行金融创新，积极开发农村电话银行、手机银行、自助银行、网络银行、芯片银行卡和支付宝等金融产品和服务，加大金融对"三农"的支持力度。不断创新城乡金融支付工具，丰富金融服务手段和方式，普及应用现代金融技术和工具，加快推广城乡一体化的电子支付结算，全面提升农村金融服务电子化水平，不断满足农村多层次支付结算需求。

三、完善城乡金融信贷投放机制

完善城乡金融管理政策，充分利用货币信贷政策健全城乡金融信贷投放机制，引导金融资源投向农村反哺"三农"，具体就是要引导和激励金融机构扩大涉农贷款业务。

（一）引导农村金融机构创新涉农信贷业务

研发具有农村特色的差异化金融产品。要积极研发农村小微企业融资专项信贷、农户联保贷款、农户小额信用贷款等贷款业务，大力创新并推广农村微贷技术、微贷产品，积极探索农业产业链金融服务。积极探索土地经营权、宅基地使用权等"三权"抵押试点，探索农村动产、股权、应收账款、仓单、土地权益和大型农机具抵押、质押贷款。

（二）加大支农再贷款地区间调剂支持力度

信贷投放重点向粮食主产区和资源优势区倾斜。扩大支农再贷款投放对象和范围，将支农再贷款用途由单纯的农户贷款扩大到相关涉农贷款。加大农村涉农贷款的利率支持，降低支农再贷款利率，支持农村中小金融机构增强资本金实力、扩大经营规模，提高涉农信贷投放额。加大财政资金、社保基金、新农合基金、住房公积金等公共资金向农村中小金融机构注入的力度，有效增强农村金融机构资金实力，降低分担其组织成本，提升支农实力。

（三）完善涉农贷款政策对金融资源配置的引导

完善涉农贷款制度和政策，引导信贷资源优先配置到农林牧渔和种养殖加工等农业产业化领域，加大对农业基础设施、农业科技研发、农村科技教育、新型农业生产经营模式和主体的信贷支持。创造性地引导社会资金进入支农领域，围绕新型城镇化、农村工业化、农村经营方式转变、特色农业发展、新农村建设、中心城镇商圈的综合化经营与专业化经营等，展开针对性的贷款。

四、优化城乡金融要素配置机制

城乡统筹改革最关键、最难突破的是制度创新和金融创新。进行金融资源统筹，就是要发挥金融资源配置的最大效率，协调发展，实现帕累托最优。

（一）实现城乡统筹一般均衡和金融效率的两个方面

根据西方经济学的一般均衡理论和金融学的金融效率理论，笔者认为实现城乡统筹可从以下两个方面实现。

1. 金融资源配置达到城乡二元金融一体化的帕累托最优状态

在城乡两个区域内有效利用共同资源，不断消除二元金融格局，弥补金融空白点，形成互动互补互用的模式，才能以较小的公共投入和成本，获取最大限度的回报和效益。通过金融深化促进城乡协调发展，将降低城乡资源要素的配置成本，提高微观经济主体的交易效率，实现在更大范围内配置金融资源，促进金融交易的潜在收益向现实收益的转化。缩小城乡资源配置差距，才能加快城镇化和城乡一体化步伐。

2. 金融资源配置达到微观经济个体和宏观经济总体两方面的帕累托最优状态

微观经济个体：保证金融资金供给者和需求者的金融方案最佳，就是要实现全辖区内个人、家庭、企业、政府及金融机构等金融资源配置达到最优状态。从供给方面来看，实现最优发展的目标仅靠农信社的小额贷款远远不够。以重庆为例，截至 2007 年年底，全市农户从农信社贷款的比例已经达到 96%。因此，要健全金融体系，就要拓宽资金来源渠道，如利用直接融资、间接融资、政府和企业投融资、外资等来满足广大的农民和城乡众多中小企业融资的多样化、多层次需求。

宏观经济总体：辖区内可利用的金融资源总量实现帕累托最优效率配置。从宏观经济总体角度分析，就是要辖区内全部可利用的金融资源实现帕累托最优。从货币银行学的理论角度来看，存款余额反映了一个地区金融资源的总量。金融投资者、筹资者、金融工具、金融交易价格、交易场所、金融中介机构、金融监管机构、金融民间组织、金融人才、金融法规和制度等构成了金融市场和体系。通过金融市场体系和制度安排合理优化配置，将所有要素协调配合，以完成金融资源配置的帕累托最优。

(二) 实现城乡统筹一般均衡，发挥金融要素最优配置效率的途径

金融资源配置效率的一般原则：在市场经济条件下，通过创新融资渠道，采取各种合法合理手段融资，是可以缓解总量不足的问题的。但合理安排使用资金、使有限的资金发挥最大的效益更为重要，资金使用效率越高，越有利于筹集资金。

1. 健全金融体系，拓宽融资渠道，扩大金融总量

资本稀缺是农村地区经济发展的最主要障碍。农村的基础设施建设量大，农村经济脆弱，金融贫血，投入困乏，金融支持缺乏大量资金。要健全农村金融体系，就要设立多种金融机构和公司，包括银行、证券公司、保险公司、创业投资公司、基金公司、信托公司、货币经纪公司、证券融资公司、金融租贷公司、创业风险投资公司、财务管理公司等。政府、企业、民间共同启动，进行投融资活动。在农村金融领域，尤其不能忽视民间“非正规金融”组织的力量。

2. 优化金融资源配置，建立农村资金回流机制

农村信贷资金大量外流与“三农”在国民经济中的地位和受到的关注形成反差，金融资源城乡配置不合理与城乡统筹协调发展要求形成反差，

农村金融资源大量外流与"三农"融资的巨大需求形成反差。"三个反差"显然不利于农村小康社会的全面建设，不利于农村经济的可持续发展，也不利于工农关系、城乡关系和产业关系的改善。要推进现代农业建设，解决农民贷款难和农村中小企业融资难，必须解决农村资金外流问题，缓解农村资金供求矛盾。要深化农村金融体制改革，加快建立农村资金回流机制，依法规范农村资金的外流及回流，从根本上解决农村金融资源配置的缺失和不合理，满足农村经济持续发展所需的多元化金融需求。

3. 建立以工促农、以城带乡的长效金融机制

按照城乡统筹协调发展的要求，要统筹金融资源在城乡的合理配置和结构优化。我国进入以工促农、以城带乡发展的新阶段，要实施工业反哺农业、城市支持农村战略，农村资金必须回流，必须优先运用于"三农"。促进工农、城乡的协调发展，需要建立和完善"三农"信贷投入机制，协调金融资源在城乡的合理配置，增加对"三农"的金融资源配给，建立与农村生产要素优化配置相适应的政策安排和金融制度（中国人民银行天津分行课题组，2006）。

4. 以市场流通规律和一般均衡理论为指导解决供需矛盾

在资金供给方面，根据马克思货币流通规律理论，即根据经济增长总量和比例测算，或者根据历年社会商品零售总额和货币流通量的比例测算，适时进行货币资金配置的准备，同时优化金融生态环境，提高货币流通速度。

在资金需求方面，调剂资金余缺和比例，根据农村金融资金运动季节性强、货币流通速度缓慢的特征和城市基础建设项目集中、周期稳定的特点统筹城乡金融。同时要统筹城乡金融机构分布、数量的比例。

5. 创造良好的金融环境，充分发挥市场在金融资源配置中的决定作用

城乡统筹需要加快地区金融建设和金融开发，建立统一开放的城乡市场体系，建成与其战略地位相适应的现代金融服务体系，深化投融资体制改革，迅速提升金融的聚散和辐射功能。充分发挥市场在资源配置中的基础作用，促进城乡各类资源自由流动、有效整合和优化配置，加快培育土地、金融、技术、人力资源等要素市场和中介服务市场。金融是经济的核心，以金融资源配置为核心，能够促进其他要素的有效配置。

第六节　统筹城乡金融的多层协调机制

一、国家层面的金融协调机制

城乡金融的合作与共同发展，需要中央政府加强宏观调控与引导，建立国家层面的政府调控引导机制。

（一）区域城乡金融立法

中央政府或地方政府根据各地区经济发展的需要，立足于经济区域的互补合作战略，适时制定出台《区域金融开发法》《区域金融合作法》《区域城乡金融统筹法》等，以指导区域金融建设。

1. 区域金融城乡发展规划

随着地区融合程度的加大，地区间和城乡间的资源要素流动性加强。地区制订"五年"区域金融发展规划时，要重点编制经济区域金融产业发展与综合开发规划。同时，区域内各级政府要积极参与制订区域金融合作与共同发展规划，与本区域金融规划相衔接，指导各项区域金融合作行为。

2. 区域金融共同发展政策

区域金融的共同发展，需要各地区间共同谋划与磋商。制定共同发展的区域金融政策时，主要围绕区域金融合作政策、区域金融产业政策、区域投资政策、区域财政政策、区域税收政策、区域金融创新政策等方面进行。

二、区域层面的金融协调机制

区域层面的金融协调机制是指国家八大区域都面临统筹城乡金融发展问题，要构建各区域层面合作与交流的常态机制，将合作交流机制作为实现共同发展和互利共赢的重要手段。搭建区域合作平台，健全各经济区协调制度，完善区域合作与共同发展规则，可为区域协调发展提供组织保障和制度基础。

城乡统筹中要打破边界分割，打破行政藩篱和体制机制障碍。通过树立经济区域互动发展观念，加大区域内全方位互动交流，特别是经济引擎的金融交流，使区域经济体在投资建设、项目互动、产业集群、中心城市建设、县域经济发展等多个方面实现优势互补和区域经济结构的优化。我国主要有八大区域，各区域的资源禀赋各异，区域竞争各具优势，在资源配置和利用中，必然各有所需，因此完全可以互补共享。在统筹推进城乡发展中，应把握区位优势和资源优势，立足地区现有基础，引导城乡产业合理布局，以实现产业功能和产业资源互补。通过加强区域间和区域内产业整合，构建分工合理、特色各异的产业集群，协同利用金融资源，提高金融在区域经济发展中的核心作用。围绕金融功能的发挥，健全区域金融合作机制，鼓励支持开展多种形式的金融协作，加强金融技术、金融信息和金融人才等交流。

三、次区域层面的金融协调机制

次区域层面的金融协调机制是各具特色、协作共赢的区域发展机制。要制定差别化的区域产业政策、投资政策和环保政策，发展各具特色的区域经济，建立主城对边远区县投资成本、生态环保成本等的合理负担机制。要建立准政府性质的协调机制，引导主城与边远区县在产业发展、建设用地征转用、财税分成、生态环境保护等方面协作共赢。

2007 年 6 月 7 日，《国家发展改革委关于批准重庆市和成都市设立全国统筹城乡综合配套改革试验区的通知》，要求重庆市和成都市突破体制性障碍，建成国家重大政策试验基地，作为统筹城乡发展的先行样板。建立重庆和成都试验区，是探索中西部地区促进发展模式的需要。重庆市和成都市作为城乡统筹发展的试验区，是城乡统筹经济共同发展建设的重点。该区域主要任务是：建立成渝区域合作，健全区域合作互动机制，完善经济区的区域合作开发机制。

成渝两地历史同脉、文化同源、经济同体。成渝友好往来越来越密切，经济文化交流与合作不断扩大和深化。重庆市和成都市都是典型的"大城市带大农村"，重庆市的 3 100 多万人口中，农村居民占 80% 以上，城乡居民收入比为 4：1。成都市的 1 100 多万人口中，农村人口有 600 多万，城乡差距较大。四川省的 18 个地级市、3 个民族自治州和重庆市下辖的 40 个行政区县的地市政府之间建立定期互访机制，举办市长、县长联席会议；推进区域内县级政府互访机制的建设；加强成渝毗邻地区间的地方性区域经济联合组织的建设，尤其是加强四川与重庆交界地区共同发展机制。城乡统筹综合配套改革，成渝要携手打造区域增长极最紧密、最核心的产业密集带，共同拉动成渝经济区成长，实现资源与资本互补、政策与规则互动、市场与利益共享，以和谐、科学发展带动西部地区整体经济的增长与提速，使这一区域成为我国新的经济增长极和西部大开发的引擎。为此，必须建立两地合作互动机制。

在区域内广泛开展双边共同发展机制，要做好三个方面的工作。

一是明确定位。区域合作要明确角色定位：做成渝经济区共同发展的金融区域大通道；做成渝经济区共同发展的金融产业转移发展基地、互动升级载体；做西部金融率先腾飞的桥头堡。

二是做好区域规划。做好成渝与陕西、青海、西藏、云南、贵州、湖南等周边省份的金融协调与衔接规划，特别是金融产业协调与衔接规划；做好各城市群协调发展规划，尤其是要做好区域内金融的重新定位与整合规划。

三是积极构建双边共同发展机制。包括成渝特区金融高层决策与咨询机制，区域金融联合协会、区域金融决策信息支撑系统、金融资源合作共享与开发机制等。

四、辐射弱区域层面的金融协调机制

协调区域发展的深入化和基层化，主要任务是建立面向基层的区域协作机制，完善覆盖城乡、重心下沉的财政金融运行机制。深化城乡金融改革，调整优化基层财政支出结构，集中财力优先安排农村公共产品和公共服务，缩小城乡公共服务差距。完善市对区县的财政分配体制，探索有效的脱贫模式，鼓励贫困地区增强自我"造血"功能。健全完善农村金融组织体系，支持和引导各类金融机构到农村设立分支机构，鼓励创新农村中小金融机构，积极发展农村普惠金融。探索和建立适应农村基层特点的新型信用机制，增强各型农民融资能力。探索建立多层次的农业保险体系，逐步形成覆盖边远地区的保险保障，完善农业灾害风险转移与分摊机制。

第七节　城乡二元金融统筹发展的动力机制

积极推进市场化改革，增强城乡统筹发展的可持续动力。要统筹城乡二元金融发展，就要建立健全市场化运作机制，充分发挥市场的配置功能，促进区域合作全面、深入、健康、快速地推进。

一、培育城乡金融协调发展的市场机制

发挥政府的宏观调控引导作用，妥善处理好政府与市场的关系，为金融市场机制发挥作用创造良好的环境。城乡金融的统筹发展不能仅仅停留在技术层面，而要从基础性制度建设出发，深入思考金融资源优化配置的问题。市场是配置资源最有效的手段，要从金融资源配置的基础性制度、市场交易有效价格的形成和明晰产权等方面着手，进一步厘清金融资源优化配置的制度障碍。

二、积极促进形成市场内生的竞争机制

长期以来，由于行政壁垒以及对各方利益的考虑等多层次原因，城市金融和农村金融在竞争过程中不可避免地产生了行政分隔人为强化的因素，形成一种扭曲的竞争关系。城乡统筹政策的提出，为城乡金融打破滞碍、实现城乡二元金融的有效融合创造了机遇，同时，农村金融在政策上的逐步开放也将为二元金融实现产业融合提供制度保障。因此，城乡金融在统筹城乡综合配套改革试验的新平台、新起点下形成新的良性互动发展。

（一）逐步淡化行政引导为主的偏向色彩

一方面，纠正原来的财政、投资等大多流向城市倾向；另一方面，积极引导农村金融市场的内生竞争，避免出现城市金融丰富繁荣，而农村金融落后的现象，避免农村合作金融垄断、民间金融无序发展等恶性竞争。

（二）推进城乡金融互动的市场化运作机制

建立完善的城乡金融产业转移机制，尽快形成以市场为主导的产业转移模式，吸引城市资金、金融技术、金融人才到农村，带动农村经济的全面腾飞；积极培育以市场为主体的城乡金融合作组织；完善城乡区域金融投资机制。

（三）建立要素自由流动的统一开放市场体系

长期以来，城乡割裂的二元经济制约了金融资源的优化配置，进一步加剧了我国的金融抑制。第一，城乡金融市场的条块分割和金融机构的人为分工制约了金融要素在城乡之间的双向自由流动和规模效应的发挥，降低了社会储蓄向投资转化和资本形成的效率。第二，资金的单向流动使金融市场缺乏应有的深度和广度，抑制了金融交易机会的增加和金融交易水平的提高，削弱了金融机构金融创新和分散风险的能力。第三，相对分割的金融结构制约了市场机制在金融资源配置中的基础性作用，并进一步加

剧了城乡金融资源配置的失衡。

在市场发展的各种要素中，金融不但是独立的要素，而且能够促进其他要素的有效配置，金融业不但是经济社会发展融通资金的工具，而且是独立的产业。加强金融市场的一体化建设是整合城乡金融资源、统筹城乡经济发展的必然选择。因此，统筹城乡金融需要建立统一开放的城乡金融市场体系，以一体化的金融市场整合城乡金融资源，充分发挥市场在资源配置中的基础性作用，促进城乡各类资源自由流动、有效整合和优化配置。特别要加快培育金融资源、金融技术、金融人力资源等要素市场和中介服务市场。金融市场一体化程度的提高将有利于健全竞争机制，降低金融市场的交易成本，增强城乡金融市场的协同效应，促进金融资源的合理有效配置。要实现城乡金融市场的一体化，必须通过消除金融市场的条块分割、人为壁垒以及技术障碍，为资金与资本的自由流动提供基础平台。

1. 增强发挥城乡微观经济主体的活力

统筹城乡金融发展的过程是市场机制在更大领域、更广范围内发挥作用的过程。长期以来，以城市为中心的市场化改革导致了城乡金融市场化程度的非均衡发展。农村金融市场机制的缺失导致城市和农村之间市场信号的弱化和交易机会的不对等，制约了信息、资本、劳动力等生产要素在城乡之间的合理流动与优化配置，累积恶化形成了二元金融的巨大落差。因此，统筹城乡金融发展不仅有助于弥补金融市场机制的缺失，还为市场机制在更大领域和更广范围内发挥作用提供了条件。大范围的统筹，也给微观经济主体提供了更广阔的舞台和空间，更容易激发其活力和创造力。

2. 实现城乡协调发展与金融深化相互促进

城乡统筹发展是一个多层次和梯度发展的过程，也是一个渐进而长期的过程，其对金融资源配置的优化、金融组织体系的完善以及金融服务的延伸提出了新的要求。在城乡统筹发展的背景下，应重点研究城乡金融结构、金融市场和金融服务体系等。一方面，城乡统筹发展将引起城乡金融需求结构的变化，进而推动金融创新和制度变迁，为我国城乡金融服务水平的提高、金融结构的完善以及金融业的深化提供条件；另一方面，金融深化必将降低城乡资源要素的配置成本，提高微观经济主体的交易效率，实现更大范围内的金融资源配置，促进金融交易的潜在收益向现实收益的转化。

三、建立稳定的农村资金回流运行机制

要进一步增强农村金融机构，特别是农信社的储蓄动员能力，就要尽

可能地增加资金来源。农信社要深入乡村大力组织储蓄等存款，加强省内外的资金余缺调剂。农信社吸收的存款，首先必须满足农村和农业的贷款需求，除按规定交存款支付准备金以外，其余资金应由农信社根据各地农村经济发展的需要自主使用，加大对农村和农业的贷款资金的支持力度。对于邮政储蓄机构吸收的农村储蓄资金，要以人民银行支农再贷款形式全额反哺农村，做到取之于农、用之于农。

四、建立城乡金融成本分摊和利益共享机制

在金融信息库、金融数据库、金融公共服务共享体系等公共资源的开发与可持续利用方面，要建立起统一规划、资源共享、合作开发及共同有效使用的成本分摊、利益补偿或利益分配机制。联合开展跨地区的金融生态环境建设、金融数据库建设与维护等行动，设立金融风险基金、金融生态补偿基金。降低城乡、区域合作成本，以减少统筹城乡金融运行的交易成本，包括组织成本、联系成本、协调成本等，使合作收益超过合作成本，以形成"合作剩余"，提高合作效率和合作力。

第八节　优化城乡二元金融互动发展的管理机制

按照城乡统筹的要求，深化各项金融改革，注重金融制度建设和行政体制创新，将完善区域金融市场体制与城乡二元金融协调发展机制统一起来。

一、优化城乡统筹二元金融互动协调发展的行政管理机制

（一）建立科学的高效运转行政管理机制

在统筹城乡金融的政府工作中，要构建起与统筹城乡发展相适应的行政管理和服务体制机制。第一，要科学合理划分市与区县的权责，进一步改革行政管理体制以实现简政放权。可先在具备条件和代表性的区县进行试点，赋予少数偏远区县更大的行政审批权限。第二，创新政府施政的理念和方式，改革明晰政府的职能职责，整合归并市县两级政府部分综合管理部门，将上级行政权力不断下移。通过适当整合和减少区县的行政单元，使政府的行政管理和公共服务重心下沉，充分发挥区县等基层行政在统筹本地区改革发展中的全局作用。第三，完善行政区划设置和行政管理模式。改革现行城乡分割的政府行政管理体制，强调城乡行政服务的统一性，将政府部门管理和公共服务的职能从城市快速延伸到农村。

（二）建立城乡均等的公共金融服务体制

实现城市与农村金融服务制度的衔接，推动公共金融资源向农民直接受益的方面倾斜配置。通过金融基础设施建设，建立市民与农民公平享受、城市与农村软硬件均衡的城乡统一服务体系，包括金融知识培训、金融教育服务、金融信息服务和金融产品服务等。通过建立城乡均等的公共金融服务体制，实现城乡居民享有的金融服务基本均等化，触及的金融条件基本同质化。

二、科学制定统筹城乡二元金融互动协调发展的政策

加快城乡金融统筹发展的法律、法规的建立、清理、规范和完善，增加法规、政策的统一性和透明度，尽快在规范金融市场环境方面实现城乡对接，为区域金融整合创造条件。

（一）建立区域金融合作政策

各地区要积极参与区域金融合作，提供各种政策支持，为城乡金融的优化互动发展创造便利条件。包括提供区域金融分享政策、区域金融统一奖励政策、公共部门支持金融发展政策、金融产业集群政策、区域财政政策、区域税收政策等。

（二）构建城乡金融产业政策

根据区域定位以及城乡区位优势、区域差异，充分利用城市金融资源优势、金融产业优势、金融生态优势、金融市场优势等，制定积极且强有力的城市金融支持农村金融产业政策，在促进城乡金融互助共赢的基础上，实现城乡范畴内，金融量的扩张和质的提升。

（三）城乡区域金融投资政策

积极进行金融创新，创新商业性金融工具。修订市场准入政策，制定民营资本进入农村金融市场的政策。在国家政策范围内大力鼓励外资、外省民间资本等进入各领域投资，或合资办企业；优先投资发展金融主导产业及与金融密切相关的前后关联性产业；设立城乡区域投资基金；出台引资优惠政策；优化投资环境，成立统筹城乡金融的区域开发银行等。

三、建设城乡统筹二元金融互动协调发展的支撑体系

（一）构建以市场为主体的间接融资体系

深化金融机构改革，形成城乡金融协调发展机制的微观基础。城乡统

筹发展与金融深化是相互促进的。城乡统筹发展必然使货币金融关系深化，金融深化也必将促进城乡协调发展。一方面，统筹城乡发展推进城乡金融需求结构的变化，进而推动金融创新和制度变迁，为我国城乡金融市场化水平和服务水平的提高、金融结构的完善以及金融业的深化提供条件；另一方面，金融深化和市场化改革，必将降低城乡资源要素的配置成本，提高微观经济主体的交易效率，实现在更大范围内配置金融资源，促进金融交易的潜在收益向现实收益的转化。

在城乡统筹发展的背景下，优化建设以市场为主体的金融资源配置，不断完善金融组织体系，推动金融服务在城乡的延伸。进一步深化投融资体制改革，拓展市场投资领域，以现代化的金融技术手段为金融资本引导城乡要素资本的合理流动与融合提供支持，为建设市场为主体的间接融资体系提供支持，以多元化的金融服务体系满足城乡经济主体不同的金融需求。设立城乡统筹发展产业投资基金，引导企业利用债券、信托、上市等方式融资，推动企业直接融资，改善融资结构；发展地方金融机构，争取建立村镇银行、贷款公司和农村资金互助社，探索建立农业保险体系和农业灾害转移分摊机制；推进区域性产权交易市场建设，完善资本市场等。

（二）构建政策性金融的直接融资体系

推进宏观领域配套改革，改善城乡金融协调发展的政策性金融直接融资的宏观环境。

1. 转变政府职能和行政管理体制

需要进一步转变政府职能，加快形成行为规范、运转协调、公正透明、廉洁高效的行政管理体制。制定加大力度招商引资的相关政策时，要注意导向，应更加注重通过引资、融资等手段提升自身的造血能力。

2. 改革阻碍要素流动的体制和制度

彻底改革阻碍金融资源顺畅流动的城乡二元体制和制度，建立有利于区域金融协调与合作的保障制度。在促进银行业合法稳健运行和有效防范银行业风险基础上，金融监管部门要着力解决农村金融机构的充分性、金融产品的充分性、中小企业和农民金融服务的充分性问题，使农村金融更具有普惠性。因此，要特别关注农村中小金融法人机构体制问题，使农村金融的机构设置、产品种类和服务手段等更适应城乡统筹发展的需要，为城乡统筹发展提供有力的金融支撑。

3. 加大农发行的支农力度

要加大农发行的支农力度，使农业发展银行成为农村金融资本支持体系的有力支柱。国际经验证明：农业作为弱质产业，其发展需要政策性金融的扶持。农业十分发达的美国，其农村资本支持体系非常完善，政府通过财政补贴和投资支持农业基础设施建设和农业现代化需要的农业科研，财政与金融相结合的支农体系极大地促进了农业的发展，而政策性金融属于财政手段的延伸，更是财政和金融的有机结合。因此，要发挥农发行作为政策性银行的政策引导和支持作用，使其成为集财政与金融为一体的资本支持机构。

4. 探索多种形式的资金运用方式

尝试采用多种政策形式的资金运用方式。目前，我国农发行的资金运用方式只有直接贷款这一种形式。今后，应该尝试提供更丰富的金融服务，譬如农业发达国家普遍采用的农业担保、农业保险等形式。同时要引导商业银行为农业提供商业性金融服务。商业银行出于营利性和安全性的考虑，要放弃亏损的农村市场转而主攻城市金融市场，因此，政府应该积极引导商业银行为农业提供商业性金融服务，并给予一定的政策优惠，例如降低银行准备金率等。

（三）构建城乡协调的金融体系

单纯依靠农村金融不能实现农村和农业现代化，单纯采取"以城补乡"——城市金融补偿农村金融的办法也不可取，只有逐步打破城乡二元金融结构，从城乡协调入手，提高互补范围。随着金融分工不断细化，金融效率不断提高，分割的二元金融最终将被消除。金融市场一体化既是通识，又是城乡统筹金融发展的目标。Edwards 和 Mishkin（1995）研究表明，金融体系的长期结构性变化会导致不同金融中介的业务边界、地域疆界变得日益模糊。因此，金融一体化和趋同化发展，意味着现代金融体系可以从发达地区向欠发达区域渗透，从而延伸金融服务的疆域边界。同时，趋同发展的内在基础是要求资源倾斜，因此一些地区经济能够快速发展是由于能够得到必需的要素资源。

在市场经济条件下，通过创新融资渠道，采取各种合法合理手段融资，可以缓解总量不足的问题，在更高层次、更大总量范围内实现城乡金融协调。此外，协调还包括合理安排使用资金、提高资金使用效率、使有限的资金发挥最大的效益等。

本章小结

　　城乡统筹金融协调发展的实现，需要相关的制度和机制作为保障。本章主要研究设计了城乡统筹金融互动协调发展与资源配置机制，笔者认为城乡金融统筹的运作，既要通过政府主体去实现城乡二元经济的统筹互动，又要突破各类限制城乡要素高效流动的效率壁垒。

　　（1）建立政府主导的统筹推动机制。实现城乡金融协调发展不能单纯依靠市场机制，必须明确政府在城乡统筹中的主体地位，坚持政府统筹主导，通过政府掌握公共资源的行政权力加以推动，包括制定政策法规、调整城乡统筹的新型领导，以及构建多元主体协同管理等机制。

　　（2）城乡二元主体互动机制。根据城乡统筹的主体论，将城和乡作为统筹城乡经济发展的两个主体，通过建立城市与农村两个主体的统筹互动机制，以互动机制引导城乡资源的过渡与衔接，有效推动城乡产业融合、产城融合及资金良性互动，最终实现城乡经济的协调发展。

　　（3）政策法规公平保障机制。通过制定政策法规保障城乡统筹金融的协调发展，同时也通过政策法规促进城乡公平发展。为城乡提供公平的城乡公共产品与服务，特别是要调整公共产品在城乡间公平供给，将城市相对较为完善的公共产品和服务延伸覆盖至资源稀缺的农村地区，实现城乡范围的全覆盖。

　　（4）金融资源自由流动机制。二元经济导致的资源配置低效率是城乡统筹发展的深层次动因。通过构建突破资源流动障碍的内驱机制和城乡金融资源的自由流动机制，克服城乡二元经济障碍，以消除金融资源配置失效及其福利损失问题。

　　（5）金融资源高效配置机制。通过政府引导市场优化配置金融资源，提高金融的统筹协调与经济战略阶段性发展吻合度，创新金融以适应城乡金融统筹中的投资主体、融资渠道、抵押模式、担保方式、产品服务的变化。具体包括促进城乡统筹金融支持、特色化的城乡金融创新、完善城乡金融信贷投放和优化城乡金融要素配置等机制。

　　（6）城乡统筹金融的多层协调机制。一是城乡金融的合作与共同发展需要中央政府加强宏观调控与引导，建立国家层面的政府调控引导机制。二是完善国家八大经济区域的协调，健全各经济区协调制度，建立、完善区域合作与共同发展规则。三是建立各具特色、协作共赢的次区域发展机制，包括发展各具特色的区域经济，建立主城对边远区县投资成本、生态环保成本等合理负担机制等。四是协调区域发展的深入化和基层化，建立面向基层的区域协作机制，完善覆盖城乡、重心下沉的财政金融运行机制。

（7）城乡二元金融统筹发展的动力机制。积极深入推进市场化改革，增强城乡统筹发展的可持续动力。培育城乡金融协调发展的市场机制，促进形成市场内生的竞争机制，建立稳定的农村资金回流运行机制，以及建立城乡金融成本分摊和利益共享机制。

（8）优化城乡二元金融互动发展的管理机制。深化城乡统筹领域的各项金融改革，注重金融制度建设和行政体制创新。优化城乡统筹二元金融互动协调发展的行政管理机制，尽快为规范金融市场环境实现城乡对接，科学制定统筹城乡二元金融互动协调发展的政策和支撑体系，为区域金融整合创造条件。

第十章　城乡统筹金融发展的风险管理

　　要发挥金融的战略支撑作用，必须借助金融创新和杠杆效应。而金融创新带来投融资方式变化，金融需求刺激信贷规模扩张，孕育的金融风险随之增加。现代风险管理理论和全球金融危机的案例表明，城乡金融创新和衍生工具的发展使现代金融伴生前所未有的风险。只有加快探索风险管理诊断技术，正确处理城乡金融创新与金融风险管理的关系，加强城乡统筹金融风险的预警，提高金融风险的防范和监管，才能更好地促进城乡金融持续健康发展。

第一节　注重城乡统筹发展与金融风险管控的平衡

　　推进城乡金融协调发展，要寻求支持城乡统筹发展与金融风险管控之间的平衡，要注意处理好以下几个平衡。

一、金融服务支持与风险分担的平衡

　　在城乡金融对统筹城乡经济发展的服务支持中，需要加强金融风险转移和补偿机制的建设，建立多元化的担保体系和风险补偿体系，确保金融服务城乡统筹发展的实时性和有效性。重点要加大金融支持"三农"发展力度，完善涉农金融投资的风险补偿机制，设立涉农项目风险基金、发展农业保险、完善涉农贷款担保，降低涉农金融的风险和投放成本，提高金融机构支持城乡一体化发展的积极性。既要持续推进实施惠农"三大工程"，尽快形成系统全面的金融支农服务体系，又要调整完善农村金融监管政策，加强金融机构"三农"市场定位和风险监管，督促支农金融机构建立健全支农服务与风险分担的平衡保障机制，持续强化涉农贷款投放的

效益和风险监测。

二、金融大胆创新与风险合规的平衡

在统筹城乡金融支持城乡发展的服务体系建设中，既要充分借鉴发达国家的金融创新经验，又要建立符合国际监管惯例的风险合规。城乡统筹的金融创新要充分考虑农村金融机构的特殊性、区域经济的差异性、农村经济的脆弱性和农村金融的高风险性，立足于农村金融实际，循序渐进地进行金融创新；同时，还要完善金融创新的监管合规，防止金融产品和金融机构的风险累积，因为合规经营是农村金融机构长期稳定经营的坚实基础。

三、金融生态环境与信用文化建设的平衡

城乡金融机构之间存在着显著差异，农村金融由于体制、历史等原因，与城市金融相比存在弱质性。一方面，农村金融机构要同城市金融机构一样，按照股份制商业银行的要求进行安全性、营利性和流动性的经营管理。另一方面，农村金融机构要承担起推动农村经济发展的任务，而农村经济的高风险性加大了农村金融机构的经营风险。因此，农村金融机构需要兼顾其商业化运作和促进农村经济发展的双重定位，否则其在城乡统筹中与城市金融机构处于同一竞争平台，整体竞争力必然较弱。因此，如果农村金融机构的经营环境相对较差，必然加剧农村金融服务与支持的萎缩。提升农村金融机构的竞争力，既要依靠地方政府培育良好的金融生态环境，特别是要培养良好的信用文化和信用民风，又需要政府给予经营优惠政策，如探索弹性存贷比考核机制、降低农村金融机构设立条件、鼓励社会各类资本到农村地区设立新型农村金融机构等。

第二节　预警防范城乡金融统筹发展的系统性风险

一、预警防范农村金融的市场风险

城乡经济统筹发展具有风险性与复杂性，使城乡统筹在现实中伴随金融风险，并与经济风险交织一起。广大农村地区的金融风险尤其复杂。因此，为推进城乡统筹金融的协调发展，要建立农村金融市场的风险预警机

制，通过风险识别和分析，精准判断金融风险的具体类型，挖掘相关金融风险的根源。农村金融的市场风险预警机制包含引起风险的原因识别、风险估计、风险传导、风险预案和风险防控等，并构建风险量化和评估模型，为风险防控与管理提供基本的数据信息，增强风险的可控性。

二、构建农村金融的风险应急机制

由于农村经济的发展具有时间长、风险高、盈利低等特征，在服务与支持"三农"的过程中，金融机构的隐藏风险非常不确定，容易产生突发危机。目前，我国农村金融市场的监管水平基本处于合规监管层面，但仍然无法摆脱金融技术相对落后的局面，农村金融机构无法避免破产。因此，吸取国际金融危机的教训，除了要对农村金融机构实施持续动态的风险监管外，还应建立农村金融突发事件的风险应急机制。通过构建针对农村金融机构的风险评级、风险预警与应对机制，正确处理农村金融机构的破产清算等突发事件，保障农村金融的稳健运行，快速恢复和稳定农村金融的秩序，避免农村金融危机的发生。

第三节 提高城乡金融统筹发展的外部风险监管

一、强化监管部门权力和水平

城乡统筹金融的风险监管，既要强化各监管部门的权责，又要提高监管水平，充分发挥监管部门的监管职能。城乡统筹金融的监管涉及的监管部门较多，主要是"一行三会"，要明确监管主体的主次地位和相应权责。目前，负责城乡金融风险监管的主体包括中国人民银行、银监会、保监会和证监会。中国人民银行进行宏观监管，负责制定和执行货币政策，为维护金融稳定进行城乡金融监管协调，防止和化解金融风险；银监会、保监会、证监会则共同负责微观监管，其中，银监会收回了省级政府金融办的监管权力，在城乡金融市场监管中处于核心地位。

监管部门在行使监管权力的过程中，要提高部门的监管水平，科学审慎地实施监管。针对不同的金融机构和日益创新的金融行为，监管部门要展开针对性监管和差别性监管。此外，在监管过程中既要防范由监管权力与资本结合而产生的金融风险，又要考虑权力配置和制度安排与当地经济发展水平的匹配程度，注重监管与发展的平衡。城乡金融机构风险监管的制度安排要科学合理，不能简单参考商业银行的监管标准，要从构建有利城乡统筹金融组织发展的外部环境出发，建立与城乡金融组织特点相适应的风险管理制度。

二、健全监管法制体系和行为

我国金融风险的监管体系仍需不断发展和完善，金融监管存在的法律空白，造成监管部门无法可依，被监管金融机构无所适从。2008 年美国次贷危机引发的金融危机表明，监管部门要动态追踪金融变化趋势，按照金融现状转变监管模式，建立与之相适应的监管体系。风险监管部门应结合城乡统筹发展中的金融体系建设，加快修改和完善现有的监管法律法规，将国际经验和城乡金融体系实际相结合，完善规范风险监管标准，建立科学全面、操作性强的风险监管法律制度体系。要充分发挥监管法规在城乡统筹金融体系建设中的引导作用，促进城乡金融机构风险管理体系的内部建设。

要依据城乡统筹的风险监管法律制度，提高金融风险监管行为的规范性。金融风险监管部门要按照金融监管的要求对城乡金融组织进行持续动态的监管，不单注重业务合规性检查和机构业务审批等，更要强化对城乡金融机构整体经营的安全性、营利性和风险控制能力的监管检查。在风险监管理念上，要将差别监管、激励监管和动态监管等行为相结合。

三、完善监管部门的技术和手段

尽管在我国的金融风险监管中，"一行三会"的监管体系与部门权责分工较为完备，但随着金融创新步伐加快和新设立金融机构数量剧增，监管机构的监管力度和监管效率还有待提高。"一行三会"在履行金融风险监管和维护金融安全职能时，还需兼顾社会稳定大局等多重职能。

要借鉴发达国家成熟的监管经验和技术，不断加大金融风险监管的技术研发和教育培训力度，改善监管手段以适应城乡统筹中不断变化的金融服务市场环境。

（一）放宽与平衡城乡金融市场的准入条件

要促进城乡统筹的金融支持，就要构建城乡统筹的金融机构准入机制。一方面，要适当降低农村金融机构准入门槛，引导城乡金融机构增加农村金融的有效供给，培育更具竞争力的农村金融市场；另一方面，要防控金融风险，防止资质较差的金融机构涌入，破坏金融生态环境，在市场准入方面严格执行国家市场准入标准，审慎审批各类新设农村新型金融机构，确保新设机构的组建质量，从源头上筛选出既能真正服务于"三农"，又具有较强风险抵御能力的机构。

（二）完善金融风险的监管手段和监管措施

城乡统筹发展中的新变化，要求现阶段监管部门应差别化监管城乡金融机构。一方面，要积极鼓励农村金融创新，充分考虑农村金融机构支农业务承担的高风险，创造宽松的金融监管环境。另一方面，要在多元化的城乡金融体系中，完善金融风险监管手段，灵活应用健全机构、创新产品、强化服务等监管措施，稳步发展城乡合作性金融组织、小额信贷、民间借贷等不同形式的金融服务。通过加强风险监管和控制，保证农村金融体系的秩序，使农村金融体系的持续稳定发展。

四、重视外部监督的权力和质量

（一）强化城乡统筹金融市场的信息披露

信息不对称不仅是城乡金融市场中金融消费者蒙受巨大损失的主要原因，也是导致金融市场风险的主要因素。要通过加强城乡统筹金融法律和制度对信息披露的规定，引导金融机构充分准确地披露信息，提前做好城乡金融市场风险的防范。要大力鼓励金融发展和创新，适当降低准入门槛和资本要求，强化信息披露。特别是证券化的产品、创新开发的新型金融产品，其信用评级和风险评级信息必须进行公开披露。新型金融产品可能蕴藏着与传统产品不一样的风险，其盈利模式和风险都发生巨大变化，必须披露新产品面临的全部风险，防范侵害消费者的风险产生。

（二）发挥中介服务的监督与约束

要充分发挥各类中介机构的监督与约束作用。有关金融支持的中介服务种类比较丰富，律师事务所、会计师事务所、资产评估机构、审计机构等社会中介组织是城乡金融体系的重要组成部分，提高中介机构的服务质量与水平，促进城乡金融市场交易的顺利进行，能大大降低社会交易成本。要发挥中介机构在城乡金融支持中的决策、自律和监管功能，减少城乡统筹金融协调发展中各参与主体之间的摩擦和矛盾，充分维护市场主体的内在利益。因此，加快建设中介服务质量和水平，不仅有利于加速城乡各生产要素的流动，也有利于保证城乡经济在公平公正条件下顺利运行。

（三）加大各类媒体的反馈与监督力度

城乡金融统筹要保障媒体的信息传播权力，扩大并加强媒体的反馈与监督范围和力度。媒体往往具有独到的视角和风险敏感性，其通过公开报道等手段对城乡金融市场风险进行披露，将金融机构的风险置于社会公众面前，扩大了金融风险监督和约束的范围。媒体的功能之一是通过信息传播，让更多的市场参与者对金融机构经营活动和风险做出更广泛的评估，实现集合行动对金融市场风险的监督约束。此外，各类新型媒介的传播速度快、传播范围广，能够通过广泛的舆论作用对金融企业的声誉、管理者的能力和道德品质等做出价值或道德评价，达到促进金融机构加强风险管理的目的。

第四节　加强城乡统筹金融机构的内部风险控制

城乡统筹金融服务机构的可持续发展，更需要金融机构具备自我生存和发展能力，因此，不仅强调外部风险监管，更要强调自身的风险控制，要确保金融机构有效发挥外部监管和内部控制的合力。城乡新型金融组织要创新与持续发展，就要建立有效的内部风险控制制度。

一、建立有效的内控监督制衡机制

由于部分农村新型金融组织的业务规模小、管理决策相对简单，因此组织机构的设置也比较简单灵活，公司治理和风险管理相对比较弱。有的金融组织可能只设立董事会，有的甚至没有设立董事会或监事会。为有效防控风险，鼓励金融组织建立有效的监督制衡机制和公司治理模式，设有董事会的金融机构其董事会不能同时进行决策和行使监督职能；未设董事会或监事会的金融机构，可由利益相关者委派人员监督，也可聘请外部机构监督检查。

二、强化内部风险责任的考核与监管

城乡金融机构需要根据国家有关金融市场监管的法律法规，确定金融企业风险监管主体，明确相应风险防控的权责，针对岗位的特殊性和差别性，细化风险防控职能，落实风险监控人员责任。要防止企业内部风险防控工作流于形式，要强化风险防控工作考核，积极开展风险防控的绩效评价，将激励和考核相结合。如果企业风险防控人才短缺，则需要建立合适的人才培训机制，加大对现有员工的培训力度，培养员工诚实可信、爱岗敬业的职业操守，提高风险防控人员的监管能力和综合素质。

三、建立科学合理的动态监督机制

金融机构内部的风险控制是金融组织的长期目标，其制度层面的设计符合具有新型金融组织特色的风险管理模式，并通过制定实施一系列制度、指标、程序和方法，形成金融风险事前防范、事中控制、事后监督的动态机制。一是根据企业自身的经营规模、业务特点、管理技术等差异，根据具体情况对不同的业务、资产、节点制定不同的标准，包括建立规范的资产分类制度和拨备制度、准确进行资产分类、计提充分的损失准备金、规范报表体系、披露存贷款和盈利风险管理相关数据，以增加内部风险的防范与控制。二是加强对资本充足率、资产质量、风险控制、关联交易等风险节点的排查，完善风险自查与防控机制，切实增强金融组织的抗风险能力和持续发展能力。三是在《商业银行内部控制指引》等的指导下，与金融监管部门配合，加强对企业动态的内控制度建设，建立严密的风险内控体系，严格风险内控要求，促进金融机构自觉接受市场监督。

第五节　监控规范城乡统筹中的民间金融与游资

由于正规金融在金融市场缺位，民间金融在正规金融不足的条件下自我发展起来，这种现象在农村金融市场尤为突出。因此，既要实事求是地认识民间借贷在金融市场中的作用，又要规范和引导民间借贷。民间金融等非正规金融整体处于"灰色"地带，游离于国家监管体系之外，城乡金融机构的差异使得监管部门难以按照统一的标准进行监管。尽管目前民间金融整体运行平稳，但仍然存在较大的潜在风险。民间金融经过多年的发展，规模不断扩大，但一直缺少法律保护和制度保障，从金融运行特点来看，其加剧了金融系统内在的风险脆弱性。而游资运作模式中的借贷款多数采用口头约定方式，在经济出现较大波动的情况下，债务人归还借款困难会转化为社会信用风险，导致游资资金链断裂，从而引发债权和债务纠纷。

一、按照审慎监管要求持续监管

金融业监督管理部门按照审慎监管要求对民间金融进行持续动态监管。鼓励民间资本进入城乡微型金融市场，注重民间金融的风险防控和风险分散。通过金融大数据分析和民间舆情监测，将民间金融纳入金融业的监管体系，对自发形成的有组织的金融活动展开持续监管。既要保护正常合法的民间借贷活动，满足农村金融的多维融资需求，又要做好民间金融持续的风险监控，维护债权人的利益。既要发挥金融监管部门的监管职能，又要发挥地方政府、社区、村委会等的作用，分担部分金融风险监管职能，扩大民间金融的监管对象和风险防控的覆盖范围。

二、妥善引导民间金融有序发展

客观分析，金融风险监管对民间金融的发展既不能简单粗暴地"一关了之"，又不能放任自流任其泛滥，而应有步骤、有条件地引导民间金融有序发展，在有效监管的条件下逐步推进民间金融正规化，将民间金融逐步纳入监管体系，提高城乡统筹发展中金融体系的稳定性。民间金融的产生与发展是诱致性制度变迁，是在城乡统筹发展中正规金融缺位下对农村金融体系的有效补充。随着城乡经济的快速发展，民间金融在支持城乡经济发展中具有经济上的合理性和有效性。因此，当前应建立民间金融准入制度，明确合法守法民间金融的合法地位。同时，整合农村金融市场监管力量，建立城乡多元主体协同治理的风险防控机制，严厉打击从事洗钱、高利贷等非法活动的民间金融组织，引导民间金融健康有序、高效规范地发展，保护投资人的需求与权益。

三、动态监控游资的流动与冲击

民间金融中存在游资，一部分游资实实在在地支持了实体经济发展，而另一部分游资却泛滥成灾，造成虚拟经济与实体经济的严重背离。特别是部分国际、国内游资集中涌入部分地区，直接对该地区的金融安全与社会稳定带来了冲击。加强对游资的妥善监管，动态监控游资的流动与冲击成为当务之急，要加强对游资流动的监管力度，确保实体经济健康稳定地发展。一是加强对国际和国内游资的动态监控，严格控制信贷资金盲目进入城乡金融市场，防止大量投机资金通过各种渠道和中介冲击农村金融体系。二是加强对不规范的中介借贷和民间融资行为的监控。监管部门要从立法、制度设计、政策等方面引导游资服务与实体经济，合法规范地增加城乡金融的服务供给，鼓励游资通过城乡中小企业的小额信贷、农户信贷、微型融资等多种形式参与城乡统筹金融服务与支持的健康发展。三是建立游资服务城乡经济的快速纠偏机制。一旦监控发现游资的金融风险和泡沫，就要迅速果断地进行纠偏，引导其回到为城乡实体经济提供金融服务的轨道。

本章小结

要发挥金融在城乡统筹经济中的牵引力和要素配置作用，就必须借助金融创新和杠杆效应。而金融创新带来投融资方式的变化，金融需求刺激信贷规模扩张，金融风险随之增加。现代风险管理理论和全球金融危机的后续效应表明，城乡金融创新和衍生工具的发展，伴生前所未有的风险，只有加强城乡统筹金融风险的预警、防范和监管，才能更好地促进城乡金融持续健康发展。

（1）注重城乡统筹发展与金融风险管控的平衡。在金融创新与风险管控中要注意以下三个平衡：平衡金融服务支持与风险分担、平衡金融创新与风险合规、平衡金融生态环境与信用文化建设。

（2）预警防范城乡统筹金融发展的系统性风险。建立农村金融市场的风险预警机制，通过风险识别和分析，精确判断金融风险的具体类型，挖掘相关金融风险的根源。构建农村金融的风险应急机制，针对农村金融机构的风险评级、风险预警与应对机制，正确处理农村金融机构的破产清算等突发事件，保障农村金融面临突发事件仍能稳健运行。

（3）提高城乡统筹金融发展的外部风险监管。城乡统筹金融的风险监管既要强化各监管部门的权责，又要随着现代金融的创新变化相应提高监管水平，充分发挥监管部门的监管职能。健全监管法制体系和行为，完善监管部门的技术和手段，并重视外部监督的权力和质量提升。

（4）加强城乡统筹金融机构的内部风险控制。城乡统筹金融服务机构的可持续发展需要金融机构具备自我生存和发展能力，不仅强调其外部风险监管，更要强调自身的风险控制。建立有效的内控监督制衡机制，强化内部风险责任考核与监管，进行科学合理的动态监督。

（5）监控规范城乡统筹中的民间金融与游资。正确认识并有效处理农村金融市场中正规金融的缺位导致的民间金融和游资等非正规金融的风险问题。既要实事求是地认识民间借贷在金融市场中的作用，又要规范和引导民间借贷。按照审慎监管要求持续监管，妥善引导民间金融有序发展，并动态监控游资的流动与冲击。

第十一章　研究结论和政策建议

随着市场经济体制改革的不断深入，城乡统筹发展对金融业提出了更高的要求。各级政府和各类金融主体要抓住有利时机，加快金融改革创新步伐，积极拓展融资渠道，切实提高金融业经营管理水平、市场竞争能力和服务水平，拓宽城乡金融发展空间，寻找城乡金融发展切入点和结合点，支持地方经济发展，最终实现金融与经济的双赢。

第一节　改革政府管理体制

一、改革宏微观金融管理体制

改革宏微观金融管理体制，确保城乡统筹发展中的资金供给。第一，在宏观层面，调整目前的一些制度安排，理顺资金价格。彻底调整邮政储蓄制度安排，降低邮政储蓄在人民银行的转存利率，其收益应仅限于适当储蓄转存款全额转贷农信社，增加其支农的资金实力。继续稳定并适当上浮农信社存款利率解决其存款资源流失。人民银行应制定同业存放基准利率，并授权分行管理同业存放利率，以改变金融机构上存资金的利益驱动，促使金融机构增加信贷投入。适当降低金融机构在人民银行的存款利率，减少金融机构存款储备。第二，在中观层面，政府及有关管理部门应明确各金融机构的职能定位，抓紧制定管理办法，调动各相关金融机构为城乡统筹提供资金支持，特别是增加支农资金的投入，控制农村各金融机构的职责范围和资金流向，明确金融机构在县及县以下机构、网点新增存款用于支持当地农业和农村经济社会发展的比例。第三，在微观层面，要培植承贷主体，借鉴国有商业银行的授信制，实行农户贷款授信制，逐步实行联保贷款管理等办法，保证城乡资本实现良性循环而不溢出，并使其能产生放大效应。

二、金融政策与财政支农政策的相互协调形成合力

（一）要完善对农业贷款的贴息机制

对农业贷款的扶助与支持可在有条件的地方，从现有的财政资金中划出一部分作为贷款的贴息资金，适度扩大财政贴息，增加贴息数额，扩大贴息范围，保证贴息到位，即降低农村金融机构贷款的外部风险，既能促使其增加信贷投入，又可以解决目前农民贷款利率过高、经营负担较重的问题。利用贴息、补助等形式，对农村金融市场的信贷交易特别是小额农户贷款进行补贴，吸引各金融机构的信贷资金流向农村市场，同时鼓励广大农户使用信贷资金，加快致富步伐。

实行财政贴息，出台农业补贴政策，包括农业信贷补贴、农业保险补贴、灾害补贴、环保补贴等方面的政策。通过对面向农业贷款或提供保险的金融机构提供利息补贴、税收优惠等优惠政策，引导银行信贷资金流向农村、农业和农户。对金融机构的涉农贷款可以考虑实行低息政策，由国家通过适当的方式给予适当的贴息，切实减轻农民的负担，鼓励各类银行业金融机构更多地向"三农"投放资金。对农村信用因发挥政策服务功能形成的不良资产，要采取措施逐步消化，改善财务状况，提高经营积极性。

（二）减轻农民负担，增强农户承贷能力

各级政府部门要积极采取措施真正落实中央各项减轻农民负担的政策，切实减轻农民负担。各级政府职能部门要积极推行税费改革，贯彻取消乡统筹、村提留等一切不正当收费，降低农业税和农业特产税税率。

（三）促进政策性金融与财政转移支付、税收改革的紧密结合

加大财政政策与金融政策的配合力度，发挥协同效应。深化农村税费改革，逐步扩大公共财政覆盖农村的范围，实行城乡统筹的公共财政政策。针对一些农村基础性公共产品，通过市政债、发展基金等手段进一步发挥财政政策的杠杆作用。对金融机构发放的涉农贷款、村镇建设贷款，要在税收政策允许的范围内，适当减免利息收入的增值税和所得税。

三、逐步消除我国金融内生制度安排

利率抑制、垄断的银行结构和被抑制的农村金融等特征加剧金融资源配置的城市化和农村金融资源的外流。因此，要逐步消除我国金融内生制

度安排，就要加快建立完善的社会保障体系和税收征管制度，消除由金融部门承担的向利益集团提供利益补偿的政策性、社会性负担；同时，稳步推进利率市场化改革、大力发展中小金融机构，以及合理引导农村非正规金融的发展，改善金融资源配置的城市化和农村金融资源外流的情况。

第二节　完善农村资金风险分散机制

要通过探索完善农村资金的投入风险分散机制，引导过剩的资金。目前，全国银行业流动性过剩的资金已达到 10 万亿元左右，经营成本增加，利润空间减少。但在资金需求旺盛的农村，由于缺乏技术性控制手段，农村借贷人无法提供有效担保，融资困难。

一、充实农村金融机构的资本金，增强抗风险的能力

农村金融机构与城市金融机构相比，其资金实力与资产规模都严重不足。而面对内外部的风险冲击，增资扩股、充实资本金、落实核心资本充足率是提高农村金融机构的抗风险能力的基本要求。采取多种途径充实农村金融机构的资本金规模、优化资本结构，可增强其抗风险的能力。

二、创新组建农村各类风险基金

尝试由县、乡两级财政出资建立农户贷款担保金，由政府直接出资设立农村创业担保基金，由地方政府、农村金融机构和农户共同出资建立农村贷款风险补偿基金，以及按一定比例分摊呆、坏账的农村风险保障基金。

三、大力发展各类农村担保机构

可大力发展地方政府参与出资的、非营利性的农村信用担保机构，积极培育按照市场经济原则和商业化运作程序组建的商业性担保机构，着力扶持中小企业自发组建、自我出资、自我服务、自担风险、不以盈利为主要目的的互助性担保机构。

四、加快发展农业保险等综合金融

政府应加快农村保险、农业保险体系等保障性制度的建设，建立农业

风险保障机制，增强金融风险规避功能。要促进金融机构增加支农贷款，就必须要减少金融机构的风险贷款成本，用保险赔偿弥补因自然灾害或市场变化造成的信贷资金损失，从而降低信贷资金的风险度。发展农业保险应以政策性保险为主，一方面，采取政府支持的方式组建农业保险公司，政府引导办理农业保险；另一方面，通过制度设计，对于参加农业保险的农户，给予信用贷款等优惠支持，也可将农业保险与发放农业贷款相结合，降低农业信贷资金的风险。

改革农业灾害救助模式，改变过去政府单一的事后财政补助。通过成立专业性农业保险公司，逐步建立政策性农业保险与财政补助相结合的农业风险防范与救助机制。探索保险创新，积极开展农业保险、责任保险、外出农民工保险等商业性保险业务，以保障农业生产和再生产，以及保障农民增收。通过完善城乡社会保障制度和机制设计，建立与城市接轨的农村社会保障制度，使养老保险、医疗保险和最低生活保障等制度在城乡全覆盖。

第三节　优化农村金融生态环境

加大城乡统筹发展的金融服务力度，优化农村金融生态环境，强化农村信用环境的整治。

一、建立政府与金融的新型合作关系

建立公信政府，把政府与金融的关系推向新阶段。充分发挥人民银行、银监会等的作用，正确处理领导、管理和服务的关系，及时完整兑现政府的承诺和政策性融资的配套措施，努力打造诚信政府、诚信企业、诚信银行，建立一批信用乡镇、信用村和信用农户。加强政府信用、企业信用、社区信用和个人信用建设，形成覆盖城乡的一体化、多层次的社会信用体系。

二、进一步完善农村法治和信用环境

加强城乡一体的法制建设，积极保护农村金融机构的债权，对于恶意信用欺诈和逃废金融债务行为要坚决打击；加强诚信宣传教育，培植诚信文化，大力培植农村优质信用主体，切实落实对优质信用主体的信贷优惠

政策，促进农村金融生态的良性循环。加快制定《城乡统筹金融服务法》，以立法手段保障城乡发展所需的金融资源和金融服务。培育和规范农村金融市场，维护金融市场秩序。

三、积极探索农村信用担保贷款模式

探索建立多层次的农户或中小企业信用担保机制，建成有效的"三农"业务风险转移机制，增强金融机构为"三农"信贷融资的信心。一是建立以政府为主体的农村信用担保体系，可由县级政府财政出资，设立具有独立法人资格的担保机构，实行市场化、公开化的运作。二是探索在贷款实施中，由相互信赖、严守信用，并具有一定资产保证的农户组成信用贷款担保互助小组，集体向农信社等金融机构申请贷款。三是探索建立农村金融的信用贷款互助担保机构。对入股社员开展资信调查、信用等级评定和授信额度确定，社员根据身份和资质，获取金融机构在授信额度以内的贷款。

四、营造城乡金融和谐发展的金融生态氛围

创造有利于保护债权人和金融机构权利的良好环境，形成对金融机构、债务人和投资者的市场约束机制；从政策上促进与金融产业相关的中介机构的健康发展，提升中介机构的专业化服务水平。

第四节　提升金融产业质量，优化资源配置规划

深化金融产业功能，促进城乡统筹发展，强化金融产业就业和产值创造功能，增加金融产业总量及其在国民经济中的占比。

一、加强金融核心区的规划

提升金融产业质量，规划建设核心金融区，优化金融企业的空间地理位置，努力发挥金融业的外部规模经济，发挥核心区金融对落差区，特别是对农村落后金融区的辐射作用。对金融核心区进行统一空间规划，形成金融信息产业服务区、区域金融机构总部区、金融研发区、金融创新区、金融服务中介区、金融配套服务区等若干个金融功能区。

二、调整城乡金融产业的组织结构

(一) 加大金融机构之间的合作力度

要加大金融机构之间的合作力度，使其共享网络、数据、资信等基础设施，推进金融辅助性产业尤其是现代金融信息服务业的发展。一是建立金融业内的多层次、多方面协作机制，特别是银行、证券、保险、担保公司等之间的协作。二是充分发挥金融监管部门和金融行业协会等组织的作用，搭建金融机构交流合作平台和信息共享平台。政府部门牵头，引导建立共享的客户信用评级系统、违约信息系统等，通过整合信息资源，发挥金融合力，降低金融服务成本，让利于贷款主体。三是优化外部融资服务环境，加快发展会计、律师、投资咨询、资产评估、信用评估等金融中介服务机构。

(二) 鼓励更多的金融机构进入农村金融市场

城乡统筹发展客观上要求必须有一个科学合理和完善的现代农村金融组织体系，要鼓励更多的金融机构进入农村金融市场，并提供全方位、多层次的金融服务，有必要建立多层次、多样化、适度竞争、相互补充的农村金融组织体系。应鼓励设立真正村级资金互助合作组织，实现自主经营、自我约束、自担风险、自我发展。在保证资本金充足、严格金融监管和建立合理有效的退出机制的前提下，鼓励在县域内设立多种所有制的社区金融机构，允许私有资本、外资等参股，试办村镇银行、小额贷款公司、保险公司等其他形式的农村金融机构，扩大业务范围和服务领域。

三、充实城乡金融产业的产品结构

随着城乡统筹发展进程的不断深入，农民生活水平不断提高，金融需求必将日益升级，因此，需加大金融产品创新力度，满足多样化、多层次金融需求。开发创造市场需求，针对市场的实际金融需求情况，创新金融产品，充分发挥城乡金融机构、农业银行、邮政储蓄银行等商业性金融支持城乡统筹和社会主义新农村建设的作用。遵循市场规律，不断创新、完善和充实金融产业的产品结构，尤其是农村金融产品的结构。

(一) 要大力引入政策性金融品种

政策性金融应坚持"政策扶持、保本微利"的原则，发挥金额大、周期长、利率优的优势，通过产品创新、发行政策性国债等，自主服务或委托商业性金融代理，直接以资金或者以信用担保形式介入农村基本建设、公共服务领域以及产业化龙头企业、农业资源开发项目，以引导更多的资金参与建设，缓解财力不足或商业性金融不愿介入、无法介入的资金压力，形成与商业性金融品种的良性互补。

（二）提供个性化、差异化服务品种

农村经济的发展对资金的需求具有多样性，既有对小额信贷的需求，又有对大规模资金的需求，需要农村金融机构发挥各自优势，提供差异化产品，满足不同区域、不同环节和不同经济主体的资金需求。在现有的如"贷款+票据+信用证+保函"组合信用、"土地厂房抵押+企业保证+个人经营贷款"等大额贷款、"套餐式"进城务工组合贷款、"自助式"回乡创业可选择贷款、"及时雨"式临时资金周转贷款、发展种养贷款等小额资金需求的小额贷款等一系列品种的基础上，通过协议存款、债券交易间接提供资金，进一步扩大资金自主营运范围，并探索农业小额信用贷款、个人经营贷款、农业小企业贷款等新品种，从而直接提供资金。

（三）逐步把目前在城市开办的业务品种向农村推广

城乡统筹使城市与农村连成一体，有利于各类新业务的拓展和推广。要充分利用现有农村金融网点优势，继续办好代收水费、电费、粮农收购款、代发工资、土地征用款、粮食直补资金、代理保险等中间业务，并根据各地情况，逐步拓展担保见证、咨询、投资理财等科技含量高的中间业务品种，以满足不同层面农民的需求。如大力发展修建住房、装修等农村消费信贷，提高农村城镇化水平；积极发放教育、助学、培训类贷款，创新贷款偿还方式；由教育机构"承贷承还""统贷分还"，配套推行"培训+创业贷款"服务，促进农民就业创业；具备条件的区域要大力推广国际结算、信用卡、商业汇票承兑等业务。

第五节　完善调控机制引导信贷资金流向

按照"多予、少取、放活"的方针，根据区域经济差异和特点，调整城乡信贷资金的总量结构和投向结构。

一、发挥经济杠杆作用引导信贷资金流向

经济杠杆作为调节经济的重要工具，对资金流向具有较强的引导作用。因此，可发挥税收、价格等经济杠杆的作用，引导城乡金融机构增加对"三农"领域的信贷投入。一是建议在国家减免农业税的基础上，逐步

减免金融机构经营农业贷款等"三农"业务的营业税、所得税等，鼓励农村金融机构的资金为"三农"服务。二是发挥财政转移性支出作用，落实农业补贴政策，发挥财政补贴效应。贴息贷款是一种利率补贴，集中于扶贫贷款，因此，可以有选择地对农业贷款项目实行分级利息补贴，引导金融机构增加对"三农"的信贷投入和差异化服务。三是由于价格机制能调节生产要素的供给与需求。因此，可通过发挥资金价格的引导作用，引导信贷资金流向政策支持的领域和行业。四是加强产业政策规划与引导，加快农村的商品基地和地标经济建设，增强"三农"自身对信贷资金的吸纳和增值能力。

二、完善调控机制调节城乡金融的合理配置

中国人民银行的金融宏观调控主要解决总量问题，而要解决金融资源的配置效率等问题，还须发挥财政政策、信贷政策、产业政策和区域经济发展政策等的协调配合作用，以调节全社会的资金总量和动态流量在城乡间的合理配置。中国人民银行可以运用直接信用控制、间接信用指导等政策工具，选择措施以调控资金流向。建议加快农村利率市场化改革，发挥利率的市场调节作用，对农村金融机构系统内上存资金的比例、上存资金的利率等设定限制，以引导信贷资金加快回流农村。

三、吸收和扩大金融总量，做好城乡金融调剂

政府必须介入农业融资，引导金融部门进入农业和农村。要增加全国信贷总量，从总量中调剂出资金，增加城乡统筹中对"乡"的投入，促使农村的信贷资金优先运用于农村。为做大农村金融供给总量，一是可制定出台优惠政策，引进更多的城市和外资金融机构到农村金融机构参股或新设机构，引导大中型银行增加县域的资金投放量；二是可以采取优化信贷增量结构的措施，改革城乡金融机构信贷投向的约束与激励机制，促使资金回流到"三农"领域；三是改革农村信贷管理模式，扩大基层金融机构新增贷款的审批权限；四是创新融资方式，拓宽农村的融资渠道，扩充农村金融市场的资金供应总量。

同时，要形成信贷投入的正向激励机制。建立贷款风险补偿机制，增加对贷款的贴息率，使之能覆盖贷款风险溢价。为了拓宽信贷资金来源渠道，农发行可以通过金融市场发行农业开发建设长期债券，改变资金来源单一依赖人民银行再贷款的状况，农业银行、邮储银行及信用社也可发行中长期农业开发专项融资债券，用市场化筹资手段弥补政策性支农资金的

不足，同时引导社会资金流入农村。投入的项目形成后可以按照投入与受益对等原则，由投入行（社）持有或控股项目收益权。

四、建立支持信贷资金回流的机制

结合农村资金大量外流的实际情况，减少农村资金的外流。完善农业担保和财政补贴机制，引导市场资金服务"三农"，逐步缩小城乡金融市场的差距。建立信贷资金回流农村的激励机制，补贴金融机构新发放的各项农业贷款，出台金融机构在农村吸收资金投入"乡"资金的比例要求，减免部分金融税收引导农业信贷资金向农业领域配置，引导信贷资金向"乡"流动，支持城乡统筹发展。制定政策，鼓励商业银行总、分行将资金调剂到设置在县域的机构，以满足"乡"的资金需求。加快解决邮政储蓄资金吸收农村存款回流农村问题。

第六节　建立现代金融市场体系、服务体系和支持体系

实施科学规划，建立和完善与战略定位相适应的现代金融市场体系、服务体系和支持体系，以多元化的金融服务体系满足城乡经济主体不同的金融需求。我国城乡经济主体在地理区位、资源禀赋、产业结构、发展水平等方面存在很大差异，其金融需求呈现多层次特征。

一、建立现代城乡金融市场体系

市场经济体制改革引导城乡统筹金融的市场化发展趋势。在市场经济的要求和规则下，要大力发展金融信息技术，并将金融技术惠及农村，特别是要降低农村金融交易的信息成本和交易成本，以提高农村金融交易的效率。要创新金融投资工具和金融交易方式，提高商业银行等金融机构的多样化经营服务。要壮大中小金融机构资金实力，更好地为"三农"和地方中小企业服务。要深化农村金融改革，加大农信社等农村金融机构对"三农"的支持力度。要拓宽直接融资渠道，对基础条件好的投资项目鼓励采取发行债券等方式直接筹集资金。要从严规范资本市场，加大上市公司重组力度，提高上市公司经营效益和筹资规模，充分利用资本市场优化资源配置，引导信贷资金和其他资金进入农业上市公司，形成城乡统筹金融发展的直接融资与间接融资良性循环。还要以市场化为引导扩大开放力

度，营造良好的营商环境，全方位多层次招商引资，提高政府办事效率和行政服务质量，为建设统筹城乡金融市场体系提供优质的政务服务。

二、建立现代城乡金融服务体系

根据地理条件，因地制宜建立健全现代城乡金融服务体系。在城市中心地区和城乡一体化发展迅速的地区，基础设施的相对完备和专业化分工提高了金融交易效率，从而使规模化的商业性金融机制能够较为有效地配置经济资源。在一些经济落后的边远地区，农村基础设施建设和贫困农户的资金需求难以通过一般商业性金融来满足，需要通过开发性金融、财政性补贴措施加以解决。在其他一些地区，随着市场机制的扩展和深化，以及农业产业结构的升级调整，出现了不同程度向现代商品经济动态演进的中小农户，其在生产经营、规避自然风险和市场风险方面对专业合作组织存在一定依赖，在融资层面存在互助合作的现实需求，因此使合作金融或社区金融具备制度和经济基础。由此可见，任何单一的金融服务模式均无法覆盖城乡统筹发展所需的市场，只有多元化的、提供不同金融产品和服务方式的金融组织和措施，才能满足城乡不同层次并且不断变化的金融需求。

三、建立现代城乡金融支持体系

（一）建立多元化资金支持体系

我国的金融体系应是商业银行、合作银行、政策性银行、民间资本以及保险公司、金融中介公司等的多层次的机构网络共同参与，职责明确、分工协作的金融体系。因此，必须分清各种金融机构的职责，使现有的各农村金融机构充分发挥支农职能，并通过实行对农贷款优惠政策引导各金融机构多向农业贷款，减少存贷差，以保障农村经济社会发展的资金供给。

1. 要充分发挥农信社的金融主力军作用

农信社要加大对农户小额贷款、大户贷款等的投放力度，利用机构多、人员足的优势做好小规模农业贷款的零售业务，有效满足众多农户和农村企业发展经济的资金所需。继续加大中国人民银行支农再贷款对农信社的扶持。当前要深化农信社改革，加快改革步伐，合理引导农信社的资金流向。明确信用社的性质，加强内部管理。明晰产权，完善法人治理结构。增资扩股，充实资本金。进一步成立省级信用联社，实行县级统一法人，减少管理层次，提高管理效率。加强信用社电子联网服务。现阶段有很大一部分资金是外出务工人员寄回农村的收入，如果没有电子联网服务，不但给农民造成很多不便，还会促使这部分资金流向有电子联网服务的金融机构，加剧农村资金的外流。国家应从政策上给予大力支持，尽快制定相关法律法规，依法明确信用社的地位、发展方向、管理体制、权责范围、扶持政策等，为农信社发展提供法律保障。规范处理历史留下的不良资产，由中央、地方政府财政分担消化。地方政府不干预信用社日常业务，防止新增不良贷款。创新贷款方式，简化农户贷款手续，既要拓宽农村信贷市场，又要避免农信社的资金闲置。

2. 适当增加农发行的职能

随着我国粮食流通体制改革的进一步深入，农发行在保粮方面的功能和业务已经淡化和减少。其业务范围已有所改变，在从事商业银行业务的同时，又承担着政策性业务，承办了大量的城市工商金融业务等。在股份制改革中，要处理好其商业化经营与服务"三农"的关系，按照"有进有退"原则，进一步区分和明确农发行的支农业务范围和经办的政策性、准政策性业务，该划转农发行的政策性支农业务应及早划转，以便为股份制改革创造条件。

农发行应充分考虑农村经济发展的客观需要，适当增加部分其他支农政策性业务，如农业科技研发贷款，交通、水利等基础设施贷款等带有明显社会效益的贷款，以体现国家支持农业经济发展的政策意图。同时，重新发挥农发行在农村资本市场的作用。农发行要重新调整"弃农进城"战略，在挤占城市发展空间的同时，继续保持农村领域的发展优势，加大对农业大户和乡镇企业的扶持力度，下放贷款审批权，赋予县支行及乡镇营业网点较大的存贷比例管理自主权，支持信用社的大额贷款。要促使农发行加强对农业的服务，增加中长期贷款比重，重点支持农业产业化经营，支持农村水利、电力等基础设施建设和小城镇建设。

3. 要强化农发行的政策性金融服务功能

进一步明确农发行作为国家政策性银行的职能定位，赋予农发行支持扶贫工作、农业综合开发等政策性融资职责，调整农业政策性金融的服务领域，逐步将支持重点由农产品流通领域转向农业综合开发以及农村基础设施建设等领域。在确保政策性农业金融服务的同时，加大对"三农"领域中，特别是农业综合开发、农田水利基本建设、农产品加工的龙头企业等方面的资金投入，充分发挥农发行在城乡统筹中对城乡经济的支持作用。

4. 在加强监管的前提下引导其他金融机构为农服务

要在加强监管的基础上，规范和正确引导民间金融组织，允许民间资本进入农村金融支持体系，允许在县域农村存在适量民营金融组织，并使其为农服务。一方面，我国一些经济发展程度相对较高、资金需求较旺盛的农村地区在现有的农村金融体制下，对信贷资金的需求无法得到满足，而另一方面，又有大量的剩余资金找不到良好的投资渠道。在这样的条件下，政府应该逐步开放农村资本市场，鼓励民间资本进入农村资本支持体系，服务"三农"。可以在乡村自治内部成立农民入股的农村合作金融组织，也可以让民间资本入股农信社，成为股东。民间资本的进入，有利于打破目前农村资本供给的垄断局面，强化激励竞争来提高效率，使农村资本的供给逐步市场化。

5. 建立农村保险体系和金融中介服务体系

应加快建立完善农业保险体系，提高农业经济的抗灾和风险补偿能力，降低农村金融机构支农贷款的成本和风险。优化农信社等金融机构的存款保险机制，消除金融机构的外部风险，提高农村金融机构的风险分散能力，增强农村金融机构在金融行业内的竞争能力。同时，切实提升金融中介机构服务的质量和效率，简化抵押评估、资产登记、财产公证等手续，降低中介收费标准，减轻投资环节的融资负担。

(二) 改革农村资金价格体系

1. 改革贷款利率定价机制

对农户、农村企业短期贷款资金需求，利率要少上浮。对采取质押、抵押和保证等不同担保方式的贷款，利率上浮幅度也应有所区别，应综合评估贷款的风险状况，据此确定上浮档次。要尝试对农业贷款实行利率适度放开的机制，允许金融机构将利率上浮50%的政策优惠作为农业信贷风险的补偿，吸收其他金融机构发放的农业贷款。

2. 改革农业保险定价机制

要将农业产业保险与其他商业性保险区分开来，建立优惠保险费率和赔偿体系，使农业保险能真正发挥其在新农村建设中的重要作用。同时，建议政府对农业保险给予财政补贴，实行政府财政补贴农业保险保费制度，由省、市、县政府分别提供一定比例的保费补贴，多渠道、多形式地筹措保费给予农户补贴。

3. 建立城乡差别利率机制

要加快推进农村金融的利率市场化改革，实行适度的城乡差别利率，完善中央银行调节机制，实现金融资源在城乡间的合理配置，限定县域金融机构上存资金比例，对上存资金利率实行最高限管理。

4. 规范引导农村民间借贷利率

在一些地区民间金融发展较快，农村民间借贷利率过高，农户及农村企业支出负担较重，要在合理规范民间金融的基础上，重点规范引导农村民间借贷利率。

第七节 积极推动城乡统筹发展的金融创新

加快金融创新步伐，大力支持和促进城乡经济发展。通过创新金融产品、工具、融资模式等，推动多层次资本市场建设，促进金融产业创新发展。

一、为城乡统筹创新多类型金融产品

结合我国城乡统筹的国情和地区特点，加大金融产品创新力度，积极培育区域性金融市场，提高城乡间的金融交易总量。通过创新多类型的金融产品和交易工具，为广大公众提供更多的投资选择，为城乡金融机构自身创造良好的经济效益，有利于加快金融要素的流动和高效配置。要在城乡统筹发展中不断进行金融创新，加快引进除传统银行之外的信托、保险、典当、证券期货等新产品，探索建立各种区域性金融交易市场和金融中心，满足日益增长的金融需求。积极创新金融服务品种，对已在城市办理的业务品种，尽快在农村金融机构进行推广。同时，要实现农村和城市的信息共享，使双方共同掌握较多的信息资源优势，从而为农村提供高质量的金融服务，促进农村经济的快速发展。

二、为城乡统筹创新丰富的金融工具

城乡统筹中的金融支持要到位，就需要辅以恰当的政策和合适的金融工具。要积极探索支持有条件的企业在证券交易市场上市，进一步探索运用短期融资券、企业债、公司债等创新金融工具来解决一些企业或项目的资金筹集问题。同时，设立创业投资基金、产业投资基金、风险投资基金，拓宽融资渠道，形成适宜的直接融资和间接融资比例。

三、为城乡统筹创新融资模式

进一步深化城乡的投融资体制改革，充分考虑城乡经济发展水平的差异性，创新市场投融资模式以实施差别化的信贷方式。积极拓展城乡融资渠道，探索城乡融资的有效形式，着力解决城乡经济发展融资难的问题。在城乡统筹的融资中，要将财政资金、信贷资金、集体资金、社会资金以及国外资金等渠道相结合，努力培育城乡经济发展所需资金的良性供给循环机制，形成多渠道、多层次的资金投入模式。同时，积极拓展国内外资本市场融资，利用上市融资、定向增发、发行企业债券等融资方式，使城乡统筹的经济发展获得最多的资金支持。

（一）充分认识城乡经济的差异性，提供多样化贷款服务

放宽授权和授信，避免贷款标准"一刀切"。应看到农村经济以个人客户、中小个体民营企业为主的特点，根据其"急、频、小"的贷款要求，积极开发新产品，形成特色化服务、差别化服务、多样化服务。推动城乡中小企业贷款试点等工作，建立符合中小企业贷款业务特点的风险控制制度，推出符合中小企业不同需求的信贷产品和金融服务，切实解决中小企业融资难的问题。可选择那些只要注入少量资金即可显著发展的中小企业，尤其是民营企业进行担保融资。

（二）探索多种形式的社区金融试点

积极探索城乡社区的金融试点工作，探索建立"小额担保贷款+创业培训+信用社区创建"的联动机制，增强对就业和再就业的信贷支持力度。

（三）探索城乡保险等金融创新试点

进一步完善助学贷款风险分担和补偿机制，探索由保险机构对助学贷款提供保险的可行措施。要提高为统筹城乡服务的保险公司的经营管理水平，加大保险产品创新力度，形成以社会需求为导向的保险产品创新体系，使保险产品更好地为经济发展和人民生活服务。根据实际需要，适当扶持保险中介机构，尽快建立健全保险市场体系。

（四）推进区域性产权交易市场建设，完善资本市场

积极开发城乡产权市场交易，扩大其交易量，以促进生产要素进一步流动。争取设立地方性产业投资基金，为基础设施建设和具有比较优势的产业提供资金支持。尝试设立统筹城乡发展的产业投资基金，引导企业利用债券、信托、上市等方式融资，推动企业直接融资，改善融资结构；发展地方金融机构，争取建立村镇银行、贷款公司和农村资金互助社。

（五）拓宽注资渠道，启动城乡资本运作机制

城乡金融机构应强化贷款营销，完善信贷激励约束机制，调动信贷人员拓展信贷业务的积极性。支持多层次、多元化、多样化的金融机构参与资本市场，增加资金筹资渠道，提高城乡统筹金融支持实力，优化资源配置。

四、为城乡统筹创新现代金融技术

以现代化的金融技术手段为金融资本引导城乡要素资本的合理流动与融合提供支持。当前，我国在运用现代金融技术促进城乡经济发展方面已取得一定进展，但在建立健全覆盖城乡的跨行支付体系、推广非现金支付工具使用、提高中小金融机构和农村地区金融交易水平等方面还存在诸多问题。为此，应进一步推进金融市场的基础设施建设，建立和发展统一、互联、高效、安全的城乡金融结算和交易平台，提高金融网络的安全和效率，促进金融创新，从而引导城乡要素的合理流动与融合，为城乡金融市场的一体化和服务体系的多元化提供技术支撑。

本章小结

城乡统筹金融是现代经济的核心，要实现城乡统筹发展的战略目标，必须建立现代城乡统筹协调发展的互动金融机制。各级政府和各类金融主体要抓住有利时机，加快金融改革创新步伐，积极拓展融资渠道，探索设计统筹城乡金融互动协调发展与资源配置机制，提出城乡统筹金融发展的风险管理及统筹城乡金融资源配置与协调发展的对策。

（1）改革政府管理体制。改革设计宏微观金融管理体制，确保城乡统筹发展中的资金供给，完善金融政策，协调财政支农政策发挥协同效应。逐步消除中国金融内生制度安排，快速建立完善的社会保障体系和税收征管制度。要稳步推进利率市场化改革；大力发展中小金融机构，合理引导农村非正规金融的发展，从而调整金融资源配置的城市化，减少农村金融资源的外流。

（2）完善农村资金风险分散机制。采取多种途径扩大农村金融机构的资本金规模，优化资本结构，增强其抗风险的能力。创新组建农村各类风险基金，大力发展各类农村担保机构，加快发展农业保险等综合金融。

（3）优化农村金融生态环境。建立政府与金融的新型合作关系，正确处理领导、管理和服务的关系。加强城乡一体化的法制建设，完善农村法治和信用环境，探索建立多层次的农户或中小企业信用担保机制，营造城乡和谐发展的金融生态氛围。

（4）提升金融产业质量，优化资源配置规划。深化金融产业功能，提升金融产业质量，规划建设核心金融区，加大金融机构之间的协作和合作，鼓励更多的金融机构进入农村金融市场，调整城乡金融产业的组织结构，引入政策性金融品种并提供个性差异化服务，逐步向农村推广城市的业务品种以完善城乡金融产业的产品结构。

（5）完善调控机制引导信贷资金流向。根据区域经济差异和特点，利用经济杠杆引导资金流向，协调财政政策、信贷政策、产业政策和区域经济发展等政策，调节城乡金融的合理配置。政府介入农业融资，引导金融部门进入农业和农村，吸收和扩大金融总量，做好城乡金融调剂，建立支持信贷资金回流的机制以减少农村资金的外流。

（6）建立现代金融市场体系、服务体系和支持体系。市场经济体制改革引导统筹城乡金融的市场化发展趋势，以市场化为引导扩大开放，建立城乡统筹的现代金融市场体系。根据地理条件差异，因地制宜建立健全现代城乡金融服务体系。从建立多元化资金支持体系和改革农村资金价格体系着手，建立现代城乡金融支持体系。

（7）积极推动城乡统筹发展的金融创新。加大金融产品创新的力度，通过创新多类型的金融产品和金融工具，进一步深化城乡的投融资体制改革，根据城乡经济发展差异，拓展城乡融资渠道，创新市场投融资模式。创新金融技术，为金融资本引导城乡要素资本的合理流动与融合提供支持。

参考文献

阿克洛夫，2001. 柠檬市场：质量的不确定性和市场机制 [J]. 经济导刊，6：1-8.

艾洪德，2004. 利率市场化进程中的金融机构利率风险管理研究 [M]. 大庆：东北财经大学出版社.

宾国强，1999. 实际利率，金融深化与中国的经济增长 [J]. 经济科学，21 (3)：32-38.

财政部科研所课题组，贾康，2005. 开发性金融的历史定位与发展之路：我国投融资体制改革和市场体系建设中开发性金融作用及与财政的关系研究 [J]. 财政研究，10：2-11.

曹啸，吴军，2002. 我国金融发展与经济增长关系的格兰杰检验和特征分析 [J]. 财贸经济，5：40-43.

陈春生，2006. 城乡一体化与农村金融发展模式，路径的探讨 [J]. 西安财经学院学报，19 (5)：55-60.

陈刚，尹希果，2008. 中国金融中介增长与城乡二元对比系数 [J]. 山西财经大学学报，30 (5)：100-106.

陈刚，尹希果，2008. 中国金融资源城乡配置差异的新政治经济学 [J]. 当代经济科学，3：57-65.

陈剑波，2007. 财产制度与银行信用：当前县域金融困境剖析 [J]. 调查研究报告，4：1-10.

陈景仓，2014. 制约城乡统筹发展的因素分析 [J]. 城市建设理论研究，8：1-4.

陈军，王亚杰，2002. 我国金融发展与经济增长互动关系分析 [J]. 中国软科学，8：49-52.

陈蓝萍，景文宏，孟秋敏，等，2014. 金融资源配置，金融效率与城乡收入差距的关系研究：基于省际面板数据的实证 [J]. 甘肃金融，9：63-69.

陈利，周轶强，2008. 新特区重庆在城乡统筹下金融资源配置效率研究
　　[J]. 河南金融管理干部学院学报，26（4）：21-24.

陈利昌，罗必良，2006. 广东统筹城乡发展：问题，原因及对策 [J]. 特区
　　经济，2：26-27.

陈伟，刘明，刘波，2009. "后金融危机" 时期的我国信贷风险控制：基于
　　央行信贷政策视角的分析 [J]. 金融发展评论，10：1-4.

陈伟国，张红伟，2010. 后金融危机时代下的金融创新与风险监管 [J]. 西
　　南民族大学学报（人文社会科学版），31（6）：201-204.

陈锡文，2005. 深化对统筹城乡经济社会发展的认识扎实推进社会主义新
　　农村建设 [J]. 小城镇建设，11：14-17.

陈锡文，2005. 中国农村如何突破 "温饱陷阱"？[J]. 中国经济周刊，47：
　　24-25.

陈艳，2015. 我国城乡统筹发展过程中的农村金融改革路径探索 [J]. 改革
　　与战略，31（8）：74-76.

陈艳，2015. 我国城乡统筹发展过程中的农村金融改革路径探索 [J]. 改革
　　与战略，31（8）：74-76.

陈艳清，2015. 关于城乡融合发展的思考与实践：兼谈城乡融合的五种模
　　式 [J]. 中国农垦，9：30-32.

陈元，2004. 改革的十年发展的十年：开发性金融实践与理论的思考 [J].
　　求是，13：40-42.

陈元，2004. 建设开发性金融支持我国经济社会全面发展 [J]. 上海城市发
　　展，3：1-3.

城乡二元结构下经济社会协调发展课题组，周叔莲，郭克莎，1996. 中国
　　城乡经济及社会协调发展（下）[J]. 管理世界，4：35-44.

程小伟，邵伟，陈伟忠，1999. 信息不对称与商业银行的信用风险管理
　　[J]. 现代企业，8：55-56.

邓益民，2010. 后金融危机时代的银行风险及防范对策 [J]. 金融纵横，7：
　　29-31.

丁晓宁，杨海芬，王瑜，2016. 从农村金融视角看农民财产性收入问题：
　　基于河北省的研究 [J]. 财会月刊，20：92-95.

丁晓松，2005. 中国出口结构变革和经济增长的协整分析 [J]. 价值工程，
　　8：3-4.

董晓花，王欣，陈利，2008. 柯布：道格拉斯生产函数理论研究综述 [J].
　　生产力研究，3：154-156.

窦森，2009. 城乡统筹发展中金融资源的配置问题 [J]. 中州学刊，1：56-58.

杜青林，2007. 坚持统筹城乡发展促进城乡互动协调 [J]. 华夏星火，8：8-9.

杜伟，黄善明，2007. "三农" 背景下的农村集体土地产权股份化问题研究 [M]. 北京：经济日报出版社.

冯林，王家传，蔡超，2013. 金融资源配置差异视角的城乡二元解释 [J]. 农业经济问题，1：34-38.

高歌，王朝阳，陈红娜，等，2016. 城镇化转型下金融资源配置研究 [J]. 吉林金融研究，6：19-24.

官爱兰，周丽萍，2015. 中国城乡金融非均衡发展的度量与预测 [J]. 南京审计大学学报，12（2）：37-45.

郭剑雄，1999. 二元经济与中国农业发展 [M]. 北京：经济管理出版社.

国家统计局，2014. 2013 年全国农民工监测调查报告 [EB/OL]. （2014-05-12）[2021-07-13]. http://www.stats.gov.cn/tjsj/zxfb/201405/t20140512_551585.html.

韩廷春，2001. 金融发展与经济增长：经验模型与政策分析 [J]. 世界经济，6：3-9.

何爱平，2011. 不同时期贫困问题的经济学理论阐释及现代启示 [J]. 福建论坛（人文社会科学版），7：15-20.

何广文，1999. 从农村居民资金借贷行为看农村金融抑制与金融深化 [J]. 中国农村经济，10：42-48.

何广文，1999. 金融抑制：农村居民资金借贷行为扭曲的根本原因 [J]. 经济研究参考，B5：39-40.

何广文，2005. 农户信贷、农村中小企业融资与农村金融市场 [M]. 北京：中国财政经济出版社.

何广文，2005. 实现农村金融组织机构多元化 [J]. 农村工作通讯，8：33.

贺雪峰，2006. 乡村治理区域差异的研究视角与进路 [J]. 社会科学辑刊，1：44-50.

贺雪峰，苏明华，2006. 乡村关系研究的视角与进路 [J]. 社会科学研究，1：5-12.

胡鞍钢，2004. 中国：新发展观 [M]. 杭州：浙江人民出版社.

胡乃武，叶裕民，2004. 统筹城乡发展的战略思考与对策 [J]. 理论前沿，6：16-18.

胡卫东，2003. 关注农村金融统筹城乡经济发展 [J]. 经济工作导刊，9：34-35.

胡宗义，苏静，2012. 金融"新政"视角下农村非正规金融发展水平收敛性研究 [J]. 经济与管理研究，12：102-109.

黄波，2010. 金融危机之下中国国际地位的提升 [J]. 沈阳教育学院学报，12 (4)：98-100.

黄晋太，2006. 二元工业化及其主要模式 [J]. 太原理工大学学报（社会科学版），18 (2)：83-86.

黄小祥，2007. 坚持农村金融创新破解金融服务"三农"难题 [J]. 农村金融研究，4：14-15.

黄祖辉，2005. 中国三农问题理论实证与对策 [M]. 杭州：浙江大学出版社.

黄祖辉，陆建琴，王敏，2005. 城乡收入差距问题研究：基于收入来源角度的分析 [J]. 浙江大学学报（人文社会科学版），35 (4)：122-130.

贾晋，高远卓，2019. 改革开放 40 年城乡资本配置效率的演进 [J]. 华南农业大学学报（社会科学版），18 (1)：28-36.

江春，吴志团，2007. 金融发展理论：从市场到制度 [J]. 金融发展研究，5：2-5.

江源，谢家智，2015. 城乡金融非均衡发展的门槛效应分析：基于二元经济转型的城乡金融互动视角 [J]. 中央财经大学学报，6：37-49

姜作培，徐宏，2003. 统筹城乡经济发展的几个着力点 [J]. 甘肃理论学刊，4：61-65.

柯柄生，2008. 财政支农资金比重下降现象不容忽视 [J]. 农村经营管理，9：7-8.

兰京，2013. 金融二元结构下我国农村金融发展的研究 [J]. 西南民族大学学报（人文社科版），34 (9)：118-123.

李刚，2014. 城乡正规金融资本错配与城乡一体化 [J]. 当代经济管理，36 (12)：89-92.

李季刚，陈彤，2006. 新疆农村金融资源配置效率实证分析 [J]. 新疆农业科学，43 (5)：446-450.

李晶，2008. 当前我国农村金融生态问题研究 [J]. 合作经济与科技，13：48-49.

李敬，冉光和，万广华，2007. 中国区域金融发展差异的解释：基于劳动分工理论与 Shapley 值分解方法 [J]. 经济研究，5：42-54.

李娟娟, 2010. 1978—2007 年中国城乡收入差距的变迁及影响因素分析 [J]. 四川理工学院学报（社会科学版）, 25（3）：50-52.

李茂生, 陈昌盛, 2004. 中国：农民减负, 县乡财政解困的财税对策 [J]. 财贸经济, 1：45-54, 96.

李明昌, 2007. 统筹城乡发展背景下的金融深化 [J]. 中国金融, 19：24-25.

李培林, 2015. 社会蓝皮书：2016 年中国社会形势分析与预测 [M]. 北京：社会科学文献出版社.

李萍, 陈志舟, 李秋红, 2006. 统筹城乡发展与效率公平的权衡 [M]. 成都：西南财经大学出版社.

李停, 2020. 农地金融创新, 人地依附关系改变与城乡统筹发展 [J]. 农村经济, 4：91-97.

李扬, 2006. 国家目标、政府信用、市场运作：我国政策性金融机构改革探讨 [J]. 经济社会体制比较, 1：14-19.

李扬, 殷剑峰, 2006. 流动性过剩压力下政府主导的金融产品创新 [J]. 新金融, 9：3-7.

李岳云, 陈勇, 孙林, 2004. 城乡统筹及其评价方法 [J]. 农业技术经济, 1：24-30.

李长健, 罗洁, 2012. 金融发展权理论下农村社区金融法律制度研究：基于中美社区金融比较分析 [J]. 安徽农业大学学报（社会科学版）, 21（3）：63-70.

林毅夫, 2007. 中国实现和谐发展的釜底抽薪之策 [J]. 金融经济, 4：14.

林毅夫, 2008. 中国的城市发展与农村现代化 [J]. 北京大学学报（哲学社会科学版）, 4：12-15.

刘春芳, 张志英, 2018. 从城乡一体化到城乡融合：新型城乡关系的思考 [J]. 地理科学, 10：1624-1633.

刘家强, 唐代盛, 蒋华, 2003. 城乡一体化战略模式实证研究 [J]. 经济学家, 5：56-60.

刘健, 程瑞, 2005. "统筹区域发展" 战略的四维视阈 [J]. 当代财经, 2：97-100.

刘金全, 于惠春, 2002. 我国固定资产投资和经济增长之间影响关系的实证分析 [J]. 统计研究, 1：26-29.

刘君德, 宋迎昌, 1998. 论制度创新与可持续发展：上海市城乡结合部的管理体制探索 [J]. 城市规划汇刊, 4：42-45.

刘奇中，王勇，2006. 安徽省城乡统筹发展的政策建议 [J]. 特区经济，7：206-207.

刘荣增，王淑华，2013. 城市新区的产城融合 [J]. 城市问题，6：18-22.

刘逖，1997. 西方金融深化理论及其主要理论派别 [J]. 经济学动态，6：64-67.

刘锡良，齐稚平，2009. 城乡统筹建设中金融发展的三个视角 [J]. 金融发展研究，3：3-6.

刘业进，2013. 城乡统筹四大观念误区 [J]. 西部大开发，6：50-52.

刘易斯，1989. 二元经济论 [M]. 北京：北京经济学院出版社.

罗斯托，2014. 这一切是怎么开始的：现代经济的起源 [M]. 黄其祥，纪坚博，译. 北京：商务印书馆.

罗燕，2020. 中国新闻出版研究院城乡统筹发展研究中心首席专家曹汝华：破解农村金融两张皮 [J]. 民生周刊，21：2-5.

麻晓园，2019. 城乡统筹视角下农村金融发展对策探析 [J]. 全国商情·理论研究，34：148-149.

马万利，梅雪芹，2003. 有价值的乌托邦：对霍华德田园城市理论的一种认识 [J]. 史学月刊，5：104-111.

孟猛，2003. 金融深化和经济增长间的因果关系：对我国的实证分析 [J]. 南开经济研究，1：72-74.

米建国，李建伟，2002. 我国金融发展与经济增长关系的理论思考与实证分析 [J]. 管理世界，4：9-18.

米运生，李箐，2003. 金融规制理论演变与银监会的规制功能创新 [J]. 河南金融管理干部学院学报，21 (6)：47-50.

米运生，李永杰，2006. 中国资本配置效率的区域差异：基于面板数据的分析 [J]. 征信，24 (3)：45-51.

缪国亮，1993. 罗斯托的"起飞"理论 [J]. 岭南学刊，1：92-94.

庞晓波，赵玉龙，2003. 我国金融发展与经济增长的弱相关性及其启示 [J]. 数量经济技术经济研究，20 (9)：47-51.

邱兆祥，王修华，2011. 城乡统筹视野下金融协调发展对策研究 [J]. 教学与研究，8：21-28.

沈坤荣，张成，2004. 金融发展与中国经济增长：基于跨地区动态数据的实证研究 [J]. 管理世界，12 (5)：33-41.

盛勇炜，2001. 城市性还是农村性：农村信用社的运行特征和改革的理性选择 [J]. 金融研究，5：119-127.

施佰发，连晓云，陈怡晗，2018. 城乡经济二元结构背景下农村资金互助社的运行特征及风险防范 [J]. 农业部管理干部学院学报，1：25-29.

石军伟，2020. 比较优势陷阱，创新偏差与后发大国全球价值链突破：一个新的理论视角与经验证据 [J]. 产业经济评论，1：41-80.

史永东，武志，甄红线，2003. 我国金融发展与经济增长关系的实证分析 [J]. 预测，4：1-6.

数矩科技，2017. 农村商业银行的发展现状浅析 [EB/OL]. (2017-10-12) [2021-08-14]. https://www.sohu.com/a/197641329_827001.

斯密，2002. 亚当·斯密国民财富的性质和原因的研究（节选本）[M]. 郭大力，王亚南，译. 北京：商务印书馆.

孙宝霞，2006. 中国农村金融现状与政策分析 [J]. 山东教育学院学报，3：120-121.

孙承志，徐璐，2016. 大数据时代的农村金融服务研究 [J]. 活力，14：32-32.

孙红霞，2008. 我国财政支农支出与农村经济增长动态关系的实证分析 [J]. 湖南财政经济学院学报，24 (2)：99-101.

孙津，2008. 城乡统筹是一种综合性要素统筹的创制 [J]. 中国发展，8 (4)：59-61.

孙琳琳，佟婳，韩敏生，2013. 基础设施投资规模和经济增长：基于三部门经济增长模型的研究 [J]. 南方经济，9：52-61.

孙天琦，梁冰，李立君，2006. 日本农业政策金融：农林渔业金融公库的基本情况与改革动向 [J]. 西部金融，7：12-14.

谈儒勇，1999. 金融发展理论的新发展：90 年代金融发展理论 [J]. 经济研究参考，77：23-29.

谈儒勇，2004. 金融发展的微观动因及效应 [M]. 北京：中国财政经济出版社.

陶黎，曹建华，2006. 统筹城乡发展亟待完善农村金融支持体系 [J]. 海南金融，4：70-72.

田洁，刘晓虹，贾进，等，2006. 都市农业与城市绿色空间的有机契合：城乡空间统筹的规划探索 [J]. 城市规划，10：32-35.

田霖，2007. 我国金融排除空间差异的影响要素分析 [J]. 财经研究，4：107-119.

田涛，2016. 新型城镇化进程中的金融支持研究：基于金融创新的视角 [J]. 区域金融研究，1：705-80.

王春光, 2008. 几个不公阻碍城乡统筹 [J]. 人民论坛, 1: 18-19.

王富君, 2015. 政策性金融支农实践 [J]. 中国金融, 22: 90-92.

王国华, 温来成, 2008. 基本公共服务标准化: 政府统筹城乡发展的一种可行性选择 [J]. 财贸经济, 3: 40-43.

王红扬, 2012. 城乡统筹规划理论的科学建构与城市化的中国模式 [J]. 国际城市规划 4: 77-88.

王检贵, 2002. 劳动与资本双重过剩下的经济发展 [M]. 上海: 上海人民出版社.

王金水, 2017. 城乡一体化视域下的金融资源均衡配置 [J]. 上海市经济管理干部学院学报, 15 (5): 18-24.

王全达, 2007. 城乡统筹发展中金融服务问题研究 [J]. 现代金融, 7: 10-11.

王瑞桁, 2019. 浅谈如何发挥金融行业在统筹城乡经济发展中的作用 [J]. 赤子, 1: 95.

王少国, 2006. 我国城乡居民收入差别对经济增长约束的实证分析 [J]. 当代经济科学, 28 (2): 37-44.

王婷, 2011. 中国城乡金融资源配置差异的测度与分析 [J]. 经济问题, 8: 95-98.

王晓毅, 2004. 农村工业化与民间金融 [M]. 太原: 山西经济出版社.

王修华, 谢朝华, 2008. 西方金融结构理论的演进与启示 [J]. 现代经济探讨, 4: 38-41.

王英, 2019. 后金融危机时代中国保险风险管理的策略 [J]. 全国流通经济, 35: 152-153.

王永龙, 2009. 城乡金融统筹的制度抑制与对策分析 [J]. 经济学家, 10: 87-91.

王玉, 陈柳钦, 2006. 金融脆弱性理论的现代发展及文献评述 [J]. 贵州社会科学, 3: 12-16, 43.

王志强, 孙刚, 2003. 中国金融发展规模、结构、效率与经济增长关系的经验分析 [J]. 管理世界, 7: 20-27.

王忠文, 1995. 美国农业信贷体系的运行机制及借鉴 [J]. 海南金融, 10: 31-32.

魏广龙, 马睿, 2020. 基于乡村振兴战略的河北省城乡协调发展空间格局分析 [J]. 中国农业资源与区划, 41 (1): 297-303.

魏清泉, 1998. 城乡融合发展的动态过程: 经济结构与城乡关系的改变 [J]. 现代城市研究, 2: 22-25.

温涛，2006. 新时期我国农村金融风险控制的理论思考 [J]. 金融理论与实践，5：3-7.

温涛，王煜宇，2005. 政府主导的农业信贷，财政支农模式的经济效应：基于中国 1952—2002 年的经验验证 [J]. 中国农村经济，10：18-27.

温涛，熊德平，2008. "十五" 期间各地区农村资金配置效率比较 [J]. 统计研究，4：84-91.

温铁军，2008. 城乡二元结构的长期性 [J]. 书摘，1：36-38.

吴华超，温涛，2008. 基于 DEA 方法的农村资金配置效率研究：以统筹城乡综合配套改革试验区重庆市为例 [J]. 金融理论与实践，3：25-28.

吴丽娟，刘玉亭，程慧，2012. 城乡统筹发展的动力机制和关键内容研究述评 [J]. 经济地理，4：113-118.

吴晓灵，2006. 完善农村金融服务体系支持社会主义新农村建设 [J]. 中国金融，11：6-7.

肖奥华，2018. 城乡统筹视阈下农村金融精准扶贫刍探 [J]. 现代营销（创富信息版），12：65-66.

谢家智，2003. 区域资金配置研究 [M]. 北京：中国物价出版社.

谢平，2001. 现代金融管理论和中国金融监管中的问题 [J]. 南方金融，1：10-12.

谢启标，2007. 农村金融发展的国际经验及对策探讨 [J]. 厦门特区党校学报，1：39-42.

新华社，2021. 2020 年我国涉农贷款余额同比增长 10.7% [EB/OL].（2021-02-17）[2021-07-13]. http://www.gov.cn/xinwen/2021-02/17/content_5587373.htm.

徐小怡，卢鸿鹏，2007. 我国城乡二元金融结构及其原因探析 [J]. 农村经济，8：65-69.

徐学庆，2020. 我国实现城乡文化一体化发展的必然性、可行性及路径选择 [J]. 信阳师范学院学报（哲学社会科学版），40（1）：8-15.

杨胜刚，谢亦农，1999. 金融发展理论的新进展：金融约束论述评 [J]. 经济科学，2：92-97.

杨守鸿，鲁钊阳，刘庆庆，2013. 城乡金融发展非均衡化对城乡经济增长差距的影响研究 [J]. 重庆大学学报（社会科学版），19（2）：1-7.

杨晓红，2013. 城乡统筹发展过程中的农村金融改革路径探索 [J]. 农业经济，11：95-96.

姚耀军，2004. 中国农村金融发展与经济增长关系的实证分析 [J]. 经济科学，5：24-31.

殷本杰，2006.金融约束：新农村建设的金融制度安排［J］.中国农村经济，6：40-44.

殷德生，肖顺喜，2000.体制转轨中的区域金融研究［M］.上海：学林出版社.

樱子，2015.美国著名的管理学家：约劳伦斯·彼得［J］.现代班组，2：23-23.

应韵，2015.我国新型城镇化进程中的金融支农体系重构［J］.农业经济，10：73-74.

于建嵘，2008.基本公共服务均等化与农民工问题［J］.中国农村观察，2：69-74.

于建嵘，蔡永飞，2008.县政改革是中国改革新的突破口［J］.东南学术，1：45-50.

袁岳驷，2013.成都市统筹城乡发展的市场配置资源机制存在的问题［J］.湖南科技学院学报，34（10）：104-107.

袁云峰，曹旭华，2007.金融发展与经济增长效率的关系实证研究［J］.统计研究，2007，24（5）：60-66.

曾康霖，2006.推进农村金融改革中值得思考的几个问题［J］.财经科学，12：84-88.

战明华，王忠锐，许月丽，2003.金融中介，金融市场的发展与经济增长：基于中国的实证［J］.预测，22（1）：38-41.

张迪，2016.中外财政支农资金配置的比较分析［J］.山西财政税务专科学校学报，4：14-18.

张红宇，2003.协调城乡关系的制度创新［J］.战略与管理，6：118-120.

张红宇，2003.中国农业管理体制问题与前景：相关的国际经验与启示［J］.管理世界，2：15-22.

张杰，2003.国有银行的存差：逻辑与性质［J］.金融研究，6：1-13.

张杰，2003.中国农村金融制度：结构，变迁与政策［M］.北京：中国人民大学出版社.

张杰，2007.关于城乡经济统筹发展的理性思考［J］.理论学刊，4：38-41.

张军，于民，1997.农行商业化须处理好五大关系［J］.金融理论与实践，10：54-55.

张克俊，杜婵，2019.从城乡统筹，城乡一体化到城乡融合发展：继承与升华［J］.农村经济，11：19-26.

张克俊，唐新，2019. 我国城乡要素市场的二元性再分析与统一建设取向 [J]. 中州学刊，11：34-41.

张立军，湛泳，2006. 中国农村金融发展对城乡收入差距的影响：基于 1978—2004 年数据的检验 [J]. 中央财经大学学报，5：34-39.

张林，2017. 后金融危机时代我国商业银行信贷风险管理的新对策研究 [J]. 海峡科技与产业，8：44-45.

张梅，2010. 后金融危机时期的金融创新策略与风险监管 [J]. 上海金融，2：44-47.

张明龙，2001. 论发展规律 [J]. 发展研究，5：17-19.

张晓强，2005. 中国的投资环境和机遇 [J]. 中国经贸导刊，13：7.

张晓强，2005. 中国二元金融市场发展与经济增长关系分析 [J]. 当代经理人，5：34-35.

张璇，2018. 探析当前我国经济金融形势及相关政策 [J]. 经贸实践，23：63-63.

张迎春，2004. 论我国银行业竞争理念的转变 [J]. 财经科学，S1：52-54.

张迎春，2006. 统筹城乡发展与金融支持体系构建研究 [M]. 成都：西南财经大学出版社.

张瑜，2007. 我国农村金融生态存在的问题及优化对策 [J]. 集团经济研究，25：56-57.

赵健兵，2020. 推进金融扶贫与金融服务乡村振兴衔接探析 [J]. 河北金融，11：18-21.

赵静君，李东明，2004. 新经济增长理论：结构主义经济理念思考 [J]. 市场经济研究，5：42-43.

赵康杰，景普秋，2019. 要素流动对中国城乡经济一体化发展的非线性效应研究：基于省域面板数据的实证检验 [J]. 经济问题探索，10：1-12.

赵勇，2004. 城乡良性互动战略 [M]. 北京：商务印书馆.

赵勇，2004. 统筹城乡发展 实现良性互动 [EB/OL]. （2004-02-11）[2021-08-12]. https://news.sina.com.cn/o/2004-02-11/08501770584s. shtml.

赵振全，薛丰慧，2004. 金融发展对经济增长影响的实证分析 [J]. 金融研究，8：94-99.

郑晓燕，许晓东，谢元态，2005. 统筹城乡经济发展中的金融支持 [J]. 商业研究，16：170-172.

中国人民银行，2019.《中国农村金融服务报告 2018》摘要 [EB/OL].

（2019-09-20）［2021-07-13］. http://www.pbc.gov.cn/goutongjiaoliu/
113456/113469/3892519/201909191724 1089761.pdf.

中国人民银行天津分行课题组，2006. 统筹城乡金融资源配置完善农村信
贷资金回流机制［J］. 中国金融，2：60-62.

钟田丽，马娜，2013. 企业创新资源与融资结构：理论与实证：基于中国
创业板的经验证据［J］. 第19届中国财务学年会论文集，1-12.

钟笑寒，汤荔，2005. 农村金融机构收缩的经济影响：对中国的实证研究
［J］. 经济评论，1：109-115.

周杰，2007. 优化统筹城乡综合配套改革试验区的金融资源配置［J］. 经济
导刊，9：36-37.

周立，2004. 中国各地区金融发展与经济增长［M］. 北京：清华大学出
版社.

周庆翔，2016. 城乡一体化发展格局构建的路径［J］. 中外企业家，32：
242-243.

周少甫，2012. 金融波动理论、方法及其应用［M］. 武汉：华中科技大学
出版社.

周叔莲，1996. 中国城乡经济及社会协调发展研究［M］. 北京：经济管理
出版社.

周学，1982. 日本经济学家石川滋谈中国经济战略的转变［J］. 经济学动
态，6：23-29.

周月书，王悦雯，2015. 二元经济结构转换与城乡资本配置效率关系实证
分析［J］. 中国农村经济，3：44-55，83.

朱允卫，黄祖辉，2006. 经济发展与城乡统筹互动关系的实证分析：以浙
江省为例［J］. 农业经济问题，5：11-16.

ACEMOGLU D，2003. Patterns of skill premia［J］. Review of Economic
Studies, 70 (2)：199-230.

ASHENFELTER O, CARD D, 1985. Using the Longitudinal structure of earnings
to estimate the effect of training programs［J］. Review of Economics and Sta-
tistics, 67 (3)：648-660.

BECK T, LEVINE R E, LOAYZA N V, et al., 1999. Finance and the sources of
growth［J］. Policy Research Working Paper Series, 15 (3)：179-203.

BOYD J H, PRESCOTT E C, 1986. Financial intermediary-coalitions［J］.
Journal of Economic Theory, 38 (2)：211-232.

BUYSSENS E, 1933. Prins. The Booke of the Common Prayer, 1594. An enquiry into ils language, with an introductory note about its composition and origin [J]. Revue Belge de Philologie Et D'Histoire, 12 (4): 1148-1150.

CHARNES A, COOPER W W, 1957. Management models and industrial applications of linear programming [J]. Management science, 4 (1): 38-91.

CONNING J H, 1996. Financial contracting and intermediary structures in a rural credit market in Chile: A theoretical and empirical analysis [D]. City of New Haven, US: Yale University.

EAKER M R, CRANE D B, FROOT K A, et al., 1995. The global financial system: A functional perspective [J]. Journal of Finance, 52 (2): 915.

EASTERLY W, LEVINE R E, 2002. Tropics, germs, and crops: How Endowments influence economic development [J]. Journal of Monetary Economics, 50 (1): 3-39.

EDWARDS F R, MISHKIN F S, 1995. The decline of traditional banking: Implications for financial stability and regulatory policy [J]. NBER Working Papers, 1: 27-45.

FOLTZ J D, 2004. Credit market access and profitability in Tunisian agriculture [J]. Agricultural Economics, 30 (3): 229-240.

FRANKEL S H, MYRDAL G, VAN PHILIPS P A M, 1958. Economic theory and underdeveloped regions [J]. International Affairs, 34 (3): 361.

GALBIS R, 1977. Mental health service in a Hispano community [J]. Urban Health, 6 (6): 31, 33.

GOLDSMITH R W, 1969. Financial structure and development [J]. Studies in Comparative Economics, 18: 402-408.

GREENWOOD J, JOVANOVIC B, 1990. Financial development and economic development [J]. Economic Development and Cultural Change, 15 (3): 257-268.

HARRIS J R, TODARO M P, 1970. Migration, unemployment & development: A two-sector analysis [J]. American Economic Review, 60 (1): 126-142.

HIRSCHMAN A O, 1958. The Strategy of Economic Development. Yale Studies in Economics: 10 [M]. New Haven: Yale University Press.

HUANG J K, ROZELLE S, WANG H L, 2006. Fostering or stripping rural China: Modernizing agriculture and rural to urban capital flows [J]. Developing Economies, 1: 1-26.

ICRISAT, 2002. Improving income and food supply in the Sahel: On-farm testing of sorghum and pearl millet technologies [C]. International Crops Research Institute for the Semi Arid Tropics, 2002.

JENSEN B S, 2010. Dynamic extensions of the Solow growth model (1956): Editorial [J]. German Economic Review, 10 (4): 378–383.

JORGENSON D W, 1967. Surplus agricultural labour and the development of a dual economy [J]. Oxford Economic Papers, 19 (3): 288–312.

KOCHAR A, 1997. An empirical investigation of rationing constraints in rural credit markets in India [J]. Journal of Development Economics, 53 (2): 339–371.

LEMMEN J J G, 2009. An introduction to the Diamond–Dybvig model (1983) [EB/OL]. (2009–08–28) [2021–04–11]. https://www.researchgate.net/publication/254405336_An_introduction_to_the_Diamond–Dybvig_model_1983.

LEVINE R, 1997. Financial development and economic growth: Views and agenda [J]. Social Science Electronic Publishing, 77 (3): 562–599.

LEVINE R, NORMAN L, THORSTEN B, 2000. Financial intermediation and growth: Causality and causes [J]. Journal of Monetary Economics, 18 (5): 450–488.

LEVINE R, ZERVOS S, 1996 . Capital control liberalization and stock market development [J]. Policy Research Working Paper, 26 (7): 1169–1183.

MACHIN S, MANNING A, 1999. The Causes and consequences of long–term unemployment in Europe [J]. Handbook of Labor Economics, 3 (3): 3085–3139.

MACKINNON D M, 1973. The problem of metaphysics [M]. Cambridge UK: Cambridge University Press.

MCKINNON R I, 1973. Money and Capital in Economic Development [M]. Washington D. C. : Brookings Institution Press.

MCQUINN K, WHELAN K, 2007. Solow (1956) as a model of cross–country growth dynamics [J]. Oxford Review of Economic Policy, 23 (1): 45–62.

MINSKY H P, 1993. Finance and Stability: The Limits of Capitalism [J]. Economics Working Paper Archive, 93.

MYINT H, 1992. The "classical theory" of international trade and the underdeveloped countries [M] //International economic policies and their theoretical foundations (second edition). Pittsburgh, US: Academic Press.

PAGANO M, 1993. Financial markets and growth: An overview [J]. European Economic Review, 37 (2-3): 613-622.

PATRICK H, PARK Y C, 1994. The Financial development of Japan, Korea, and Taiwan: Growth, repression, and liberalization [M]. Oxford: Oxford University Press.

RANIS G, FEI J C H, 1961. A theory of economic development [J]. American Economic Review, 51: 533-565.

REINERT E S, 2016. Giovanni Botero (1588) and Antonio Serra (1613): Italy and the birth of development economics [M] //Handbook of alternative theories of economic development. Cheltenham UK: Edward Elgar Publishing.

ROBINSON J, 1957. Economic growth and capital accumulation a comment [J]. The Economic Record, 33 (64): 103-108.

WEBER C E, 1998. Pareto and the Wicksell – Cobb – Douglas functional form [J]. Journal of the History of Economic Thought, 20 (2): 203-210.

WILLIAMSON J G, 1965. Regional inequality and the process of national development: A description of the patterns [J]. Economic Development and Cultural Change, 13 (4): 3-45.